Jackie Pullinger
Licht im Vorhof der Hölle

Jackie Pullinger
Andrew Quicke

Licht im Vorhof der Hölle

Die englische Originalausgabe erschien 1980 im Verlag Hodder and Stoughton Ltd, Sevenoaks/Kent, England.
Diese Ausgabe erschien 2006 im Verlag Hodder and Stoughton, Division of Hodder Headline Ltd, London, England.

Originaltitel: *Chasing the Dragon*

Copyright © 1980 by Jackie Pullinger and Andrew Quicke

Neue Einleitung und Kapitel 16 und 17: Copyright © 2001 by Jackie Pullinger
Aus dem Englischen übersetzt von Rosemarie Wündrich und Dorothea Appel
Copyright © der deutschen Ausgabe 2008 by Asaph-Verlag
8. Auflage 2014

ISBN 978-3-940188-03-8
Best.-Nr. 147403

Umschlaggestaltung: joussenkarliczek, D-Schorndorf
Satz/DTP: Jens Wirth
Druck: cpi books
Printed in the EC

Für kostenlose Informationen über unser umfangreiches Lieferprogramm an Büchern, Musik usw. informieren Sie sich bitte unter www.asaph.de oder schreiben Sie an:

ASAPH, D-58478 Lüdenscheid
E-Mail: asaph@asaph.de

Inhalt

Einleitung 7
Vorwort von Andrew Quicke 9
Vorwort von Walter Heidenreich 11
Glossar 13

1 Die Blutspur 15
2 Die längste Reise 25
3 Die Vermauerte Stadt 39
4 Der Jugendclub 49
5 Licht fällt in die Dunkelheit 63
6 Die Triaden 71
7 Big Brother Is Watching You 87
8 Den Drachen jagen 105
9 Immer neue Schmerzen 123
10 „Versuch's mit Jesus" 141
11 Die Stephanushäuser 161
12 Engel beherbergen 183
13 Zeugen 203
14 Gefangene befreien 221
15 Im Geist wandeln 235
16 Die Träume der Alten 245
17 Die Visionen der Jungen 255

Meiner Familie gewidmet, besonders meinem Vater

„Und es wurde geworfen der große Drache, die alte Schlange, der Teufel und Satan genannt wird, der den ganzen Erdkreis verführt, geworfen wurde er auf die Erde, und seine Engel wurden mit ihm geworfen. ... Nun ist das Heil und die Kraft und das Reich unseres Gottes und die Macht seines Christus gekommen; denn hinabgeworfen ist der Verkläger unserer Brüder ..."

Offenbarung 12,9-10

Einleitung

Natürlich ging der Schuss nach hinten los. Ich hatte „Licht im Vorhof der Hölle" in der Hoffnung geschrieben, Geschichte festzuhalten und Hoffnung zu erwecken. Danach hatte ich gehofft, wie in den ersten zehn Jahren einfach weitermachen zu können. Stattdessen wurde ich eingeladen, die Geschichte immer und immer wieder zu erzählen, dabei hatte ich doch gedacht, dass Sie, die sie sie lesen, erkennen würden, dass derselbe Gott sein Herz und seine Kraft auch in Ihrer Stadt schenken könnte, und dass Sie Ihre eigenen Bücher schreiben würden.

Im Jahr 1989 regte die Ankündigung des Abrisses der Vermauerten Stadt an, von Leben und Sterben der Vermauerten Stadt von Kowloon zu erzählen, wie in „Ein Riss in der Mauer" geschehen. Das Buch sollte eine Sammlung von Momentaufnahmen sein, die sich für die Toilette oder den Wohnzimmertisch eignet. Auch das war Geschichte. In „Ein Riss in der Mauer" wird unter anderem die Saga des Triadenbosses der Vermauerten Stadt fortgesetzt und erzählt, wie er schließlich still zu Jesus kommt.

Wir wissen nicht viel darüber, wie es mit den Menschen aus den Evangelien weiterging, die von Jesus geheilt worden waren. Die meisten Berichte hören plötzlich auf. Auch die Geschichten unserer Leute wollen wir in dieser neuen, erweiterten Ausgabe nicht zu Ende erzählen. Wir wollen nur versuchen, Sie über unsere Situation auf den neuesten Stand zu bringen. Die erste Ausgabe deckt etwa zehn Jahre ab, und das neue Material in dieser Ausgabe behandelt in zwei Kapiteln mehr als zwanzig Jahre. Ich hoffe, Sie verzeihen die Zeitsprünge. Es kommt mir alles vor wie gestern.

Die Vermauerte Stadt gibt es nicht mehr. Sogar das *Hang Fook Camp*, unser Stadtquartier, gibt es nicht mehr. Wo finden Sie uns, wenn Sie

Hongkong besuchen? Hoffentlich in allen Straßen und Häuserblocks. Wir werden vermutlich keinen Namen haben, denn wir sind nicht daran interessiert, dass unser Werk, sondern dass sein Reich wächst. Es gibt noch viele Abenteuer zu erleben. Es gibt noch viele Schlachten zu schlagen. Es ist viel besser, sie selbst zu erleben, als nur davon zu lesen. Gehen Sie! Schreiben Sie Ihre eigenen Bücher. Gehen Sie!

Jackie Pullinger

Vorwort

Zum ersten Mal begegnete ich Jackie Pullinger 1968, als ich nach Hongkong reiste, um für die BBC einen Fernsehfilm zu machen. Dank der Vermittlung eines Freundes kam sie in mein Hotel und berichtete mir von ihrer Arbeit in der Vermauerten Stadt, die damals gerade anfing. Da ich selbst im Londoner East End einen Jugendclub geleitet hatte, war ich fasziniert von dem, was sie mir erzählte, und ich sah mir mit ihr zusammen die Vermauerte Stadt an. Sie entsprach genau ihrer Beschreibung.

Über die Jahre standen wir im Briefkontakt, und ihr Werk entwickelte sich von Jahr zu Jahr weiter. Außerhalb Hongkongs hatten nur sehr wenige von Jackie Pullinger gehört, bis 1974 die *Sunday Times* über ihr Werk schrieb. Daraus erfolgte eine parlamentarische Anfrage zum Status der Vermauerten Stadt, Artikel von Reuters, UPI und anderen internationalen Agenturen und ein Fünfzig-Minuten-Film der britischen Fernsehgesellschaft ATV im Jahr 1978. Damals war Jackie in England, um über ihre Arbeit zu sprechen, und ich fragte sie, ob wir nicht gemeinsam einen ausführlicheren Bericht schreiben könnten über alles, was geschehen war. Nur zögernd stimmte sie zu, und 1979 besuchte ich Hongkong erneut. Mit meinem ersten Entwurf war Jackie nicht einverstanden, deshalb schrieb sie während eines Besuchs bei meiner Familie in Kalifornien selbst das ganze Buch neu.

Manche Namen und Orte im Buch mussten geändert werden, um die Beteiligten zu schützen, die fast alle noch in Hongkong wohnen. Abgesehen davon geschah alles so, wie Jackie es beschreibt; es ist ihre Geschichte, aber viele der beschriebenen Ereignisse können von anderen Quellen belegt werden.

Mein Dank gilt vielen Menschen, die uns halfen, das Buch trotz des sehr engen Zeitrahmens fertigzustellen. Von den vielen möchte ich Marjorie

Witcombe und Mary Stack in Hongkong nennen, die uns ihre Wohnungen dort zur Verfügung stellten, Susan Soloman in Kalifornien, meinen Bruder Edward und seine Freunde bei der World Bank in Washington, wo das Manuskript zu Ende geschrieben wurde, und an erster Stelle meine Frau Juliet, die mit der Bearbeitung und insgesamt ihrer beratenden Begleitung großartige Arbeit geleistet hat. Vieles mussten wir unerwähnt lassen, und wir beschreiben nichts, was nach 1976 geschehen ist; das muss auf ein nächstes Buch warten.

Andrew Quicke
London, im April 1980

Vorwort

Als ich 1982 „Licht im Vorhof der Hölle" las, hörte ich zum ersten Mal etwas von Jackie und ihrem Dienst. Ihre Hingabe an Gott und die Drogenabhängigen in Hongkong berührten mich zutiefst, denn zu dieser Zeit war ich in meinem eigenen Dienst an Drogenabhängigen ziemlich ausgebrannt. Doch dieses Buch erfrischte mich und erneuerte meine Beziehung zum Heiligen Geist. Gleichzeitig entstand in mir der Wunsch, Jackie Pullinger persönlich kennenzulernen.

Als ich sie dann 1987 das erste Mal in Hongkong traf, erlebte ich sie in einem Gebetsmeeting für Drogenabhängige und verschiedene Arme und Bedürftige in der Vermauerten Stadt. So lernte ich Jackie kennen: Mit ihrer feinfühligen Art ließ sie den Heiligen Geist das machen, was ein Mensch selbst nicht machen kann. In der Gegenwart des Geistes spürte ich ganz intensiv die Heiligkeit Gottes und wurde auch Zeuge vieler Wunder. Seit dieser Zeit verbindet uns eine immer enger werdende Freundschaft.

Das Buch „Licht im Vorhof der Hölle" beschreibt auch heute noch Jackies Leben. Wirklich überzeugend ist ihre absolute Hingabe an Jesus, ihre mutige Art, sich vom Heiligen Geist führen zu lassen, und ihre aufopfernde Liebe zu den kaputten und gestrandeten Menschen Hongkongs. Wir selbst haben hier in Lüdenscheid durch Jackies kompromisslose Art, das zu leben, wozu Gott sie berufen hat, sehr viel gelernt. Wer dieses Buch mit offenem Herzen liest, wird nicht mehr derselbe sein. Dieses Buch, diese Frau ist eine gesunde Herausforderung für das gesamte Volk Gottes im deutschsprachigen Raum, eine neue Hingabe von Gott für die Armen und Bedürftigen in unserer Welt zu empfangen. Es fordert uns auch heraus, eine neue Beziehung zum Heiligen Geist zu suchen, ohne den eine Hingabe an die Armen dieser Welt nicht auszuleben ist. Viele Menschen haben sich schon anstecken lassen von diesem wunderbaren Vorbild der Barmherzigkeit, Hingabe und Liebe für die verlorenen und hoffnungslosen Menschen in unserer Zeit. Ich persönlich wünsche Ihnen beim Lesen dieses aufregenden Buches eine neue Begegnung mit IHM, Jesus, die sich erneuernd auf Ihr Leben und das der Welt auswirkt.

Walter Heidenreich
Lüdenscheid, im Juni 1992

Glossar

Amah	ein chinesischer Diener
Konjieh	ein Reispudding, der häufig zum Frühstück gegessen wird
Daih Lo	„Big Brother", großer Bruder
Daih Ma	„Big Mother", die chinesische Senior-Ehefrau
Daih Pai Dong	Verschlag auf der Straße
For-gei	Kellner oder Arbeiter
fui-goih	bereuen, Buße tun
Gong-sou	Gespräch zwischen rivalisierenden Triaden als Versuch, sich über Angelegenheiten ihrer Gangs zu einigen
„Hai bin do ah?"	„Woher kommst du?"
Hak Nam	Finsternis, wird oft als Bezeichnung für die Hongkonger „Vermauerte Stadt" verwendet
hawh-fui	bedauern
Kai Ma	Patin
Kai Neui	Patentochter

(Diese beiden Begriffe werden verwendet, um eine enge Beziehung zwischen einer älteren Frau und einem Mädchen zu definieren, die sie als ihr eigenes aufgenommen hat.)

14 / Licht im Vorhof der Hölle

Kung-fu .... eine typische chinesische Kampfsportart
Lap-Sap .... Abfall, Blödsinn
Mama-san .... Bezeichnung einer Frau, die für verschiedene minderjährige Prostituierte oder Barmädchen zuständig ist
„M'gong?" .... „Du sagst nichts?"
Mintoi .... Daunendecke
„moe ye" .... „nichts"
Pahng-Jue .... Herr der Hütte oder Chef einer Drogenhöhle
„Pa Ma Fan" .... „Angst vor Ärger"
Pin-mun .... illegales Geschäft
Puun Siu Je .... „Pullinger" auf Chinesisch
Sai Lo .... Kleiner Bruder
Sai Ma .... Kleine Mutter, die junge chinesische Ehefrau oder Konkubine

Seui Fing .... ⎫
14K .... ⎬ Namen verschiedener, in Hongkong
Ging Yu .... ⎬ illegaler, Triaden
Wo Shing Wo .... ⎭

siu Ye .... ein Imbiss
Tin-man-toi .... Wettermann, Bedeutung: Wachmann
Wantan .... mit Shrimps und Schweinefleisch gefüllte Klöße
„Yau mao gautscho" .... „Du spinnst wohl"
„Yauh" .... „Hier bin ich"
„Ye sou ngoi nei" .... „Jesus liebt dich"

Kapitel 1

Die Blutspur

Der Posten im fleckigen T-Shirt spuckte auf die Gasse, nickte aber ganz freundlich und ließ mich passieren. Er blieb hocken. Da ich für ihn uninteressant war, nahm er eines seiner baumelnden Beine wieder auf und pulte weiter an seinen schwarzen Zehennägeln herum. Der Eingang, den er so feierlich bewachte, war versteckt, und ich musste mich zwischen zwei dunklen Gebäuden hindurchzwängen, um in diese seltsame chinesische „Stadt" hineinzukriechen, die von der Bevölkerung Hongkongs so gefürchtet wurde (die sogenannte *Walled City*, berüchtigter Slum von Hongkong, im Folgenden „Vermauerte Stadt" genannt).

In der Dunkelheit konnte ich einen Augenblick lang nichts sehen, und obgleich ich damals den Weg bereits gut kannte, schlich ich mit äußerster Vorsicht durch die enge Gasse, die kaum breit genug war für eine Person. Aus zweierlei Gründen hielt ich den Blick nach unten gerichtet: Erstens wollte ich nicht auf etwas Undefinierbares, Ekliges treten oder zum Beispiel in einen offenen Gully fallen, zweitens wollte ich vermeiden, mein Gesicht nach oben zu den Fenstern zu richten, durch die immer wieder mal Abfall auf die Straße geworfen wurde. Ich klatschte in die Hände, um die Ratten zu vertreiben; aber manche von ihnen waren so frech, dass sie sich herausfordernd hinsetzten, als sei dies ihr Territorium. Man musste schon mehrere Male laut klatschen, um sie davonzujagen.

Plötzlich sah ich es – im Straßendreck glänzte es rot, ein Stück weiter noch ein paar Tropfen – eindeutig frisches Blut. Mein Magen verkrampfte sich, denn ich ahnte, wessen Blut das war. Ah Sor war mir von den Behörden übergeben worden. Ich sollte ihn ein Jahr lang wie einen Sohn betreuen, und jetzt war eine Triadenbande mit Namen *Seui Fong* hinter ihm her. Sie wollten ihn wegen irgendeiner unerledigten Gang-Angelegenheit fertigmachen. Anscheinend hatten sie ihn gefunden. Als ich weitereilte, sah ich vor mir Uniformabzeichen blitzen und ging an zwei *Tin-man-toi* vorüber (so heißen die Aufseher der Triadenbanden, die die Vermauerte Stadt überwachen). Sie kannten mich und ließen mich passieren. Ihre Gesichter verrieten absolut nichts.

Ich bog um die Ecke in eine andere Gasse, die sich mit ihren hässlichen, altersschwachen Gebäuden in nichts von der ersten unterschied, außer darin, dass sich hier die Hauptspielhölle befand, die von Mitgliedern der Bande 14K betrieben wurde. Ich kam an den üblen, überwölbten Torwegen der Opiumhöhlen vorbei, wo wiederum Beobachter lehnten, die vor sich hindösten und nickten, als sie mich sahen. Der Abstand zwischen diesen elenden Hütten war kaum breiter als eine Armlänge, sodass ich in einen Eingang treten musste, um nicht mit einem Rauschgiftsüchtigen zusammenzustoßen, der offensichtlich high war und sehr schnell auf mich zukam.

In der nächsten Gasse lagen die Blutflecken dichter beieinander. In diesem stinkenden Labyrinth kam ich nicht schnell vorwärts – es war zu schlüpfrig und zu dunkel; ich wollte aber unbedingt wissen, von wem das Blut war. Andererseits hatte ich schreckliche Angst vor der Entdeckung.

Schließlich erreichte ich die Hauptstraße, eine der wenigen beleuchteten Straßen der Vermauerten Stadt. Ich musste erneut vorsichtig gehen, da ich wieder an einer Spielhölle vorbeikam, vor der die Erde glitschig war von Urin. Die Prostituierten erkannten mich und riefen von ihren Apfelsinenkisten vor dem Pornokino herunter: „Miss Puun, Puun Siu Je, helfen Sie uns?" Flehend streckten sie die Hände aus, die Handrücken verunstaltet durch Nadeleinstiche, ihre vorzeitig gealterten Gesichter von Hoffnungslosigkeit gezeichnet. Ohne auf sie zu reagieren, bog ich in meine kleine Gasse ein und ging auf den Raum zu, den ich gemietet hatte und nachts für chinesische Bandenmitglieder geöffnet hielt.

Vor der Tür entdeckte ich eine große dunkle Pfütze. Die düsteren Gestalten, die herumlungerten, schauten gleichgültig vor sich hin. „Sagt mir doch bitte, was hier los ist!", bat ich ängstlich.

Ein alter Kantonese schüttelte den Kopf und murmelte: „Nichts, nichts." Die anderen schauten weg. An einem Ort, der von Banden beherrscht wird, muss man die Augen zumachen, um zu überleben. Es ist besser, nichts zu sehen – damit man in nichts hineingezogen wird. Dann erschien eine Frau mit einem Besen und einem Eimer und wischte das Blut weg, bis es nicht mehr zu sehen war. Einige barfüßige Kinder – eines hatte ein Baby auf den Rücken gebunden – spielten, als sei nichts geschehen.

Voller Angst um Ah Sor öffnete ich das Eisengitter – eine Schutzvorrichtung, die alle Häuser in Hongkong haben, auch die ärmlichsten – und trat in unseren kleinen Clubraum. Er war dunkel, feucht, muffig und kaum sauber zu halten, denn die Wohnungen in der Vermauerten Stadt hatten keine Wasserleitung. Die Bewohner mussten ihr Wasser von öffentlichen Wasserhähnen und Standpumpen in die Häuser holen. Schreckliches Viehzeug kroch aus dem Ausguss und über die Wände des Raums. Ich hatte mehr Angst vor den großen Abortspinnen als vor den Gangstern. Aber als ich in jener Nacht allein in unserem Raum saß, waren meine Gedanken nur bei Ah Sor.

Seine Mutter hatte ihn als Baby an einen kinderlosen Opiumsüchtigen verkauft, der befürchtete, ohne Sohn, der seinen toten Geist verehren würde, werde er in die Hölle kommen. So wuchs Ah Sor mit dem Gefühl auf, verraten und verkauft zu sein. Er sehnte sich nach Liebe und war doch unfähig, sie anzunehmen, wenn sie ihm geboten wurde. Seine „Oma", die Mutter des Süchtigen, liebte ihn zwar zärtlich, aber weil sie selbst mit Heroin handelte, konnte sie auf das Kind kaum einen erzieherischen Einfluss ausüben. Um das Gefühl der totalen Heimatlosigkeit loszuwerden, schloss sich Ah Sor einer Triadenbande an. Sie gab ihm Ansehen und Heimat. Er wuchs kämpfend auf und verbüßte seine erste Strafe im Jugendgefängnis im Alter von 13 Jahren. Im Laufe der Jahre wurde ich mehr und mehr mit seinem Leben und seinen Problemen vertraut. Es ging weiter so: heraus aus dem Gefängnis, hinein in das Gefängnis. Er war hoffnungslos abhängig von Drogen, genauso wie sein süchtiger Stiefvater. Ich liebte diesen Jungen wirklich, aber diese Liebe hatte sein Leben kein bisschen verändert; und so saß ich auf einer unserer grobgehobelten Bänke und tat das Einzige, was ich tun konnte – ich betete.

Fünf Minuten später stürzte ein Mädchen völlig außer Atem zur Tür herein. „Miss Puun, gehen Sie sofort ins Krankenhaus, ins Elizabeth-Hospital! Man hat Sie verlangt!"

„Wer ist dort – ist es Ah Sor?" Ich war erleichtert, dass endlich eine Nachricht kam.

„Ich soll Ihnen nur sagen, Sie sollen sich beeilen – es war irgendwas mit Sterben ...", und das Mädchen verschwand in dem dreckigen Labyrinth. Sie war nur eine Botin, die nichts wusste. Ich schloss ab und nahm einige Jungen von draußen mit. So schnell wir konnten, rannten wir zurück durch die Gassen. Kaum waren wir aus der Vermauerten Stadt heraus, winkten wir einem Taxi.

„Schnell, schnell, Elizabeth-Hospital! Unser Freund stirbt! Schneller!"

Die Taxifahrer in Hongkong braucht man nicht anzufeuern, und unser Fahrer übertrumpfte alle anderen. Im Slalom raste er durch den Verkehr, extra nur mit einer Hand am Lenkrad, immer mit Vollgas und erst im letzten Augenblick abrupt bremsend. Ich presste die Hände fest zusammen, betete, dachte nach, trieb an – alles gleichzeitig. „Mein Freund vielleicht sterben", dachte ich auf Kantonesisch. Was für ein elendes, unerfülltes Leben hat er gehabt, und wie gerne hätte ich ihm ein besseres gezeigt. Wenn er wenigstens wissen könnte, dass sich jemand um ihn sorgte!

„Gott, bitte, rette sein Leben und bekehre ihn zu dir!" Inzwischen hopste der Fahrer vor lauter Eifer auf seinem Sitz auf und nieder. Für ein paar furchtbar lange Augenblicke nahm er seinen Blick völlig von der Straße und drehte sich zu uns herum, um den Eindruck zu beobachten, den er auf uns machte. Inzwischen beteten wir die ganze Zeit laut. Als wäre die Unfallabteilung ganz unerwartet aus dem Nichts aufgetaucht, kam das Taxi plötzlich mit quietschenden Reifen zum Stehen, und wir sprangen hinaus, um Ah Sor zu besuchen, ehe er starb.

Aber es war nicht Ah Sor, der im Sterben lag. Es war Ah Tong, der diese unheilvolle Spur in den Straßen hinterlassen hatte. Ich kannte Ah Tong nur vom Hörensagen als einen der schlimmsten Bandenführer, der von Prostitution lebte und die Mitglieder seiner Gang, wie z. B. Ah Sor, benutzte, um aus den Bordellen Gewinne einzutreiben. Selbst unter seinesgleichen war er gefürchtet, weil er auf Partys ging, um junge Mädchen zu verführen und ihr ruiniertes Leben dann zu verkaufen und ein einträgliches Geschäft mit ihnen zu machen.

Als wir auf dem Gang warteten, erfuhr ich Näheres über die ganze Geschichte. Offensichtlich hatte sich die Seui-Fong-Bande in einer dunklen Gasse in der Nähe meines Clubraumes versteckt, mit Messern und Wasserrohren bewaffnet. Das Ganze war ein Racheakt für ein Mitglied, dem vor Jahren Unrecht geschehen war. Man hatte es auf Ah Sor abgesehen.

Als er mit Ah Tong und einem anderen Kumpel näher kam, ahnte er nichts von diesem Hinterhalt. Ein Messer blitzte auf, die Bande sprang vor und stürzte sich auf ihr Opfer. Aber Ah Tong hatte sie kommen sehen und sich selbst in den Weg geworfen, um Ah Sor zu schützen. Sein Arm wurde aufgeschlitzt und beinahe abgetrennt; dann ließen ihn die Angreifer in seinem Blut liegen. Ah Sor und der andere rannten nach Hause, holten einen *Mintoi* (eine chinesische Daunendecke) und wickelten ihren Beschützer, den Bandenführer, hinein. Mit dieser Last wankten sie durch die Gassen, bis sie zum Ausgang kamen und ein Taxi nehmen konnten. Nachdem sie den Verletzten im Krankenhaus abgegeben hatten, flohen sie. (In den Krankenhäusern sind immer Polizisten, die Fragen über Bandengefechte stellen, und die Jungen wollten keinerlei Bericht über den Vorfall abgeben.)

Einer der Burschen allerdings hatte von dem Vorfall erzählt, bevor er ebenfalls verschwand. Doch was ich von der Schwester erfahren konnte, war nur, dass der Patient höchstwahrscheinlich seinen Arm verlieren werde, nicht jedoch sein Leben.

Als ich so auf dem harten Krankenhausstuhl saß, überdachte ich, was ich gehört hatte. Das Verhalten des Mannes, den ich bald sehen sollte, beeindruckte mich immer mehr. Ja, er war ein Verbrecher und führte ein schändliches Leben, aber meiner Meinung nach hatte er einen selten hohen Grad von Liebe gezeigt. Jesus sagte: „Keiner hat größere Liebe als der, der sein Leben lässt für seine Freunde."

Ah Tong war bereit gewesen zu sterben. Ich rief einige Freunde an und bat sie, ins Krankenhaus zu kommen. Wir beteten die ganze Nacht für ihn. Als seine Familie auftauchte, waren sie entgeistert über unser für sie vollkommen unverständliches Benehmen. Wir waren doch anständige Leute, sogar Christen, und beteten für ihren Sohn? Für sie war er verdorben, hatte jung das Elternhaus verlassen, um sich auf der Straße herumzutreiben und Banden zu organisieren. Er verdiente nur, dass man sich von ihm abwandte.

Endlich ließ uns die Oberschwester die Intensivstation betreten. Ich hörte die chinesischen Schwestern tuscheln: „Das sind Pastoren. Die kommen, um zu beten!"

Eigentlich waren wir kaum eine im traditionellen Sinne würdige Gruppe, um mitten in der Nacht etwa die letzte Ölung vorzunehmen. Wenn ich meine Kleidung ansah – alte Jeans und Pullover –, so konnte ich ihre verdutzten Blicke verstehen.

Nun stand ich also am Bett des Patienten und betrachtete Ah Tong. Er lag da, durch den Blutverlust beängstigend blass, den unverletzten Arm am Tropf, dicke Verbände über seiner genähten Verletzung, in tiefer Bewusstlosigkeit. Aus Angst, wir könnten seine Verbände beschädigen, legten wir ganz vorsichtig unsere Hände auf ihn und beteten in Jesu Namen für ihn. Er richtete sich nicht sogleich auf – ich hatte es eigentlich im Glauben erwartet –, und solange wir dort waren, kam er nicht wieder zum Bewusstsein. Aber die folgenden täglichen Berichte des Krankenhauses waren außergewöhnlich. Er machte offensichtlich unbegreifliche Fortschritte. War dies das Wunder? Und dann – zu unserer großen Freude und mit der Zustimmung der staunenden Ärzteschaft – wurde er bereits fünf Tage nach der Attacke entlassen. Es war eine vollständige Heilung. Er war nicht nur am Leben geblieben, sondern konnte auch seinen Arm wieder vollkommen normal gebrauchen.

Jeder würde nun annehmen, dass Ah Tong nach diesem Wunder seine Fürbitter hätte kennenlernen wollen, aber davon konnte keine Rede sein. Im Gegenteil, wenn er mich während der darauffolgenden Monate in den dunklen und trostlosen Gassen nur erspähte, rannte er davon, als ob der Polizeichef persönlich hinter ihm her wäre. Er hatte Angst vor mir. Aber er ließ mir mehrmals durch einen Boten seinen Dank übermitteln.

„Wofür bedankt er sich eigentlich?", fragte ich den Boten, einen Jugendlichen mit gelben Zähnen und einer ausgefransten Dauerwelle.

„Er glaubt, dass eure Gebete sein Leben gerettet haben."

Der Junge schnaufte und schwitzte und brauchte offenbar dringend eine Dosis Heroin, aber er sah mich voller Respekt an. Alles, was sein Boss glaubte, war auch er bereit zu glauben. Aber warum rannte dann Ah Tong von mir weg? Dieser Widerspruch hat mich eine Zeitlang verwirrt. Monate später entdeckte ich hinter seinem seltsamen Benehmen einen kläglichen Grund. Er war süchtig und brauchte mehrmals täglich einen Schuss Heroin. Die ganze Zeit, als er im Krankenhaus lag, hatte ihm seine Freundin den Stoff gebracht, ein Mädchen, das er einmal vergewaltigt und im Alter von 14 Jahren an eine Sex-Show verkauft hatte.

Er wusste, dass ich Christin war, und in seinen Augen waren Christen gute Menschen und Drogenabhängige schlechte Menschen. So hielt er es für unpassend, seinen Dank persönlich zu überbringen. Er fühlte sich schmutzig – nicht rein genug für diese guten Christen.

Mehrere Jahre später fiel er eines Tages über die Schwelle meines kleinen Clubraumes in der Vermauerten Stadt. Es war nahezu Mitternacht. Ich nehme nicht an, dass er aus freiem Willen gekommen war. Er sah mich mit einem Gesichtsausdruck an, als werde er vom Teufel geplagt, und stieß hervor: „Puun Sui Je, ich bin verzweifelt! Ich habe so oft versucht, von dem Zeug loszukommen, aber ich schaffe es nicht. Kannst du mir helfen?"

„Nein, ich kann es nicht", antwortete ich, „aber ich habe gute Nachricht für dich: Jesus kann es. Ich glaube, du hast schon etwas von Jesu Art verstanden. Vor einigen Jahren warst du bereit, für deinen Bruder Ah Sor zu sterben. Das habe ich nicht vergessen. Da hast du etwas ganz Wunderbares getan."

Ah Tong hörte so konzentriert zu, dass sich seine Augenbrauen zusammenzogen. In seinem Gesicht spiegelten sich Enttäuschung, Hoffnung und Verwirrung zugleich.

„Was würdest du davon halten, wenn einer bereit wäre, für ein Mitglied aus einer anderen Bande zu sterben?", fragte ich.

„So ein Quatsch!" Er spuckte aus und warf einen bitteren Blick auf mich. „Du machst ja Witze! Für den Bruder, ja ..., aber kein Mensch stirbt für seinen Feind!"

„Gerade das tat Jesus! Er starb nicht nur für seine eigene Bande, sondern auch für jeden Einzelnen in allen anderen Banden. Er war Gottes Sohn. Er hat nie etwas Böses getan, sondern er heilte die Leute und half ihnen – und er starb für seine Feinde, für uns. Wenn wir uns ihm anvertrauen, wird er uns sein Leben geben, weil er uns liebt."

Ich bilde mir nicht ein, dass Ah Tongs durch Rauschgift verwirrter Verstand diesen Erlösungsgedanken ganz erfasste. Er war verrückt nach Stoff, und meine Rede war lang. Aber ich konnte sehen, dass etwas geschehen war. Er konnte es kaum fassen, dass Jesus jemanden wie ihn liebte. Das erste Mal seit Jahren hatte etwas oder jemand sein böses Herz getroffen. Er war bewegt.

Ich eilte mit ihm aus der Vermauerten Stadt hinunter zum Hafen von Kowloon, mit der Fähre hinüber in die kleine Wohnung auf der Hongkong-Insel. Er wusste, dass wir zu einer „Kirche" gingen. Aber mir war nicht klar, was er sich darunter vorstellte, denn er schaute wie betäubt um sich, als wir das Apartment betraten.

Nach westlichen Vorstellungen war es winzig und überhaupt nicht wie eine Kirche oder ein Gemeindesaal. Da stand er in einer Art Wohnzimmer, in einem hellen, freundlich ausgestatteten Raum, sogar mit Gardinen. Alles war so sauber und schön, richtig gemütlich wie eine Wohnung, keineswegs wie eine Kirche. Worüber er aber am meisten staunte, das waren die Menschen dort. Alle sahen so glücklich aus. Eine Menge Europäer waren da, aber auch viele junge Chinesen.

Er kannte sie alle. Da waren Leute, die er im Gefängnis kennengelernt hatte, Männer, mit denen oder gegen die er gekämpft hatte, und solche, mit denen er gefixt hatte. Aber jetzt strahlten sie alle, freuten sich und strotzten von Gesundheit. Sie fingen an, ihm von Jesus zu erzählen, dass die Kraft Jesu ihr Leben verändert habe.

„*Yeow* – du auch hier?", fragte er, als er wieder einen Freund begrüßte.

„*Yup*, so ist es, Ah Tong." (Sie sprachen in dem Slang von Kanton.) „Du kennst uns – wir würden nie diese fromme Sprache führen, wenn wir nicht wirklich glaubten. Ich meine – schön, du erwartest vielleicht, dass nicht wir, sondern Miss Puun und diese Priester die Bibel und das alles hersagen; aber sie haben nie Drogen genommen und wissen gar nicht, was das ist. Ich aber kenne das Zeug. Ich habe wahnsinnige Entzugsschmerzen gehabt, es war so schrecklich, dass ich zu Jesus betete, wie sie es mir gesagt hatten. Und es funktionierte! Meine Schmerzen waren weg, und ich fühlte mich ganz verändert, ja, irgendwie neu. Ich habe diese Kraft bekommen – sie wird Heiliger Geist genannt – und hatte überhaupt keine Schmerzen mehr."

Es war ein bisschen konfus, aber Ah Tong überlegte: „Wenn die das können, dann kann ich es auch. Wenn es Jesus für ihn getan hat, dann kann er es auch für mich tun."

So sagte er uns schließlich, er wolle glauben, dass Jesus Gott ist, und ihn bitten, sein Leben zu verändern. Dann betete er, und während des Gebets entspannte sich sein schmales, schmerzdurchfurchtes Gesicht. Er lächelte.

Die anderen Neubekehrten schauten sich fröhlich an. Wieder einmal waren sie Zeugen eines Wunders. Ah Tong empfing die Gabe, in einer Sprache zu sprechen, die er nie gelernt hatte, und fühlte, dass ihm das Beten leicht wurde. Freude kam in seine Augen. Und als er dann auf seiner Matratze lag, wurde er immer ruhiger. Wir alle kümmerten uns um ihn und saßen um ihn herum, bis er in einen gesunden Schlaf verfiel.

Ah Tong blieb bei uns. Er brauchte den *cold turkey* gar nicht durchzustehen, eine Erfahrung, die den menschlichen Körper so quält, dass sie sogar zum Tode des Süchtigen führen kann. (Der Ausdruck *cold turkey* = „kalter Truthahn" wird von der Tatsache hergeleitet, dass bei einem Drogenentzug ohne Medikamente schwere, schmerzhafte Symptome auftreten, u. a. heftiger Schüttelfrost, sodass der Patient eine Gänsehaut bekommt.) Wir gaben ihm keine Medikamente, nicht einmal Aspirin. Wir gaben ihm auch keine Zigaretten, um ihm den Entzug vom Heroin zu erleichtern. Jedes Mal, wenn ihn ein plötzlicher Schmerz anzufallen schien, fing er an zu beten und seine neue Sprache zu benutzen. Seine Entzugsperiode verlief schmerzfrei. Kein Erbrechen, keine Krämpfe, kein Durchfall, kein Schüttelfrost. Mit diesem Wunder begann Ah Tong ein neues Leben.

Kapitel 2

Die längste Reise

Die Kontrolleure der Immigrationsbehörde betraten das Schiff; und ich stand als Erste in der Schlange, voller Sehnsucht, an Land zu gehen und mein Abenteuer zu beginnen. An diesem Morgen hatte ich mich schon früh fertig gemacht, alle Gepäckstücke für die Ausschiffung noch einmal gut verschlossen und war an Deck gegangen. Der Anblick, der sich mir bot, verschlug mir den Atem. Alle Häfen, die wir auf unserer Reise vorher angelaufen hatten, erschienen mir eintönig und nichtssagend im Vergleich zu diesem. Hier war Perspektive. Hier tauchten Berge aus dem Nebel auf wie auf einem orientalischen Gemälde. Ich fühlte einen tiefen Frieden; und als ich mir vorstellte, dass dies der Ort war, den Gott für mich bestimmt hatte, dankte ich ihm aus vollem Herzen.

Da stand ich nun, wartete und blickte über die Südchinesische See auf die Perle des Orients: Hongkong. Um uns erstreckte sich der Hafen, der die Insel mit der Hauptstadt Victoria von der Halbinsel Kowloon trennt. Überall sah man kleine Boote. Winzige chinesische Fischerboote, die *Sampans*, tanzten auf und nieder und wurden von schlitzäugigen Mädchen geschickt gerudert. Leichterschiffe in lustigen Farben – rot, blau, gelb und grün – flitzten über das Wasser, um die Frachtschiffe zu entladen, die im Kanal ankerten; und die *Walla Wallas*, die typischen kleinen Fährschiffe, ließen ihre Passagiere von Bord.

Die Schiffe beförderten die Schichtarbeiter zwischen den einzelnen Inseln, und die altertümlichen Dschunken drängten sich in dem Hafengewässer und brachten Lebensmittel vom chinesischen Festland zur britischen

Kronkolonie. Sie wirkten eigenartig altmodisch, denn an der Küste hinter ihnen erhoben sich Reihen um Reihen riesiger, moderner Wolkenkratzer, die an den Berghängen der Hongkong-Insel klebten bis zum Gipfel hinauf, wo sie in Wolken verschwanden.

Dicht hinter den Werften mit ihren Lagerhäusern, die man seltsamerweise „die Sinkenden" nennt, konnte ich an den großen Schildern mit weithin sichtbaren Zeichen, die waagerecht an den Häusern hingen, Ausschnitte von chinesischen Straßen erkennen. Sie wirkten fremdartig, aufregend, deuteten auf die Exotik des Ostens, ein Anziehungspunkt für Touristen. Hinter ihnen in der Ferne entdeckte ich auf der Kowloonseite eine weitere Bergkette. Das waren die Neun Drachen auf den *New Territories* (das Gebiet, dass das „eigentliche" Hongkong umgibt, Anm. d. Üs.), die sich bis zur Grenze zum kommunistischen China erstreckten, etwa 30 Kilometer entfernt. Vom Wasser aus bietet Hongkong an einem sonnigen Morgen einen faszinierenden Anblick – aber das ist nur Fassade.

Der Einreisebeamte teilte meine Begeisterung keineswegs. Er nahm mir alle meine Papiere ab, aus denen hervorging, dass ich in die Kolonie einreiste, um zu arbeiten. Dann machte er sich daran, mir einige Fragen zu stellen. Aber meine Antworten befriedigten ihn nicht.

„Wo du wohnen?"

„Das weiß ich noch nicht."

„Wo deine Freunde?"

„Ich habe hier noch niemanden."

„Wo du arbeiten?"

„Hm – ich habe noch keinen Arbeitsplatz."

Der junge Kantonese sah mich finster an. Mit seinem Hongkong-Englisch hatte er das „Verhör" bisher gut gemeistert, aber meine Antworten entsprachen nicht seinen Vorstellungen. Vielleicht fand er, dass ich ein bisschen traurig aussähe; darum versuchte er noch ein paar Zusatzfragen:

„Wo deine Mutter?" Er war jetzt ganz freundlich.

„Sie ist in England."

„Wo deine Rückfahrkarte?"

„Die brauche ich doch jetzt nicht!" Das sagte ich recht munter. Ich hatte keine Probleme gehabt, das Ticket für die Herfahrt zu bekommen, und ich konnte nicht einsehen, warum er sich so um meine Rückfahrt sorgte.

Endlich strahlte er – jetzt hatte er etwas gefunden, was die meisten Probleme löst: „Wie viel Geld du haben?"

Diese Frage konnte ich leicht beantworten. Ich kam mir nämlich ziemlich wohlhabend vor. Dadurch, dass ich mir auf dieser einmonatigen Reise nicht sehr viele Getränke geleistet hatte, war ich fast mit der gleichen Summe hier angekommen, mit der ich abgefahren war. „Ungefähr 100 Hongkong-Dollar", sagte ich stolz. Das waren 1966 sechs Pfund Sterling, also etwa 25 Euro.

„Nicht genug!", schrie der Mann. „Hongkong teuer, teuer! Das Geld nicht genug drei Tage!" Er tat furchtbar wichtig mit seiner feinen Schirmmütze und seinen gestärkten Shorts und eilte zu seinem Vorgesetzten. Es folgte eine kurze Besprechung, danach kamen sie in sehr offizieller Weise auf mich zu. „Wenn Sie auch britisch", sagte der Boss, „Sie dürfen Schiff nicht verlassen. Warten Sie hier!"

Ich nahm an, dass sie mich für eine Prostituierte hielten, die nach gutem Verdienst bei den US-Truppen Ausschau hielt, die in ihrem Fronturlaub von Vietnam aus einen Trip nach Hongkong machten. Ein mittelloses junges Mädchen ohne Wohnung, ohne Freunde, ohne alles, so stand ich da und beobachtete, wie alle anderen Passagiere an Land gingen. Zu gern hätte ich gewusst, was sie wohl mit mir machen würden. Schreckensvorstellungen kamen mir in den Sinn. „Vielleicht sperren sie mich jetzt in den Schiffsbauch ein und schicken mich mit Schimpf und Schande nach England zurück. Und dann muss ich mir von allen Bekannten sagen lassen: ‚Das haben wir dir ja gleich gesagt! Verrückt, sich auf die andere Seite der Welt abzusetzen und alles Gott zu überlassen – das war unverantwortlich.'" Was sollte ich jetzt tun? Wie war ich überhaupt hierher gekommen?

Meine Mutter hatte nur eine von uns erwartet. Es war wie ein Nachkriegsgeschenk, als sie Zwillingen das Leben gab – und Vater bekam 48 Stunden Sonderurlaub. Es muss für ihn, der sich ein Rugby-Team gewünscht hatte, enttäuschend gewesen sein, stattdessen mit vier Mädchen vorliebnehmen zu müssen. Ich wollte das ein bisschen wiedergutmachen, indem ich mich wie ein Junge benahm. Ich kletterte und tobte herum, hatte Jungenspielzeug und Fahrräder und interessierte mich dann später doch leidenschaftlich für Rugby.

Mein erstes Kindheitserlebnis, an das ich mich erinnern kann, hatte ich mit vier Jahren. Ich lehnte mich gegen den Heizkörper in unserer Wohnung in Sutton bei London und dachte: „Lohnt es sich eigentlich, lieb und gut zu sein?" Mir war klar, dass ich mich entscheiden musste; aber sollte ich mich wirklich dafür entscheiden, lieb zu sein? Ich setzte mich auf den Heizkörper – es machte so schön Krach, wenn man mit den Schuhen dagegen schlug – und dachte nach. Schließlich kam ich zu dem Schluss, dass alles, was man tut, eines Tages von jemandem beurteilt wird. Es gibt eine Abrechnung.

Ungefähr ein Jahr später saß ich mit meiner Zwillingsschwester in der Sonntagsschule. Eine richtige Missionarin war gekommen, um uns etwas zu erzählen. Sie sah genauso aus wie auf den Abbildungen in den viktorianischen Kinderbüchern; sie trug einen langen, schwarzen Rock und einen Haarknoten im Nacken. Wir saßen auf den Kinderstühlchen, und sie zeigte auf jeden von uns und flüsterte: „Ob Gott auch dich auf dem Missionsfeld haben möchte?" Ich erinnere mich genau, dass ich dachte, die Antwort auf diese Frage könnte selbstverständlich niemals „nein" lauten. Gott will jeden auf dem Missionsfeld. Nur hatte ich überhaupt keine Ahnung, was eigentlich ein Missionsfeld ist. Ich stellte mir das so vor, dass ich an der Tür einer Lehmhütte saß, so eine Art Weiße Königin in Afrika, und mir sehr würdevoll vorkam. Solche Leute wurden in einer Missionsbroschüre beschrieben, die ich gesehen hatte.

Dass ich Missionarin werden wollte, erzählte ich dann einer Freundin in unserer kleinen Grundschule. Es war ein nicht wiedergutzumachender Fehler. Bald merkte ich, dass jeder von mir erwartete, ich müsse besser sein als die andern. „Aber ich denke, du willst Missionarin werden?", sagten sie dann vorwurfsvoll, wenn ich unartig war. Ich hatte immer das Gefühl, dass sie mich damit austricksen wollten – das schien mir ganz und gar nicht fair. So lernte ich sehr früh, dass es in England klüger ist, über diese Dinge zu schweigen.

Schließlich erfand ich allerlei Berufe, um die Leute auf andere Gedanken zu bringen. Ich erzählte, ich wolle Schaffnerin werden, die erste Frau auf dem Mount Everest, vielleicht auch Zirkusartistin. Aber irgendwann musste ich wieder hören, wie die Mutter einer Schulfreundin schwärmte: „So, also du bist diejenige, die Missionarin werden will, nicht wahr?" Ich lief rot an und hoffte, dass es ab jetzt keiner mehr sagen würde.

Aber da waren noch andere Dinge, die mich in meinem Inneren bewegten. Eines Tages ging ich mit meiner Zwillingsschwester Gilly über die Eisenbahnbrücke, als wir von einem Besuch bei Nelly zurückkamen, unserer Freundin, die bei uns zu Hause täglich aushalf. Wie gewöhnlich hatten wir bei ihr kleine grüne Bonbons geschnorrt. Kaum hatte ich eins in den Mund gesteckt, als mir ein schrecklicher Gedanke kam. „Was tun wir hier auf der Welt? Worum geht es im Leben?" Ich kam mir vor, als ob ich in der Falle säße. Ich konnte doch nicht einfach so leben, wie's mir passte, denn Gott sah doch alles, und eines Tages würde ich ihm alles erklären müssen. Bei diesem Gedanken war mir gar nicht wohl.

Dann war da noch das Problem mit der Sünde. Das musste etwa so sein, wie ich es jeden Tag in der Schule erlebte: Man bekam Noten. Eines Tages lag ich auf dem Tennisrasen und blickte in den Himmel. Ich stellte mir vor, dass Gott dort oben mit einem dicken Buch saß, in dem alle unsere Namen standen, und immer, wenn wir etwas Unrechtes taten, bekamen wir eine schlechte Zensur. Mein eigenes Sündenregister musste sehr lang sein, wahrscheinlich umfasste es mehrere Seiten. Da konnte man nichts machen. In der Sonntagsschule sangen wir immer ein Lied darüber, dass man die Sündenlast nicht loswerden könnte: „Gott hat sie ausgelöscht – ich bin glücklich, froh und frei! Gott hat sie ausgelöscht, wie Jesaja es schreibt."

Ich wusste nicht, was „ausgelöscht" heißt – erst Jahre später verstand ich, was wir gesungen hatten. Damals dachte ich an dieses dicke Buch mit allen meinen Sünden, Zeile für Zeile, und Gott trug sie ein und trocknete das Geschriebene mit einem Löschpapier sorgfältig ab. Zuletzt kam ich zu einer Lösung. Es sprach ja zu meinen Gunsten, dass ich noch klein war, und ich entschied: „Wenn ich ab jetzt nie mehr etwas Schlechtes tue, überhaupt nie mehr, dann werde ich eines Tages wie Winston Churchill sein! Er ist der beste Mensch auf der Erde, aber er ist sehr alt. Wenn ich also jetzt aufhöre zu sündigen, so kann es sein, dass wir beide gleich gut enden."

Als ich im ersten Jahr auf der Internatsschule war, machte ich wieder einen Fehler. Meine Zwillingsschwester und ich saßen am Ende des Tisches und verzehrten die übliche Graubrotscheibe zum Tee. Am Kopf unseres Tisches saß ein größeres Mädchen mit Namen Mirissa. Sie tadelte mich, weil ich die Scheibe vor dem Essen nicht in zwei Hälften geteilt hatte. Ich wollte sie wieder versöhnen und fing deshalb eine höfliche Unterhaltung an. Aber leider wählte ich das falsche Thema. Ich hatte kurz zuvor die erste Radiosendung von Billy Graham gehört und erzählte ihr, wie mich der Evangelist beeindruckt hatte.

„Massensuggestion!", sagte sie geringschätzig, und damit war das Gespräch beendet. Ich hatte damals große Hochachtung vor älteren Schülerinnen, und wenn in der Schule später von so etwas die Rede war, höhnte ich auch: „Massensuggestion!"

Die Konfirmation rückte heran. Ich nahm das alles ziemlich ernst; mir war bewusst, dass ich eine der wenigen war, die wirklich an Gott glaubten. Die andern waren nur dabei wegen der neuen Kleider und des Familienfestes, zu dem wir alle Verwandten und Paten einladen durften. Aber ich hatte Angst, dass der Pfarrer uns persönlich fragen würde, was wir glauben, bevor wir konfirmiert wurden. Ich hätte mich nicht zu sorgen brauchen – er fragte nicht. Das war also in Ordnung. Aber ich musste ihm vorher eine Frage stellen.

„Woran muss ich denken, wenn mir der Bischof die Hände auflegt?"

Der Pfarrer überlegte einen Augenblick. „Äh – ich würde – ich würde beten", sagte er schließlich triumphierend. Gilly und ich gingen in unseren weißen Schulkleidern nach vorn und knieten nieder. Der Bischof legte uns die Hände auf. Ich kann mich nur noch erinnern, dass ich voller Freude auf meinen Platz zurückging. Tatsächlich war mir zum Lachen zumute – ich hätte mich ausschütten können. Wie unpassend – schließlich war das ein Konfirmationsgottesdienst, etwas sehr Ernstes. Lachen durfte man später bei dem Fest zu Hause. Ich nahm mein Programmblatt und bedeckte mir das Gesicht, sodass mich auf meinem Platz niemand lächeln sehen konnte, und dann senkte ich schnell den Kopf, als ob ich betete. Ich hoffte sehr, während des weiteren Verlaufs der Zeremonie ehrfurchtsvoll und dankbar zu wirken. Meine unziemliche Fröhlichkeit passte ja wirklich nicht zu diesem Gottesdienst. Aber ich war dabei, mein Leben an Gott auszuliefern, und erwartete nichts zurück.

Mein nächster Schritt war, dass ich das Branchentelefonbuch aufschlug und Missionsgesellschaften heraussuchte. Ich nahm die erstbeste Adresse. „Ich habe die Absicht, Missionarin zu werden", schrieb ich, „und ich glaube, ich sollte jetzt mit der Vorbereitung beginnen. Welche Fächer empfehlen Sie mir?" In der Antwort wurde ich an die Adresse einer Jugendgruppe verwiesen. Es war schön, im Internat viel Post zu bekommen, aber ich musste sehen, dass ich irgendwie den Absender auf den Umschlägen verbarg, damit niemand merkte, woher die Briefe kamen.

Während der Ferien arbeitete ich in Vaters Fabrik oder erteilte Nachhilfestunden, und zu Weihnachten trug ich für die Post Briefe aus. Einige

Jahre lang erhielt ich den inoffiziellen Titel „Postmädchen des Jahres" und wurde sogar zur „Miss Croydon 1960" gekürt. Mein fürstlicher Lohn betrug umgerechnet ca. einen Euro pro Stunde plus Essensgutschein. Diesen tauschte ich in der Postkantine gegen Woodbine-Zigaretten ein. Ich war eine Frau von Welt!

Schließlich landete ich an der königlichen Musikhochschule. Hier wurde mir sehr schnell klar, dass Musiker die Liebe als Nährstoff für die Musik ansehen, und ich hatte viel Mühe, einen hartnäckigen Hornisten loszuwerden. Meine große Vorliebe galt der Blasmusik. Leider brachte ich viel zu viel Zeit damit zu, mit den Bläsern zu gehen, von der Kneipe zur Probe, zum Konzert und wieder zur Kneipe. Ich saß auf ihren Instrumentenkästen im Eisenbahnabteil, und eher selten übte ich auf dem Klavier und auf der Oboe.

Von Zeit zu Zeit ging ich am Anschlagbrett der *Christian Union* vorbei und bekam ein schlechtes Gewissen. Aber diese Christen sahen so blass aus, pickelig und schwächlich und waren sowieso meistens Organisten. Überhaupt nicht mein Geschmack. Sie saßen als frommes Grüppchen unter sich in der Kantine und wirkten absolut nicht anziehend – wie jene aufdringlichen Leute, die immer kamen und fragten, ob ich „gerettet" sei und „gewaschen im Blut". Ich wusste nicht, was sie meinten, und wollte es auch nicht wissen. Sie sahen so verbissen aus – ohne Make-up und möglichst unattraktiv gekleidet. Sie versicherten mir, dass ich einmal anders würde, wenn ich „Jesus kenne", aber ich hatte nicht die geringste Lust, so zu werden wie sie.

Stattdessen besuchte ich eine Party nach der anderen, wo die Art der Unterhaltung entweder ordinär oder langweilig war. „Ja, warum bist du denn dann gekommen?", stichelten die jungen Männer, wenn ich ihre Angebote ablehnte. Ich ging immer in der Hoffnung hin, den Mann meiner Träume zu finden, und es dauerte lange, bis ich erkannte, dass der nicht auf solchen Partys zu finden war.

Eines Tages saß ich schlecht gelaunt in meinem Pendlerzug und fuhr vom College nach Hause, als ich zwei alte Schulfreunde traf. Sie begrüßten mich und luden mich in eine Londoner Wohnung zum Kaffee ein. Dort würde ein fabelhafter Mann über die Bibel sprechen. Ich ging hin. Er war tatsächlich fabelhaft. Aber dort waren alle so. Ich kam nicht richtig dahinter – sie sahen genauso normal aus wie ich. Die Mädchen trugen Make-up, und eine sprach von Bikinis. Die Männer diskutierten über Autorennen – und doch waren alle hier, weil sie die Bibel studieren wollten. Es war das erste Mal, dass sich in mir nicht alles sträubte, wenn jemand zu mir über Jesus redete. In dieser Wohnung konnte ich frei und ungezwungen über Gott sprechen.

Ich war bestürzt darüber, dass ich hier von Himmel und Hölle hörte, von Themen, die ich vor Jahren als Massensuggestion abgetan hatte. Aber mehr noch erschreckte mich, dass ich hörte, keiner könne zu Gott kommen ohne Jesus. Es waren nicht so sehr die Worte an sich, die mich schockierten, als vielmehr die Erkenntnis, dass Jesus selbst diese Worte gesagt hatte. Ich war vor die Alternative gestellt, entweder das Zeugnis Jesu über sich selbst anzunehmen, oder den christlichen Glauben vergessen zu können. In der Gesellschaftsschicht, in der ich verkehrte, galt es als größte Sünde, engstirnig zu sein; aber Jesu Worte duldeten keinen Kompromiss.

Widerstrebend sagte ich ihm im Gebet, dass ich glauben wolle, was er gesagt hatte – wenn es mir auch nicht sehr zusagte. Ich hatte mich bekehrt.

Mein Leben bekam mehr Inhalt, als ich es je für möglich gehalten hatte. Ich hatte keineswegs ein engstirniges Leben begonnen. Kurz danach beugte sich jemand in der Vorortbahn zu mir über den Gang und fragte, ob ich an Gott glaube. „Nein", erwiderte ich, „ich kenne ihn, das ist etwas anderes. Ich habe Frieden mit Gott, und ich weiß, wo ich hingehe."

Mein neues Leben brachte auch Schwierigkeiten. Einmal war's, dass die Mädchen nach einer Bibelstunde noch beisammensaßen und beteten und Gott für die Gewissheit dankten, dass sie in den Himmel kämen. Ich öffnete die Augen und sah sie neugierig an. Alle lächelten und waren sehr glücklich. Darüber war ich entsetzt. Denn wenn wir glaubten, dass wir nur durch Jesus in den Himmel kommen, dann war doch selbstverständlich auch das andere wahr, dass nämlich manche Leute nicht hinkommen. Danach setzten sich die Mädchen, um Risotto zu essen, und ich rannte hinaus und dachte: „Wie könnt ihr so ruhig dasitzen, wenn ihr so etwas glaubt! Was soll denn mit den Leuten werden, die nie von Jesus gehört haben? Und ihr esst Risotto!"

Die Folge war, dass ich in jene Art Kreise geriet, die ich vor meiner Bekehrung so verabscheut hatte. Da spielte ich beispielsweise Klavier bei einem christlichen Jugendtreffen in Waddon. Es war an einem Samstagnachmittag, und ich hätte eigentlich bei dem internationalen Rugby-Match in Twickenham sein müssen, um unsere Mannschaft anzufeuern. Stattdessen saß ich bei Erlösungsliedern und heißen Würstchen in Waddon. Mein Leben hatte eine ganz neue Richtung eingeschlagen!

Nach Abschluss meiner Ausbildung freute ich mich auf eine Karriere als Musiklehrerin. Ich war frei. Zu der Zeit war ich nicht verliebt, also hinderte mich nichts daran, mich irgendwo voll und ganz einzusetzen. Da kam der Missionsgedanke wieder.

So schrieb ich nach Afrika (dorthin gehen ja die Missionare meistens), an Schulen, an Firmen und an Rundfunkstationen. Sie schickten mir alle eine Antwort, aber alle abschlägig – sie bräuchten mich nicht. Eine Gruppe schrieb: „Wenn Sie Englisch und Mathematik unterrichten könnten, könnten wir Sie hier einsetzen, aber Musiklehrer können wir uns hier draußen noch nicht leisten. Vielleicht in einigen Jahren."

Doch ich ließ mich nicht entmutigen und suchte weiter. Da kam mir die Idee, ich sollte einmal versuchen, den Gastprediger oder den Hilfsgeistlichen nach dem Gottesdienst zu fassen zu kriegen und sie um ein Gespräch zu bitten.

So fragte ich jeden ganz ernstlich: „Was, meinen Sie, soll ich mit meinem Leben anfangen?"

„Haben Sie darüber gebetet?", lautete jedes Mal die Antwort. Das ärgerte mich, denn ich hatte wirklich darüber gebetet, aber Gott gab mir keine klare Antwort. Meine Bibel riet mir zu vertrauen, dass der Herr mir den Weg zeigen würde. Jeden Morgen stürzte ich hinunter, um die Post zu holen, weil ich mir von daher eine Weisung erhoffte. Aber jede Antwort war abschlägig.

Eines Nachts hatte ich einen Traum. Die ganze Familie war um den Esszimmertisch versammelt und betrachtete eine Karte von Afrika. In der Mitte der verschiedenfarbigen Länder war ein rosa Land. Ich lehnte mich vor, um zu sehen, welches Land das war. Da stand ganz deutlich: „Hongkong". Ich glaubte das nicht recht, wollte aber meine Unwissenheit verbergen.

„Ah", versuchte ich leichthin zu sagen, „ich habe nicht gewusst, dass Hongkong dort liegt."

„Aber natürlich liegt es da, weißt du das nicht?", sagte meine Tante Dotty in einem überlegenen Tonfall, und ich wagte nicht zu widersprechen. Als ich aufwachte, schrieb ich an die Regierung von Hongkong, ich sei eine ausgebildete Musiklehrerin und suche eine Anstellung. Man schrieb mir zurück, ich solle die Bewerbungspapiere mit drei Referenzen über das Entwicklungsministerium einschicken. Aber auch von dort erhielt ich den Bescheid, es sei keine Stelle für Musiklehrer frei. Schließlich ging ich zu einer mir bekannten Missionsgesellschaft und erklärte dort, dass ich nach Hongkong gehen wolle. „Unmöglich", lautete der Bescheid; sie nähmen keine Missionsbewerber unter 25 Jahren an, ich müsse also warten.

„Aber es könnte doch sein, dass Jesus wiederkommt, ehe ich 25 bin", entgegnete ich. „Könnte ich nicht früher gehen? Ich lege nicht unbedingt Wert darauf, Missionarin genannt zu werden – könnte ich nicht in einer ihrer Schulen eine Lehrerstelle bekommen?" Doch man sagte mir, so gehe das nicht. Es schien, als hätte ich meinen Traum falsch gedeutet. Ich ging in eine kleine, friedliche Dorfkirche und betete. Da sah ich in einer Vision eine Frau – sie hielt flehend die Arme emporgestreckt wie auf den bekannten Flüchtlingsbildern. Ich wollte wissen, was sie brauchte. Sie schaute verzweifelt nach etwas aus. Suchte sie eine christliche Hilfsorganisation? Vielleicht *Oxfam*?

Auf einmal erschien eine Schrift wie im Fernsehen. „WAS KANNST DU UNS GEBEN?" – Ja, was könnte ich ihr wohl geben? Wenn ich als Missionarin hinausginge, was könnte ich den Leuten denn überhaupt geben? Mein Talent, Klavier und Oboe zu spielen? Den Nutzen aus meiner tadellosen englischen Herkunft und meiner Ausbildung? Sollte ich ihnen Nahrung, Geld oder Kleidung bringen? Wenn ich dieser Frau nur materielle Dinge brachte, würde sie wieder hungern, wenn ich ginge. Aber die Frau in meiner Vision hungerte nach einer Nahrung, von der sie gar nichts wusste.

Schließlich kam mir der Gedanke, dass sie die Liebe Jesu brauchte; wenn sie die empfing, könnte sie davon auch noch zehren, wenn ich wegging, ja, sogar noch mehr, sie könnte sie an andere Menschen weitergeben. Jetzt wusste ich, was ich zu tun hatte, nur noch nicht, wo.

Nicht lange danach traf ich einen Fabrikarbeiter von West Croydon, der bei jenem Jugendtreffen in Waddon mit dabei gewesen war.

„Hast du inzwischen eine Antwort bekommen?" Er wusste, dass ich im Blick auf meine Zukunft betete.

„Nein", erwiderte ich kleinlaut.

„Komm doch mal in unsere Versammlung", sagte er, „da bekommen wir immer Antworten."

Glaubten diese Leute in West Croydon bei Gott in besonderer Gunst zu stehen? Ich war ärgerlich, andererseits aber auch äußerst neugierig zu erfahren, was in diesen Versammlungen vor sich ging. So nahm ich an einem Dienstagabend den Bus und fuhr hin.

Als ich ankam, erzählte mir jemand im Vertrauen, ich solle mich nicht wundern, wenn etwas Außerordentliches geschehen würde. Ich war nervös und setzte mich in die Nähe der Tür. Offensichtlich wurden in diesen Versammlungen „Geistesgaben" praktiziert, und ich wollte jederzeit verschwinden können, wenn es brenzlig würde.

Ich wusste nicht, was mich erwartete. Vielleicht würde jemand mit lauter Stimme weissagen: „Du wirst einem Mann begegnen, der wird dir zu einem bestimmten Zeitpunkt eine Fahrkarte für dieses oder jenes Land geben" – und das würde dann Gottes Antwort für mich sein.

Die Versammlung verlief wie üblich mit ganz normalen Gebeten und Liedern. Ein oder zwei Anwesende sprachen in einer fremden Sprache, die ich nicht verstand, und andere sagten die Erklärung dazu. Aber es war kein aufrüttelnder Ruf Gottes an mich.

Doch er kam. Es war überhaupt nicht aufregend. Jemand sprach ganz ruhig, und ich war überzeugt, dass ich gemeint war.

„Geh. Vertraue mir, ich will dich führen. Ich will dich unterweisen und dir den Weg zeigen, den du gehen sollst. Ich will dich mit meinen Augen leiten."

Das war es, was Gott mir schon immer gesagt hatte. Jetzt hatte er es bestätigt. Ich wusste: Gott hatte mein Leben in der Hand und war dabei, mich irgendwohin zu führen.

Zweifellos bekamen die Leute in West Croydon Antworten, aber sie sagten mir nicht, wie ich selbst Gaben des Geistes bekommen könnte. So ging ich nach Hause und wartete. Gott hatte mir ganz klar versprochen, mich zu führen, aber ich wusste immer noch nicht, wo ich hingehen sollte. Ich gab es auf, mich weiter um einen Job zu bewerben. Ich wollte frei sein, um nach den Sommerferien abzureisen; und ich versuchte, vor dem Schlafengehen etwas inbrünstiger zu beten.

Immer noch keine Antwort.

In den Osterferien half ich eine Woche in der Shoreditch-Gemeinde bei Richard Thompson aus. Dieser Pastor kannte mich seit einiger Zeit, und ich dachte, er könnte mich vielleicht beraten. Ich erinnere mich noch genau an den Teppich in seinem Arbeitszimmer, denn ich habe ihn eingehend studiert, bevor ich allen meinen Mut zusammennahm und zu reden anfing. Ich erzählte ihm, dass ich mit Gott an einem toten Punkt angekommen sei. Er hatte mir klar gesagt, ich solle gehen; ich wusste auch, warum ich gehen sollte, aber er sagte mir nicht, wohin. Was sollte ich also tun?

Richards Antwort war verblüffend: „Wenn Gott dir sagt, du sollst gehen, dann geh doch los!"

„Wie soll ich denn das machen – ich weiß doch nicht, wohin! Alle Bewerbungen sind abgelehnt worden."

„Na gut, wenn du all diese konventionellen Wege ausprobiert hast, auch die Missionsgesellschaften, und Gott sagt immer noch, dass du gehen sollst, dann mach dich eben in Gottes Namen auf und geh."

Ich war enttäuscht.

„Wenn du einen Job hättest, eine Fahrkarte, versorgt wärest, eine Kranken- und Rentenversicherung beanspruchen könntest, dann brauchtest du ja Gott nicht zu vertrauen", fuhr Richard fort. „So kann jeder gehen, ob er Christ ist oder nicht. Ich an deiner Stelle würde einfach abfahren. Ich würde mir ein Schiffsticket kaufen für die längste Reise, die es gibt, und würde darum beten, dass ich an der richtigen Stelle an Land gehe."

Ich hörte nicht gerade Glockengeläut, aber das war das erste Mal in all diesen Monaten der Ungewissheit, dass mir etwas Handfestes gesagt wurde.

„Das klingt fantastisch – aber weißt du, das ist bestimmt eine Versuchung, denn gerade dazu habe ich die größte Lust!" Ich hatte immer noch die Vorstellung, dass alles, was mit Gott zu tun hat, streng und ernst sein müsse. Ich war überzeugt, dass Christen immer den schwereren Weg wählen müssten, dass sie immer für ihren Glauben zu leiden hätten. Freude gehörte nicht zum Christenleben.

Aber Richard Thompson versicherte mir, sein Rat sei ganz biblisch. Abraham war bereit gewesen, seine Heimat zu verlassen und Gott in das verheißene Land zu folgen, ohne dass er wusste, wohin er ging. Er vertraute einfach. Auf die gleiche Weise ist einige Jahrtausende später Gladys Aylward im Glauben nach China gefahren.

„Du kannst nichts verlieren, wenn du dich vollkommen in Gottes Hand gibst", sagte Richard ernst. „Weißt du, wenn er nicht will, dass du aufs Schiff gehst, dann kann er dich daran hindern. Andernfalls wird er das Schiff irgendwo in der Welt für dich landen lassen."

Ich stellte mir vor, dass wir in den Sturm gerieten wie Paulus. Vielleicht würde ich auf einer kleinen Südseeinsel landen, wo ein einziger Mensch etwas über Jesus hören wollte. Es war ein aufregender Gedanke.

„Vielleicht fährst du um die ganze Welt, nur um einem einzigen Seemann von Jesus zu erzählen. Oder vielleicht kommst du bis nach Singapur, um dort eine Woche bei Jugendversammlungen Klavier zu spielen und danach zurückzukehren."

Richards Rat war außergewöhnlich, aber sehr weise. Zu keiner Zeit weckte er in mir den Eindruck, ich solle aufs Schiff gehen, mir das Haar zum Knoten zusammenstecken und wie eine „richtige Missionarin" in den Dienst treten. Er schlug mir überhaupt nicht vor, eine Leistung zu erbringen, sondern einfach, Gott dorthin zu folgen, wohin er mich führte. Jetzt war mir ganz klar, dass ich bei diesem Abenteuer nicht verlieren konnte.

Also machte ich mich daran, mein Geld zu zählen, und fand ein billiges Schiff, das auf seiner Fahrt die meisten Länder der Welt anfuhr. Es ging von Frankreich nach Japan. Ich kaufte das Ticket und machte mich reisefertig.

Natürlich musste ich mich meinen Eltern, Freunden und Bekannten gegenüber verantworten. Einige waren verständlicherweise skeptisch. Mein Vater bestand fest darauf, dass ich mir die Sache mit „der längsten Reise" noch einmal überlegte; welches Recht hätte ich, meine Religion an Menschen anderer Länder zu vermitteln, die ihre eigene gute Religion haben? Vater und Mutter waren zwar grundsätzlich mit der Reise einverstanden, aber sie sorgten sich um mich. Deshalb betete ich; und eines Abends hörte ich, wie sie sich gegenseitig überzeugten, dass mein Plan richtig sei.

Die Missionsgesellschaft war weniger erfreut. „Es ist unverantwortlich von einem Seelsorger, einem jungen Mädchen einen solchen Rat zu geben!", warnten sie. Das wäre es auch nach meiner Meinung gewesen, wenn es nicht der Heilige Geist gewesen wäre, der Richard Thompson die Worte eingegeben hatte.

Mein Abreisetag war einer von den Tagen, an denen alles schiefgeht. Das Taxi, das wir bestellt hatten, um die 30 Kilometer nach London zu fahren, kam eine Stunde zu spät, und dann blieb es im Stau auf der Vauxhall-Brücke stecken. Ich weiß noch genau, wie meine Mutter in höchster Aufregung Magentabletten schluckte. Außer Atem stieg ich in den Zubringerzug, voller Angst, dass mit dem Gepäck etwas passieren oder ich um eine Sekunde zu spät kommen würde. Richard Thompson kam auf den Bahnsteig gerannt und schrie in ganz unenglischer Weise „Preis dem Herrn!" – und der Zug fuhr an.

Der Beamte kam verärgert zu mir zurück. Einen Augenblick lang befürchtete ich, ich hätte die ganze Reise nach Asien bloß gemacht, um wieder nach Hause geschickt zu werden. Plötzlich fiel mir der Spruch ein, den ich am Morgen gelesen hatte: „Denke daran, dass dein Name in Gottes Handflächen geschrieben steht." – Wenn mein Name da geschrieben war, dann wusste Gott alles über mich. So war es vielleicht der ganze Zweck dieser Reise, in Hongkong ins Gefängnis zu kommen oder im Schiffsbauch eingesperrt zu werden, um auf diese Weise den Gefängniswärter zu bekehren. Schließlich konnte ich ja gar nicht verlieren.

„Warten Sie einen Augenblick!", sagte ich und erinnerte mich plötzlich an einen Patensohn meiner Mutter. „Ich kenne jemanden hier. Er ist Polizeibeamter." Die Wirkung war dramatisch. Die Polizei wurde in der Zeit um 1966 hoch geachtet, und jeder, der einen Polizisten kannte, der einen höheren Rang hatte als der Einreisebeamte, war natürlich okay. Auf ihren Gesichtern konnte ich es lesen: „Dieses dumme Mädchen! Macht uns Scherereien und hat doch die besten Verbindungen!"

Sie warfen mir meinen Pass zu und murmelten ärgerlich, dass ich an Land gehen könne unter der Bedingung, mich schnellstens nach Arbeit umzusehen. Ihrer Meinung nach würde mein Geld in Hongkong keine drei Tage reichen.

Kapitel 3

Die Vermauerte Stadt

Die Vermauerte Stadt wird Tag und Nacht durch eine Armee von Aufsehern bewacht. Sobald sich ein Fremder nähert, geben die Wächter eine Meldung darüber weiter. Sie machen ihre Zeichen, die Boys rennen zwischen den Garküchen durch, über Torwege, durch enge Gässchen und manche Treppe hinauf. Grünes Sandelholz flüstert es an Rote Bambusstange, der die Neuigkeit respektvoll an Goldene Tatze weitergibt. Die Bosse der Verbrecherbanden haben farbenprächtige Namen, aber ihre Tätigkeiten sind kriminell. Für Fremde ist das wahre Treiben in der Vermauerten Stadt unsichtbar; die Türen sind verschlossen, die Rolläden fallen ins Schloss; Räucherstäbchen tarnen den eigentümlichen, beißenden Geruch von Opium.

Die Vermauerte Stadt wird auf chinesisch auch *Hak Nam* genannt, „Finsternis". Als ich sie näher kennenlernte, wurde mir klar, wie treffend dieser Name war. Die Vermauerte Stadt war ein Ort schrecklicher Finsternis, sowohl im natürlichen wie auch im geistlichen Sinne. Journalisten finden dort immer interessante Storys; aber wenn man die Menschen kennt, die an einem solchen Ort leben und leiden müssen, bricht einem das Herz.

Ich hatte mir vorgestellt, dass ich in eins der kleinen, ummauerten chinesischen Dörfer gehen würde, wie sie in den Fremdenführern beschrieben sind – ein wenig anheimelnd, aber arm. Frau Donnithorne hatte mich eingeladen, ihre Grundschule und die Kirche in der Vermauerten Stadt zu besuchen. Sie hatte mich allerdings nicht auf das vorbereitet, was ich da zu sehen bekam. Wir wurden mit einem Auto bis zur Tung-Tau-Chuen-Straße am Rand der Vermauerten Stadt mitgenommen. In dieser Straße gab es unzählige Zahnarztpraxen, ausgestattet mit alten und modernen Bohrgeräten. Ihre Fenster waren voll von Gold- und Silberzähnen. Man sah Zähne in Flaschen, Zähne auf Samtkissen, sogar auf den Flügelspitzen sich drehender Ventilatoren. Das war die Straße der illegalen Dentisten, illegal, weil keiner dieser Amateurzahnärzte eine ordnungsgemäße Zulassung hatte.

Hinter diesen kitschigen Läden erhoben sich die baufälligen Häuser der Vermauerten Stadt. Es schien zunächst unmöglich, in dieses Häusergewirr hinein einen Weg zu finden. Aber die gebrechliche alte Dame, die mich führte, wusste genau, wo wir zu gehen hatten. Wir drängten uns durch ein enges Loch zwischen den Läden und gingen eine schlammige Passage entlang. Ich werde nie vergessen, wie es hier stank und wie finster es war; ein beißender Geruch von verdorbenen Lebensmitteln, Exkrementen, Abfall und sonstigem Müll lag in der Luft. Die Dunkelheit war erschreckend nach dem strahlenden Sonnenlicht draußen. Als wir zwischen den Häusern weitergingen, sah ich, dass sich über uns die vorgebauten oberen Stockwerke von beiden Seiten der Gasse fast berührten, sodass nur gelegentlich das Tageslicht durchkam. Ich kam mir vor wie in einem U-Bahnschacht.

Unterwegs gab mir meine Führerin laufend Erklärungen. Zu meiner Rechten war eine Fabrik für Plastikblumen; links saß eine in die Jahre gekommene Prostituierte, die für ihren Job zu alt und zu hässlich war und die deshalb mehrere Kinder angestellt hatte, die die Arbeit für sie tun mussten. Eines der Kinder schien geistig zurückgeblieben, ein anderes hatte sie als Baby gekauft und es großgezogen, damit es in ihrem Alter die Rolle des Ernährers spielen sollte. Sie hatten eine Menge Kunden. In dieser Lasterstraße galt Besitz von Kinderprostituierten als gute Einkommensquelle. „Tante Donnie" riet mir, den Kopf gesenkt zu halten, es könnte sein, dass jemand seinen Nachttopf ausleerte, während wir unten vorbeigingen. Dann erreichten wir die Tür zu dem illegalen Hunderestaurant, wo den eingefangenen Tieren bei lebendigem Leibe der Balg abgezogen wird, damit zarte Hundesteaks serviert werden können. Danach kam ein Pornokino, ein von Menschen überfüllter Anbauschuppen.

Es gab aber auch legitimes Gewerbe. Arbeiter mit Ladungen von frisch gemischtem Zement auf dem Kopf eilten durch die Gassen. Frauen mit riesigen Säcken voller Plastikblumen wankten aus den kleinen Werkstätten, wo das Gerassel der Plastikpressen nie aufhört. Hier gab es keinen Ruhetag, keinen Sabbat; fünf Tage Urlaub im Jahr galt als völlig ausreichend. Ganze Familien waren beschäftigt, die Pressen Tag und Nacht in Gang zu halten. Wenn chinesische Kinder keine Schulaufgaben machen müssen, haben sie die Pflicht, rund um die Uhr vor allem für ihre Eltern zu arbeiten.

Wie war es möglich, dass es innerhalb einer britischen Kronkolonie einen solchen Ort gab? Vor mehr als 80 Jahren, als Großbritannien nicht nur die chinesische Insel Hongkong annektierte, sondern auch die Halbinsel Kowloon auf dem Festland und die chinesischen Territorien dahinter, traf man eine Sonderregelung: Das alte, ummauerte Dorf von Kowloon blieb ganz unter kaiserlich-chinesischer Verwaltung mit einem eigenen Mandarin, der die Verwaltung nach chinesischem Recht vollzog.

Später beschwerten sich die britischen Handelsfirmen. Die Zugeständnisse wurden widerrufen; der chinesische Magistrat starb, es gab nie einen Nachfolger oder eine neue Verwaltung, weder chinesisch noch britisch. So machte sich innerhalb der Vermauerten Stadt Gesetzlosigkeit breit. Es entstand ein Asyl für Goldschmuggler, Drogenschmuggler, für illegale Spielhöllen und jede Art von Verbrechen. Kein Mensch wusste, wer hier überhaupt das Sagen hatte, sodass auch die Polizei nicht wusste, welches Recht anzuwenden war. Die Polizisten wollten diese berüchtigte Stadt gar nicht betreten. Selbst heute noch gehen sie nur in großen Gruppen hinein, wenn sie bestimmte Kriminelle verfolgen, und gewöhnlich entwischt ihnen der Gesuchte in dem dunklen Gassengewirr.

Das verhältnismäßig kleine Gebiet ist dicht bevölkert. Nur rund 24000 Quadratmeter beherbergen 30000 Menschen – oder auch doppelt so viel, denn keine Zählung hat je die genaue Zahl festlegen können. Die Wohnverhältnisse sind grauenhaft. Hausordnungen lassen sich in diesen furchtbar verwinkelten Wohnblocks ohne sanitäre Anlagen, ohne Wasserleitung und ohne elektrisches Licht nicht durchsetzen. Nicht einmal die Straßen sind erleuchtet. Ein wirres Knäuel von Drähten zeigt an, dass viele ihren Strom illegal beziehen, indem sie die öffentlichen Leitungen außerhalb der Vermauerten Stadt anzapfen. Aber sanitäre Anlagen kann man nicht stehlen, so müssen die Exkremente auf die stinkenden Gassen ausgeschüttet werden. In diesen Straßen gibt es zwei öffentliche Aborte für alle 30000 Menschen. Diese „Toiletten" bestehen aus einem Brett über einer fast überfließenden Jauchegrube; das Brett hat zwei Löcher, eins für Frauen und eins für Männer.

Mir schien es unwahrscheinlich, dass ein Ort wie die Vermauerte Stadt Schulen und Kirchen haben könnte. Doch auch an diesem grässlichen Ort wurden Kinder geboren und großgezogen. Frau Donnithorne hatte Räumlichkeiten gefunden und eine Grundschule eröffnet. Die Lehrer waren nicht ordentlich ausgebildet, aber sie hatten die Sekundarschule bis zur 8. bzw. 10. Klasse besucht. Die Schule war klein; die Kinder – es kamen mehrere Hundert – mussten in zwei Schichten unterrichtet werden, vor- und nachmittags. Als ich die Schule das erste Mal besuchte, bat mich Tante Donnie, hier zu unterrichten. Ohne zu überlegen, sagte ich zu, und sie fragte sofort: „Wie oft?" Bevor ich richtig begriff, auf was ich mich hier einließ, hatte ich eingewilligt, an drei Nachmittagen wöchentlich Unterricht in Singen, Rhythmusinstrumenten und englischer Konversation zu erteilen.

Bald stellte ich fest, wie verfehlt das chinesische Bildungssystem ist. Es ist so verrückt, dass sehr oft die Klügsten es satt haben und ausscheiden. Das System verlangt, dass man alle Lektionen auswendig lernt. Jeden Monat, jedes Halbjahr und jedes Jahr müssen die Kinder das auswendig Gelernte unter Beweis stellen. Besteht ein Kind diese jährlichen Prüfungen nicht, muss es alle Lektionen des Jahres wiederholen. Es war nicht ungewöhnlich, dass Kinder nicht weniger als dreimal die erste Klasse durchlaufen mussten. Ganz klar, dass gerade die Klugen und Denkenden davon gelangweilt wurden und absprangen, während die Dümmeren das Ziel erreichten.

Musikunterricht zu geben war für mich nicht schwierig, wenn ich mich auch kaum verständigen konnte, denn dabei brauchte man ja nicht viel zu sagen; aber als es zur englischen Konversation kam, versagte ich vollkommen.

Der ganze Unterricht dort ist höchst autoritär; ich las z. B. vor: „Hans und Gretel gingen in den Wald", und sofort wiederholten die Kinder, ohne nachzudenken, im Chor: „Hans und Gretel gingen in den Wald." Nach chinesischer Tradition ist es gar nicht so wichtig, dass man etwas versteht; wer aber viel Gelerntes hersagen kann, der wird hoch geachtet. So lernen die Kinder wie Maschinen, das zu wiederholen, was die Lehrer sagen.

Ich versuchte, die Geschichten zu beleben, und ließ sie spielen, was sie lasen; aber das wurde vollkommen missverstanden. Es entstand jedes Mal ein Tumult im Klassenraum. Niemand hatte die Kinder je gelehrt, dass sie an den Geschichten und den Gedanken eines Textes Anteil nehmen sollten. Die Freiheit, die ich ihnen zu zeigen versuchte, führte innerhalb von Minuten zum Chaos in der Klasse. So kehrte ich traurig zu der Methode zurück, Sätze aus dem Buch zu lesen und nachplappern zu lassen. Es war der sicherste Weg, Ruhe zu bekommen.

Ende der Woche wurde einer der Klassenräume für den Sonntagabendgottesdienst zu einer „Kirche" umgebaut. Und Miss Puun – stolz trug ich meinen neuen, chinesischen Namen – spielte Harmonium. Das bedeutete, dass ich mit einer Geschwindigkeit von etwa 50 Kilometer pro Stunde die Pedale treten musste, damit ich eine Instrumentalbegleitung bekam, die bei dem Gesang auch gehört wurde. Sie sangen stur in der Tonlage weiter, in der sie angefangen hatten, ohne Rücksicht auf das, was ich spielte. Schließlich gab ich nach und spielte, wie sie sangen.

Die meisten der Besucher waren ältere chinesische Frauen, einige mit fest auf den Rücken gebundenen Babys. Ich merkte bald, dass viele von ihnen nur in die Kirche kamen, um hier eine Lesestunde zu bekommen. Sie waren Analphabeten. Der Chorleiter machte vor jedem Lied eine Art Probe, indem er die Schriftzeichen des Textes erklärte. Die chinesische Schrift hat nämlich für jedes Wort ein Bildzeichen. Dann sangen sie laut und voll Hingabe. Danach lehrte die Bibelfrau aus der Heiligen Schrift auf Kantonesisch, was ich damals überhaupt noch nicht verstand. Aber dennoch hatte ich das Gefühl, dass ich dem Gottesdienst folgen konnte.

An meinem ersten Abend dort fiel mir unter den vielen chinesischen Gesichtern eine Frau besonders auf. Sie war eine alte Gemüsehändlerin, hatte ein tief durchfurchtes Gesicht, das Haar straff zurückgekämmt und mit einem großen, runden Kamm befestigt. Ihre verbliebenen zwei Zähne traten deutlich hervor, weil sie immer lächelte. Sie kam auf mich zu und drückte mir begeistert den Arm. Neben ihr war ihr halbblinder Mann, ihn zog sie auch heran und redete heftig auf mich ein. Ich bat jemanden, dass er mir übersetze, was sie sagte. Es war: „Auf Wiedersehen bis nächste Woche, bis nächste Woche!"

Ich wollte ihr sagen, dass ich nicht jede Woche kommen könnte; ich musste für diese Sonntagabendstunde eine lange Fahrt über den Hafen und durch Kowloon bis zur Vermauerten Stadt in Kauf nehmen. Das bedeutete, dass ich erst spät nach Hause kam, und am anderen Morgen musste ich wieder früh aufstehen, um zu unterrichten.

Aber wie sollte ich ihr das alles klar machen? Sie würde nur verstehen, dass ich komme oder dass ich nicht komme. So beschloss ich, ihretwegen nun jede Woche herzufahren.

Inzwischen hatte ich – zunächst für ein halbes Jahr – eine reguläre Stelle als Lehrerin an einer Grundschule bekommen. Außerdem half ich an drei Nachmittagen in der Woche Tante Donnie in ihrer Schule, spielte zum Sonntagsgottesdienst und arrangierte Musikprogramme für verschiedene Wohlfahrtsorganisationen. Das füllte meine Zeit aus. Am anderen Ende der Insel wurde mir ein ausgezeichneter Job als Musiklehrerin an einer angesehenen Internatsschule angeboten. Man wollte mir sogar das Fahrgeld erstatten. Wenn ich aber diese Arbeit angenommen hätte, hätte ich nicht gleichzeitig in der Vermauerten Stadt arbeiten können und ich hätte die Arbeit bei Tante Donnie aufgeben müssen. Nun bin ich nicht gerade sehr geschickt darin, Gottes Führung für mich immer deutlich zu erkennen. Aber als diese Entscheidung anstand, las ich den Vers in der Bibel: „… denn er wartete auf die Stadt, die einen festen Grund hat, deren Baumeister und Schöpfer Gott ist." Als ich das las, war ich mir ganz sicher, dass ich weiterhin in der Vermauerten Stadt unterrichten sollte.

Bei meinem zweiten Gang in die Vermauerte Stadt war ich so glücklich, wie man sich etwa fühlt, wenn man Geburtstag hat. Ich wunderte mich selber über dieses beglückte Gefühl in mir. Und als ich zum dritten Male die Vermauerte Stadt betrat, ging es mir genauso. Es war mir unerklärlich. *Das ist doch einer der widerlichsten Orte der Welt,* dachte ich. Aber fast jedes Mal, wenn ich in den nächsten zwölf Jahren in diese Untergrundstadt ging, sollte ich dieselbe Freude empfinden. Eine Ahnung von dieser Freude hatte ich bei meiner Konfirmation erfahren, ebenso in dem Augenblick, als ich Jesus in mein Leben aufnahm – und jetzt fand ich diese Freude an so einem lasterhaften Ort!

„Das da ist ein Rauschgiftsüchtiger", sagte Tante Donnie, als ich eines Morgens zu ihrer Schule ging. Damals hatte ich noch keine Ahnung, was das ist, ein Rauschgiftsüchtiger. Würde er mich anspringen oder mir die Uhr stehlen oder Anfälle kriegen? Der Mann sah traurig aus. Er wühlte langsam in einem Haufen Abfall herum, durchsuchte ihn Stück für Stück, ob vielleicht etwas Nützliches für ihn darunter wäre. Er schien sehr krank zu sein; sein Gesicht war wächsern und er wirkte wie ein Siebzigjähriger, obwohl er erst 35 Jahre alt war.

Er trug ein schmutziges T-Shirt, Baumwollshorts und abgenutzte Plastiksandalen. Die meisten Chinesen halten sich peinlich sauber, aber Herr Fung war dreckig, seine Zähne waren braun und seine Fingernägel widerlich. Sein schlechter, kurzer Haarschnitt wirkte wie ein grauer Schatten über seinem Schädel und wies eindeutig darauf hin, dass er erst vor Kurzem aus dem Gefängnis gekommen war. Allerdings war das Gefängnis für Herrn Fung ein Ort, wo man schlafen konnte und regelmäßige Mahlzeiten bekam, was viel angenehmer war als seine augenblickliche Existenz, wo er auf der Straße schlief und Speisereste aß, die er an den Türen der Restaurants erbettelte.

Aber Essen und Schlafen waren für ihn nicht wichtig. Herr Fung lebte, um „den Drachen zu jagen". Diese chinesische Methode der Drogeneinnahme hat ein eigenes, magisches Ritual, eine Art teuflisch-kultische Liturgie. Jeder Süchtige, der sich in eine Rauschgifthöhle begibt, bekommt ein Stück Silberpapier; darauf legt er die kleinen, sandfarbenen Heroinkörner, bekannt als „weißes Puder". Er erhitzt die Folie mit einem brennenden Fidibus aus zusammengerolltem Toilettenpapier. Allmählich schmilzt das Heroin zu einem dunkelbraunen Sirup. Dann führt er die äußere Hülle einer Streichholzschachtel an seinen Mund und inhaliert durch diese Hülle die Heroindämpfe. Er bewegt die Silberfolie so, dass der Sirup von der einen Seite zur anderen gleitet, und folgt ihm mit seinem Munde. Das nennt man „den Drachen jagen".

Herr Fung hat nie in der Öffentlichkeit den Drachen gejagt, nur in Rauschgifthöhlen oder Toiletten. Es dauerte volle neun Monate, bis ich das einmal tatsächlich selber zu sehen bekam. Und ich entdeckte bald, dass nicht alle Drogensüchtige wie Herr Fung aussahen. Manche waren sehr gut gekleidet; sie betrachteten ihre saubere Erscheinung als Zeichen dafür, dass sie „dem Drachen" nicht erlegen waren. Da ich sehr oft in die Vermauerte Stadt ging, sah ich immer mehr Leute vom Typ des Herrn Fung. Würde ich je lernen, zu ihnen zu sagen: „Guten Morgen, wie geht's?", oder „Haben Sie Sorgen?" Aber weder könnte ich ihre Antwort verstehen noch würden sie zu mir Vertrauen haben. Was sollte ich mich um Herrn Fung und seinesgleichen bekümmern? Das würden schon andere tun, hoffte ich.

Prostitution wurde selten geheim gehalten. Die erste Prostituierte, die ich kennenlernte, benutzte einen dunkellila Lippenstift und ebensolchen Nagellack, was zusammen mit ihrem dünnen, grauen Gesicht und dem ausgemergelten Körper eine makabre Kombination bildete. Sie hockte ihr ganzes Leben lang auf einer Straße herum, die so eng war, dass neben ihren Fersen das Abwasser floss. So saß sie da, aß mit ihren Stäbchen aus der Reisschale und wartete auf Kunden.

Weiter unten hockten noch mehr Frauen auf Apfelsinenkisten; eine hatte sogar einen Stuhl. Man konnte ihr Alter schwer schätzen, denn die meisten waren ja auch süchtig. Die Einstiche auf ihren Handrücken zeigten, dass sie „mainlining" waren, das heißt, dass sie Heroin direkt in die Venen spritzten. Tag für Tag beobachtete ich sie und konnte nicht sagen, ob sie schliefen oder wach waren. Sie hingen den ganzen Tag herum. Das Gelb in ihren Augen verriet den Heroinrausch.

Eines Tages versuchte ich, die jüngste von ihnen zu berühren. Ich hatte schon gelernt zu sagen: *„Ye sou ngoi nei"* (Jesus liebt dich), und ich hatte ein Herz für sie. Aber sie duckte sich und wich mir aus. Als ich ihren Gesichtsausdruck betrachtete, bemerkte ich plötzlich, dass sie mich bedauerte, weil ich einen Fehler gemacht hatte.

„Du bist ein nettes Mädchen und solltest nicht mit unseresgleichen reden! Du bist eine gute Christin, meine Liebe, du weißt vielleicht nicht, wer wir sind."

Sie richtete eine Mauer zwischen uns auf, und ich wusste nicht, wie ich diese Mauer überwinden sollte. Es war ihr peinlich, dass ein sauberes Mädchen sich so vergehen konnte, ein schmutziges anzufassen.

Ganz offensichtlich wurde sie von den Älteren, den *Mama-sans*, umsorgt. Als die Männer aus dem Pornokino herauskamen, zogen die *Mama-sans* die Kleine buchstäblich an die Männer heran, und man konnte sie sagen hören: „Sie ist sehr jung und sehr billig." Damit schoben sie sie die Holztreppe hinauf. Verglichen mit den Preisen, die anderswo von den schickeren Suzie Wongs verlangt wurden, war man hier mit je fünf Hongkong-Dollar in der Tat billig. Die Mädchen durften natürlich nicht das ganze Geld für sich behalten. Die Zuhälter der meisten Prostituierten waren die Triadbanden. Die Bordelle durften nur mit Genehmigung der für diesen Bezirk zuständigen Bande in Betrieb sein. Die Triaden versorgten die Mädchen auch.

Einmal beobachtete ich zwei dieser Mädchen, während ich in der Nähe ihrer schäbigen Behausung Unterricht gab. Eine war verkrüppelt und die andere geistig zurückgeblieben. Sie lebten wie Gefangene. Sie gingen nirgendwohin ohne eine *Mama-san* als Begleitung. Dreimal in der Stunde wurden sie „besucht". Solche Mädchen sind oft schon mit 20 Jahren sterbenskrank. Die beiden, die ich dort sah, waren 13 und 14 Jahre alt. Später hat mir einmal ein Englisch sprechendes Bandenmitglied erklärt, wie man solche Mädchen in das Gewerbe einführt.

Eine Gruppe junger Männer gibt eine Party und lädt Mädchen dazu ein. Einige sind vorher gewarnt worden, viele aber sind unschuldige Opfer. Auf dieser Party werden die neuen Mädchen verführt, bei Widerstreben zum Teil grob vergewaltigt. Gewöhnlich nimmt jedes Bandenmitglied ein Mädchen mit sich und lebt ein paar Tage mit ihm. Wenn das Mädchen ihm dann zugetan und gründlich an Sex gewöhnt ist, überweist er sie an das Bordell. Ein Mädchen kann genug einbringen, um mehrere Männer zu versorgen.

Manche Mädchen wurden Prostituierte, weil ihre Eltern es sich nicht leisten konnten, sie zu ernähren und zu kleiden. Eine Mutter erzählte mir: „Eigentlich habe ich meine Tochter nicht verkauft, müssen Sie wissen. Mein Mann hat mich verlassen, und weil es in Hongkong keine Sozialfürsorge gibt, wusste ich nicht, wovon wir leben sollten. Ich konnte mein Kind nicht allein aufziehen; so gab ich es dieser Frau, die sich ein Kind wünschte. Und sie gab mir 100 Hongkong-Dollar Glücksgeld. Es war wirklich Glücksgeld", wiederholte sie.

Aber natürlich wusste sie, was sie getan hatte. Sie hatte ihre Tochter in die Prostitution verkauft, wenigstens für die Zeit ihrer Teenagerjahre. Später fliehen die meisten Kinderprostituierten von ihren Eignern und machen mit dem Einzigen, was sie gelernt haben, Karriere. Schon als Neunjährige können Kinderprostituierte damit beginnen.

„Normale", bürgerliche Leute betrachteten diese Mädchen als den Abschaum der Menschheit. Aber war es nicht allein die Gnade Gottes, dass ich nicht hier, sondern an einem anderen Ort geboren wurde? „Wie kann ich diesen armen Mädchen helfen?", überlegte ich. Ich schob das Problem vor mir her und hoffte, vielleicht eines Tages einen hilfsbereiten Mann zu finden, der den Stundensatz zahlen, aber in der bezahlten Zeit das Evangelium verkündigen würde. Mit ihm könnte ich dann vielleicht einen Fluchtplan ausarbeiten, falls so ein Mädchen aus dem Sumpf herauskommen wollte.

Kapitel 4

Der Jugendclub

Manchmal denke ich, Chan Wo Sai war der eigentliche Anlass dafür, dass ich einen Jugendclub gründete. Er war ein unscheinbarer, 15-jähriger Junge mit allen nur denkbaren Problemen im Leben: Er hatte persönliche Schwierigkeiten, Probleme zu Hause und in der Schule, Schwierigkeiten mit seiner Umwelt; alles schien hoffnungslos. Ich lernte ihn bei meinen Unterrichtsstunden in Englisch und Musik kennen, die ich an drei Nachmittagen in der Woche an der Oiwah-Grundschule gab. Da brachte ich ihm einmal das Lied „Zehn grüne Flaschen" bei, ein Lied, das überhaupt nichts mit Sex zu tun hatte. Aber Chan Wo Sai spielte geradezu verrückt wegen dieses harmlosen Kinderreims, den wir noch dazu auf Englisch sangen, sodass er die Worte gar nicht verstand. Er rollte mit den Augen, schnappte mit den Fingern, dann stand er auf und schob sich mit verführerischem Hüftschwung quer durch das Klassenzimmer auf mich zu – wie ein schlechter chinesischer Filmschauspieler. Ich wies ihn sofort auf seinen Platz zurück und fing ein anderes Lied an. Sobald der Unterricht zu Ende war, versuchte ich herauszufinden, wo er herkam. Es war eine einfache, traurige Geschichte.

Chan Wo Sai war in der Vermauerten Stadt geboren, die Mutter Prostituierte, der Vater Trinker. Sie wohnten in einer Art Taubenschlag. Um ihn zu finden, musste ich zunächst durch die enge Gasse gehen, in der die Prostituierten wohnten, dann weiter die Hauptstraße entlang, wo die älteren Kupplerinnen den ganzen Tag herumsaßen, und schließlich links herum am

Pornokino vorbei auf einem sehr dreckigen Weg bis zu einer baufälligen Hütte. Hier wohnte er hinter einem Steinhaufen mit seiner ganzen Familie in einem halben Zimmer, das an ein anderes Gebäude angebaut war. Der Putz fiel von den Wänden. Im Nebenraum wohnten ebenfalls Prostituierte. Ihren Lebenswandel hatte er zeit seines Lebens beobachtet. Es schockierte ihn nicht, das gehörte eben zu seinem Leben. Er fand ihre Aktivitäten sehr ulkig. Sein ganzes Interessengebiet erstreckte sich auf das Bordell nebenan, die Spielsalons auf dieser Straße und auf die nahe gelegenen Opiumhöhlen. Man konnte ja auch nirgends in der Vermauerten Stadt einen Ort finden, wo man etwas Neutrales tun konnte, geschweige denn etwas Konstruktives. So wollte ich ihn näher kennenlernen, um ihm zu helfen.

Das war schwierig, weil ich kaum ein Wort Kantonesisch sprach, nur ein paar Brocken wie „Guten Morgen" oder „Hast du schon gegessen?" Das war alles. Und was den Umgang mit ihm noch erschwerte, war sein Sprachfehler. Selbst solche, die fließend Kantonesisch sprachen, konnten sich mit ihm nur schwer unterhalten. Unser großer Berührungspunkt war das Trommelbrett, das ich ihm geschenkt hatte. Es war eine Gummiplatte auf einem Holzbrett, auf dem er ohne Lärm mit Trommelschlegeln das Trommeln üben konnte. Dieses Trommelbrett gab mir einen guten Vorwand, ihn regelmäßig zu besuchen. Er sollte darauf üben, aber er tat es leider nur selten, und außerdem hatte er nicht das geringste Gefühl für Rhythmus. Aber er freute sich, dass sich jemand für ihn interessierte; es war das erste Mal in seinem Leben, dass sich überhaupt jemand um ihn kümmerte. Mit der Zeit merkte ich, dass ich dauernd über ihn nachdachte, und das machte mich stutzig. Mein englischer Verstand war so trainiert, dass Liebe zu einem Jungen etwas Romantisches sein müsse; und weil ich Christin war, hätte eine solche Liebe eventuell zur Heirat führen können. Das war in diesem Falle natürlich unmöglich, geradezu lächerlich. Mein Verstand sagte mir, dass er doch ein hässlicher, unsympathischer Junge war und aus grässlichen Verhältnissen kam. Aber ich liebte ihn wirklich und betete unablässig für ihn. Ja, es ging so weit, dass ich ganz ernsthaft und entschlossen mein Leben hätte für ihn lassen können.

Nach einiger Zeit konnte ich ihn verstehen. Ich war erstaunt darüber, was ich in ihm entdeckte. Es war, als ob ihm Gott besondere Liebe zugedacht hätte und ich ausersehen wäre, sie ihm zu zeigen. Es war nicht eigentlich eine Neigung, die erwidert werden sollte oder auch nur erwidert werden konnte. Diese Liebe sollte ihm lediglich Gutes erweisen. Sie unterschied sich ganz erheblich von jeglicher Art Liebe, die ich früher für andere empfunden hatte. Noch nie in meinem Leben hatte ich jemanden ganz ohne Eigennutz geliebt, d. h. ohne Gegenliebe zu erwarten. Also war nur der Wunsch, Chan Wo Sai zu helfen, der Grund dafür, dass ich einen Jugendclub eröffnete.

Von den verschiedenen notleidenden Gruppen in der Vermauerten Stadt waren die Teenager am allerschlimmsten dran. Die kleineren Kinder hatten schließlich eine Chance, in die Grundschule zu gehen; alle chinesischen Eltern, ganz gleich wie arm, ermunterten ihre Kinder dazu. Aber die Teenager hatten nichts. In die Oberschule zu kommen war für einen Jungen aus der Vermauerten Stadt nahezu unmöglich, selbst wenn es für seine Eltern erschwinglich gewesen wäre, was ziemlich unwahrscheinlich war. Sie fanden Arbeit in den Plastikfabriken, wo Hungerlöhne gezahlt wurden und keine geregelte Arbeitszeit herrschte.

Sie waren deprimiert von diesem Leben, das nur aus Arbeit bestand, und flippten schließlich aus. Viele Jungen, und manchmal auch Mädchen, verließen ihr Elternhaus und zogen in eine kleine Hütte, wo sie mit vielen anderen zusammen wohnten, die alle das gleiche Leben führten. Bald gerieten sie vor Langeweile auf die schiefe Bahn. Oft waren es die Triaden, die ihnen die einzige Arbeitsmöglichkeit boten.

Meine Bemühungen um Chan Wo Sai wurden im Sommer 1967 intensiver, als ganz China durch die Umtriebe der Roten Garden von Unruhen erschüttert wurde. Dieses Fieber kam jetzt über die Grenze nach Hongkong herüber, wo die Unzufriedenheit durch hiesige Agitatoren geschickt geschürt wurde. Ich verstand zwar von Politik überhaupt nichts und nahm glücklicherweise auch nichts von alledem wahr, was um mich herum vorging, obwohl überall in der Kronkolonie Unruhen ausbrachen. Ich entdeckte lediglich, dass einige der Jungen aus der Vermauerten Stadt dafür bezahlt wurden, dass sie mit Steinen warfen, und dachte, sie könnten ja genauso gut dazu überredet werden, zu einem Picknick zu kommen. So sagte ich an einem feuchtwarmen Junitag zu Tante Donnie und tat dabei ziemlich wichtig: „Ich habe den Eindruck, dass Gott will, ich solle einen Jugendclub gründen." Ich stellte mir das so vor, dass mir ein nettes Team ausgewählter Helfer von der Hongkong-Insel zur Seite stehen würde, die mit einem straff organisierten Programm auftraten, und ich säße im Hintergrund und applaudierte.

Im Geiste sah ich einen Raum vor mir, der abends und am Wochenende geöffnet war. Es sollte ein Ort werden, an dem junge Leute Tischtennis spielen und sich mit all dem beschäftigen konnten, was Jungen und Mädchen in einer großen Stadt eben so tun. Und außerdem könnten sie dort etwas von Jesus hören. Ich stellte mir Diskussionen vor, Gebetskreise, eine Gruppe, die für die Programmplanung verantwortlich war, und so weiter. Tante Donnie dachte etwas praktischer. „Gut. Dafür habe ich jahrelang gebetet. Wann fängst du an? Nächste Woche?"

Tatsächlich fingen wir eine Woche später an. Die Worte, die ich auf Kantonesisch konnte, waren an zwei Händen abzuzählen. Mein sorgsam ausgesuchtes Team bekam ich nicht, und wir hatten auch keinen Raum. Aber ich mietete einen Raum in einer Schule für die Samstagnachmittage. Gordon Siu, ein junger Chinese, den ich im Jugendorchester kennengelernt hatte, wurde mir eine große Stütze und ein unschätzbarer Übersetzer. Er dachte realistisch. Anders als einige chinesische Jugendleiter, die einen Jugendclub als erweiterten Bibelkurs mit endlosen theoretischen Diskussionen ansahen, half uns Gordon, Busse zu mieten, er kam zu den Picknicks und ging mit den Jungen Rollschuh laufen. Für viele Schüler neigte sich die Schulzeit dem Ende zu, dann hatten sie nichts mehr zu tun. Die Aussicht, dass die Jungen in die Terroristenszene geraten könnten, spornte mich an, unsere Arbeit weiter auszubauen.

Die Veranstaltungen an den Samstagnachmittagen erweiterten sich allmählich zu einem vollständigen Sommerprogramm mit organisierten Picknicks, Wanderungen und Fahrten ins Grüne. In jenem Sommer begannen wir ein regelmäßiges Programm, das dann auch in den folgenden Jahren jeweils im Juli und August durchgeführt wurde.

Zunächst kamen die 13- und 14-Jährigen; sie brachten auch Freunde mit. Jeder wusste von Anfang an, dass ich all das nur deswegen veranstaltete, weil ich Christin war, und dass jede Zusammenkunft mit einem kurzen Gebet eingeleitet und beendet wurde. An Jesus waren sie gar nicht interessiert. Für sie war alles, was mit Christentum zu tun hatte, entweder voller Verbote oder langweilig. Sie hatten keine Ahnung, wer Jesus wirklich war, schlimmer noch, sie dachten, wenn einer nicht lesen kann, dann kann er kein Christ sein; denn Christsein hatte ja etwas mit einem dicken Buch zu tun. Manche junge Leute sagten mir, sie könnten nicht zum Club kommen. „Wir rauchen und wir trinken. Wir gehen ins Kino und wir spielen Glücksspiele. Wir wissen aber, dass Christen all das nicht tun." Bald wurde mir klar, dass die Hindernisse für den Glauben oft in der kulturellen Unterschiedlichkeit lagen. Die chinesischen Christen taten aber nichts, um diese Kluft zu überbrücken.

Natürlich wollte Chan Wo Sai bald nicht mehr zur Schule gehen. Mit 15 Jahren war er einer der ältesten Schüler in der 4. Klasse der Grundschule; er war mindestens vier Jahre zurück. Jetzt wollte er nicht mehr bis zum Ende des Schuljahres bleiben. Als ein neues Kino in der Vermauerten Stadt eröffnet worden war, hatten sie ihm den Job gegeben, Eintrittskarten zu verkaufen.

Für mich als unerfahrene Lehrerin aus England war es undenkbar, dass ein Kind die Grundschule vor dem Abschluss verließ. Den ganzen Sommer über bemühte ich mich, den bockigen Jungen dazu zu überreden, wieder zur Schule zu gehen. Schließlich überwand er sich und suchte seinen Lehrer auf. Doch die Schulleitung weigerte sich, ihn wieder aufzunehmen. Über die Erklärung der Lehrer war ich entsetzt. Einer sagte: „Nun, Jackie, wir waren ja so froh, dass er endlich ging, wir konnten ihn doch nicht mehr bändigen. Er ärgerte nicht nur die Lehrer, sondern auch die ganze Klasse. Wir sind froh, dass wir ihn los sind!" Und das war eine Missionsschule, nicht eine auf Gewinn ausgerichtete Privatschule! Es waren christliche Lehrer, und ich hatte gedacht, sie würden in ihrem wöchentlichen Gebetskreis für die schwierigen und unangenehmen Schüler wie Chan Wo Sai beten.

In Wirklichkeit hatten die meisten dieser Lehrer selber kaum die Sekundarschule abgeschlossen. Sie hatten gesagt, sie seien Christen, damit sie diesen Job bekamen, und sie konnten nur gefügige Klassen unterrichten. Es war ganz klar, dass für Chan Wo Sai die Schulentlassung das Ende seiner Ausbildung bedeutete. Ohne den Abschluss der 4. Klasse konnte er auf keine andere Schule mehr gehen.

Die einzige Alternative war, irgendeine Berufsausbildung zu finden, wo er eine handwerkliche Fertigkeit erlernen konnte. Aber es zeigte sich, dass er auch für solche Kurse nicht geeignet war, weil er zu alt war, weil er die Grundschule nicht abgeschlossen hatte und weil er nicht Englisch sprechen konnte. So suchten wir miteinander Schulen und Fabriken auf, um eine Ausbildungs- oder Lehrstelle für ihn zu finden, aber überall wurden wir abgewiesen. Alle Türen waren für Chan Wo Sai geschlossen, und das schon mit 15 Jahren.

Was sollte nur aus ihm werden? Er war erledigt. Die höchste Stufe, die er erreichen konnte, war, in jenem Pornokino Eintrittskarten zu verkaufen. Ich konnte nichts anderes für ihn tun, als diesen Club offen zu halten. Mehrere seiner ebenfalls gescheiterten Freunde schlossen sich den Banden an. Sie entdeckten, dass sie dort etwas bedeuteten. Wenn sie sich durchsetzten, verschafften sie sich Respekt. Sie bekamen ein Amt und wurden wie eine wichtige Persönlichkeit behandelt. In den Banden fanden sie auch eine gewisse Fürsorge, Beachtung und Geborgenheit, die sie sonst nirgendwo finden konnten. In der Schule und in der Kirche wurde Erfolg nur durch gute Leistung erzielt. „Sei ein anständiger Junge, verkehre nicht mit schlechten Leuten, sei fleißig, damit du deine Prüfungen bestehst." Das war ihnen in der Schule beigebracht worden, in der Kirche und auch von ihren Eltern. Für einen Jungen wie Chan Wo Sai war es entsetzlich langweilig, immer wieder dasselbe zu hören, und er und seine Kameraden hassten diese Ermahnungen. In den Banden und in meinem Club hörten sie nichts von Versagen und Ablehnung.

Der Jugendclub war tatsächlich ganz anders als die üblichen Initiativen dieser Art in der Vermauerten Stadt. Kein Mensch verdiente dabei; keine Gangster kontrollierten ihn, ja, Jahre später stellten uns die Banden sogar Wächter, die uns vor solchen, die den Club zerstören wollten, beschützten. Der Club wechselte mehrmals seinen Standort, aber innen sah es immer gleich aus: ein leerer Raum mit einigen Spielen wie Tischtennis und Darts, ansonsten rohe Bänke und ein Bücherregal mit christlichen Büchern, die ich gekauft hatte und die niemand lesen konnte.

Nicholas war auch so ein Junge, den ich dort sehr genau kennenlernte. Vater und Mutter standen unter polizeilichem Gewahrsam wegen Drogenhandels, und die ganze Familie lebte in einer der ekelhaftesten Behausungen, die ich je betreten habe. Das halbe Haus war buchstäblich ein Schweinestall, denn die Nachbarn hielten unten ein Schwein. Die zwei ältesten Mädchen waren Prostituierte, und zahllose Kleinkinder krabbelten überall umher. Ich habe nie feststellen können, welches Kind eigentlich zu welcher Mutter gehörte. Einige waren Nicholas' Geschwister, andere seine Neffen und Nichten. Sie alle wohnten in einem Raum von der Größe einer besseren Besenkammer, in der es abscheulich stank.

Die Gemeindemitglieder ärgerten sich über Nicholas, weil er genauso wie Chan Wo Sai in der Schule einen schlechten Einfluss ausübte. Natürlich wussten sie, dass seine Schwestern Dirnen waren und der Vater hoffnungslos opiumsüchtig. Dass ich Nicholas in unseren Club aufnahm, bedeutete in ihren Augen, dass ich die christliche Kirche in Verruf brachte. Ich sollte nicht einmal mit ihm gesehen werden.

Ich wusste auch, wie Nicholas war. Er war ein Ekel; der Umgang mit ihm war eine Qual für mich. Er hatte von Anfang an Verbindungen mit den Triaden gehabt und war prädestiniert dafür, ein Heroinsüchtiger zu werden und natürlich ein Dealer. Doch ich hatte ihn lieb, obwohl es überhaupt keinen Grund dafür gab. Aber Jesus war ja auch für ihn in die Welt gekommen – und dafür hatte es auch keinen Grund gegeben.

So nahm ich mich seiner an und besuchte ihn über Wochen, Monate und Jahre hinweg zu jeder Tageszeit zu Hause. Ich kümmerte mich intensiv und sorgte mich um ihn – wahrscheinlich mehr als um irgendeinen anderen in jener Zeit. Ich fand ihn in Drogenhöhlen; ich besuchte ihn, als er verhaftet wurde, betete mit ihm auf der Polizeiwache und im Gefängnis vor seiner Vernehmung und half ihm während des Prozesses. Aber das alles änderte ihn nicht.

Ich lernte, dass an diesem finsteren Ort jeder Sinn für Gerechtigkeit fehlte, Unehrlichkeit und Korruption waren rechtens, solange gezahlt wurde. Aber diese Einstellung hinderte die Leute nicht, in meiner Gegenwart eine klischee-geladene, heuchlerische Moral an den Tag zu legen. Sie fühlten sich dazu verpflichtet, da ich ja für sie die Kirche und damit das Establishment repräsentierte.

„Ist er nicht ein schlimmer Junge?", kanzelte ihn seine Mutter vor mir ab. „Miss Pullinger, zeigen Sie ihm doch einen guten Weg und nehmen Sie ihn in Ihre Gemeinde und Ihren Jugendclub auf." Ihr Geschwätz war widerlich, und ich hasste es. Dann fing sie an zu jammern: „Ich kann nicht verstehen, dass meine Kinder schlecht sind. Ich habe sie doch taufen lassen und zur Kirche geschickt." Das sagte eine Frau, die das weiße Puder in kleine Päckchen abwog, um es an Süchtige zu verkaufen.

Später wurde eine seiner jüngeren Schwestern Bardame. Sie erreichte ihr Glück durch eine wunderbare Heirat – nicht zu fassen! Ihr Ehemann war ein *For-gei*, ein Geldeintreiber für die Polizei. Annie war überglücklich, ihn zu heiraten, denn er hatte ein eigenes Auto. Annies Mutter war ebenfalls hocherfreut; denn obwohl die Nachtlokale, Ballsäle und Bordelle der Familie des Schwiegersohnes nur unterste Klasse waren, so brachten sie doch eine Menge Geld ein.

Eines Tages ging ich die Straße hinunter, als ein alter Mann auf mich zugerannt kam. Er hatte das ausgemergelte Gesicht eines Opiumsüchtigen mit eingefallenen Wangen. Seine Haut war vom lebenslangen Drogengenuss grau. Er war außer sich vor Wut. „Puun Siu Je – Miss Puun, Sie müssen sich bei der Polizei beschweren."

Er besaß eine Opiumhöhle, war also ein wichtiger Mann in der Vermauerten Stadt. „Worüber soll ich mich denn beschweren?", fragte ich ihn.

„Sie haben alle Opiumhöhlen geschlossen." Er tobte und wütete empört.

„Die Polizei hat die Opiumhöhlen geschlossen? Das ist ja wunderbar!", erwiderte ich. „Warum wollen Sie denn, dass ich mich beschwere?"

„Weil die *Heroin*höhlen nicht verboten wurden! Die dürfen offen bleiben – schließlich zahlen wir dieselben Steuern! Das ist nicht fair!" Es war nicht richtig und nicht falsch, fair und unfair zugleich.

Joseph war einer der ersten Leiter des Jugendclubs. Anders als Nicholas und Chan Wo Sai hatte er keine offenkundige Verbindung mit dem Laster. Sein Vater hatte wieder geheiratet, als das Kind sechs Jahre alt war, aber die neue Frau mochte ihre Stiefkinder nicht und gab ihnen nichts zu essen. Joseph und seine Schwester Jenny wurden ausgeschickt, um mit einer Plastikschüssel um Essen zu betteln oder sich in einem Abfallhaufen etwas zu suchen. Ein Pastor aus den *New Territories* kam ihnen schließlich zu Hilfe und schickte sie zu Frau Donniethornes Missionsschule. Als Joseph seine Grundschulzeit abgeschlossen hatte, nahm er sich ein Zimmer und arbeitete als Gelegenheitsarbeiter. Bald zog auch seine Schwester zu ihm.

Dann besuchten ihn solche Typen wie Nicholas, übernachteten bei ihm, und bald wurde sein Zimmer zu einer Art Gangster-Treffpunkt. Ich begann, ihn regelmäßig aufzusuchen, und sah, wie auch seine Schwester moralisch schwer gefährdet war. Sie war fünfzehn, sehr hübsch und glücklich über die Entlassung aus dem so übertrieben streng bewachten christlichen Hospiz. Jetzt konnte sie die ganze Nacht mit den Freunden ihres Bruders schwatzen – und mit ihnen ausgehen. Sie brauchte nicht zur Schule zu gehen, und dieses Leben machte ihr Spaß. Mir war klar, wenn sie in Josephs Zimmer wohnen blieb, gab es für sie nur noch einen Weg.

Ich konnte nicht beide bei mir aufnehmen, denn ich teilte mein Zimmer in Hongkong schon mit einem anderen Mädchen aus der Vermauerten Stadt, Rahel. Aber ich dachte, Jenny könnte ich schon noch hineinquetschen. So bedrängte und nötigte ich sie, bis sie schließlich bei mir einzog.

Ich fand für sie einen Platz in der Sekundarschule, kaufte ihr die Schulkleidung, die Bücher und das Essen. Sie war nicht dankbar; sie wollte zurück in die Vermauerte Stadt und hat mir während des einen Jahres, als sie bei uns wohnte, manche Kopfschmerzen verursacht.

Einer, der regelmäßig zum Club kam, war Christopher. Er wohnte in der Vermauerten Stadt, und zwar in einer Behausung, die eine Art Dachboden war. Um sie zu finden, musste man durch eine enge Gasse gehen, in die kein Licht eindrang. So eng standen die Häuser aneinander, dass man dachte, man gehe durch einen Tunnel. Am Ende sah man ein paar Hühnerställe vor sich, die aus Bierkästen gebastelt waren. Dort war sein „Haus". Es stank fürchterlich. Neben den Hühnerställen stieg man eine hölzerne Leiter hoch und kam in Christophers Wohnung, indem man die Tür von unten öffnete wie eine Falltür. Die Wohnung bestand aus einem einzigen Raum genau über dem Hühnerstall. Wenn darin Feuer ausgebrochen wäre, hätten alle verbrennen müssen, denn es gab keinen Fluchtweg, außer durch das Hochheben der Tür und Hinuntersteigen über die hölzerne Leiter. Die Schlafstellen für die Familie waren hinter einem Vorhang; da standen zwei Betten aus Holzbrettern, eines über dem anderen. Alle schliefen in diesen zwei Betten, sechs Geschwister und die Eltern.

Der übrige Raum in dieser einzigen Kammer war voll von Plastikteilen, die Christophers Mutter zusammensetzte. Für diese Arbeit verdiente sie ungefähr einen Hongkong-Dollar pro Tag. Alle Kinder mussten ihr helfen, diese Plastikteile zu montieren, schon die Drei- und Vierjährigen beteiligten sich. Christophers jüngere Schwester hatte die Grundschule nicht abgeschlossen. Sie wurde zur Arbeit in eine Fabrik geschickt, sobald sie 13 Jahre alt war. Hier wurde schwere Arbeit schlecht bezahlt, und jeden Pfennig, den sie verdiente, musste sie ihrer Mutter abliefern, nichts durfte sie für sich behalten. Wenn sie nach 10 bis 12 Arbeitsstunden und einer Fahrt im überfüllten Bus erschöpft nach Hause kam, lagen noch vier Arbeitsstunden vor ihr. Sie hatte Applikationen auf Pullover aufzunähen. Um einen Pullover fertigzustellen, brauchte sie eine Woche. Das brachte wieder drei Hongkong-Dollar an Lohn, den wiederum die Mutter kassierte.

Als Christopher zur Arbeit ging, zog die Mutter auch seinen ganzen Lohn ein. Es ist ein ungeschriebenes Gesetz in chinesischen Familien, dass die Nachkommen den Eltern die Kosten für ihre „Aufzucht" zurückzahlen müssen, indem sie die Eltern versorgen. Das Ziel der Eltern ist es, sich zur Ruhe zu setzen und auf Kosten der Kinder zu leben. Christophers Mutter pflegte zu sagen: „Ich habe euch geboren, großgezogen und zur Schule geschickt. Alles habe ich für euch bezahlt. Nun müsst ihr, meine Kinder, mir dafür zahlen, dass ich euch bekommen habe." Ich wusste, dass die chinesischen Kinder mit Grauen an den Zeitpunkt dachten, wenn sie ins Arbeitsleben eintreten, denn dann traten sie eine Schuld an, die ihnen ein Leben lang anhing. Sie waren nicht stolz auf ihre Lohntüte, sie hatten ja nie etwas davon. Alles bekamen die Eltern. Christophers Mutter sparte das ganze Geld, und später kaufte sie sich eine Wohnung außerhalb der Vermauerten Stadt.

Der Grund für den Kinderreichtum vieler chinesischer Familien ist rein wirtschaftlicher Art. Viele Eltern haben größere Familien, als sie überhaupt unterhalten können, nur damit sie im Alter einen gewissen Wohlstand haben. Familienliebe und Familiensinn schienen mir weniger auf gegenseitiger Liebe und Achtung zu beruhen als auf wirtschaftlichem Gewinn.

Christophers jüngere Schwester Ah Lin rebellierte schließlich gegen solche Ausbeutung. Sie lernte in der Fabrik einen Jungen kennen, der sie gern hatte; aber ihre Mutter verbot ihr, mit ihm auszugehen. Sie durfte auch nicht zum Jugendclub kommen, weil wir in der Hauptsache Freizeitgestaltung trieben. Hätten wir Nähstunden zu bieten gehabt oder Englischunterricht, dann hätte sie kommen dürfen; aber reines Vergnügen sollte es in ihrem Leben nicht geben. Stattdessen war es Aufgabe des Mädchens, sich zu Hause um die Kinder zu kümmern, Plastikteile zusammenzusetzen oder Wasser zu holen. Schließlich wurde ihr diese Plackerei zu viel. Ah Lin lief im Alter von 14 Jahren von zu Hause weg und lebte mit ihrem Freund zusammen. Ihre Mutter holte sie zurück, schloss sie zu Hause ein und sagte, sie sei ein verkommenes Mädchen. Sie wurde geschlagen für das, was sie getan hatte. Ihr Verhalten hatte nicht nur Schande über die Familie gebracht, es war ein Angriff auf das Familieneinkommen. Jetzt erlaubte ihr die Mutter überhaupt nicht mehr, aus dem Hause zu gehen. Bei diesem Sklavendasein nimmt es nicht wunder, dass sich viele Mädchen für die Prostitution entscheiden. Das ist für sie immer noch besser, als im Hause der Eltern als rechtlose Gefangene zu leben.

Es war mein Auftrag, den Leuten in der Vermauerten Stadt zu helfen, dass sie verstehen konnten, wer Jesus Christus war. Wenn sie die Lehre Jesu nicht verstehen konnten, dann mussten wir Christen durch unsere Art zu leben ihnen eben zeigen, wie er war. Ich weiß, dass Jesus gesagt hat: „Wenn dich jemand drängt, eine Meile zu gehen, so geh zwei mit ihm." Das war der Anfang dessen, was ich „die zweite Meile gehen" nannte. Es scheint viele Christen zu geben, die gar nicht daran denken, eine Meile zu gehen, geschweige denn, sich darum reißen, zwei Meilen zu gehen – und drei Meilen schon gar nicht. Doch für die Armen, denen ich begegnete, bedurfte es eher eines Marathonlaufs.

Allmählich beschäftigte ich mich immer intensiver mit den Jungen, ihren Familien und ihren Problemen. Das bedeutete, dass ich mich ganz praktisch mit ihnen identifizieren musste. Beispielsweise bat mich einmal einer der Jungen, seiner Schwester zu helfen, in die Sekundarschule zu kommen. Gewöhnlich musste man einen ganzen Tag dafür anstehen, nur um das Anmeldeformular für die Eignungsprüfung zu bekommen. War es eine protestantische Schule und es kam heraus, dass die Bewerberin eine katholische Grundschule besucht hatte, dann gab man ihr das Formular gar nicht erst und sie musste sich wieder bei einer anderen Schule anstellen.

Die Familie des Jungen stellte sich meine Hilfe so vor, dass ich zur Schulleiterin gehen und sagen würde: „Sehen Sie, ich bin die und die und heiße so und so; können Sie dieses Mädchen aufnehmen?" Doch ich ging ganz anders vor. Ich stellte mich wie alle anderen den ganzen Tag an. Darüber wunderten sie sich, denn so hatten sie sich meine Hilfe keinesfalls vorgestellt.

Oft gab es Probleme wegen Ausweisen, weil viele der Bewohner der Vermauerten Stadt bei ihrer Geburt überhaupt nicht registriert wurden. Sie dachten, ich könnte mit den zuständigen Stellen sprechen, sodass die ihnen einen Ausweis ausstellten. Stattdessen ging ich, wenn sie mich um Hilfe baten, mit ihnen dorthin und setzte mich die ganze Zeit in das Meldebüro, um ihnen beim Ausfüllen des Formulars zu helfen. Das musste ich alles in meiner Freizeit erledigen, denn ich hatte ja noch den Vollzeitberuf als Musiklehrerin am St.-Stephens-College für anglochinesische Mädchen.

Jahrelang hatte ich hartnäckige Bittsteller, die damit rechneten, einen Taufschein zu bekommen, wenn sie nur lange genug ausharrten. Manche erhofften sich ein Dokument, mit dem sie nach Amerika kommen konnten.

Hin und wieder konnte ich jemanden an einen Pastor vermitteln, der für seine Gemeinde eine Putzhilfe brauchte; manche wollten durch mich irgendeinen Nebenverdienst bei der Kirche bekommen. Es waren so richtige „Reis-Christen". Sie fingen an, mich zu behandeln, wie sie auch andere Missionare behandelten; sie dachten, ich sei ein leichter Fang. Mit meinem Eigentum und meiner Einrichtung gingen sie nachlässig um, und dauernd wollten sie Geld von mir borgen. Sie glaubten mir einfach nicht, wenn ich ihnen sagte, ich hätte keines. Diese Gespräche verliefen immer nach dem gleichen Muster, etwa so:

„Puun Siu Je", (so lautet mein Name auf Chinesisch), „ich habe keinen Arbeitsplatz und kein Geld mehr."

„Ich habe auch kein Geld."

„Aber Sie müssen doch Geld haben – Sie sind doch sehr reich."

„Nein, nein, ich habe wirklich kein Geld."

„Doch, Sie haben Geld, weil Sie in Amerika eine Kirche haben wie die anderen alle."

„Nein, ich habe wirklich keine Kirche in Amerika; ich komme doch aus England. Ich bin auch nicht von einer Kirche hierhergeschickt worden."

An diesem Punkt des Gesprächs dröhnte ein Düsenflugzeug in niedriger Höhe über die Dachgiebel weg. Es hatte zur Landung auf dem Kaitak-Flugplatz, der unmittelbar neben der Vermauerten Stadt liegt, angesetzt. Tatsächlich liegt die Vermauerte Stadt direkt in der Einflugschneise, und in den Sommermonaten flogen die von Touristen überfüllten Jets alle paar Minuten über uns hinweg, sodass man wegen des Fluglärms sein eigenes Wort nicht mehr verstand.

Das Flugzeug verschwand, und wir konnten unsere Unterhaltung fortsetzen.

„Ach, eines Tages werden Sie sich bestimmt in eines dieser Dinger setzen und dorthin zurückfliegen, von wo Sie gekommen sind."

„Keine Angst! Ich habe ja gar nicht genug Geld für die Flugreise." Meine Antwort war ehrlich.

„Na ja, dann schicken Ihre Eltern eben das Geld. Wo Sie herkommen, da gibt es genug Geld. Wir sehen ja, wie alle diese Engländer hier prassen."

„Nein", sagte ich, „das seht ihr ganz falsch. Meine Eltern haben auch kein Geld." Es entstand eine Pause, und dann kam Ah Ping dazu. Dieser Junge grübelte mehr als die andern; seine Bemerkungen trafen immer ins Schwarze. Er war verständnisvoller, aber auch verzweifelter.

„Mag sein, dass du gerade jetzt kein Geld hast; aber du könntest jederzeit hier weg, wenn es nötig ist. Wir können nirgends hin; wir kleben am Rande der See, und der einzige Ausweg ist das offene Meer. Aber ihr aus dem Westen – ihr könnt wegfliegen, wenn ihr wollt, und dann könnt ihr uns alle vergessen."

„Nein, Ah Ping, ich habe nicht die Absicht, wegzufliegen und euch zu vergessen."

Ah Ping konnte wirklich reden, wenn er in Fahrt kam, und jetzt sprach er aus, was die meisten von ihnen dachten. Ich bewunderte seine Ehrlichkeit, denn wenige Chinesen erzählen jemals Europäern und Amerikanern gegenüber, was sie wirklich von ihnen halten. „Ihr Westler", fuhr er weiter fort, „ihr kommt hierher und erzählt uns von Jesus. Ihr könnt ein Jahr oder zwei hierbleiben, beruhigt dabei euer Gewissen, und dann könnt ihr wieder wegfliegen. Euer Jesus wird euch zu einer anderen Arbeit zurück nach Hause rufen. Es stimmt schon, einige von euch können für uns Unterprivilegierte eine Masse Geld beschaffen. Aber ihr wohnt weiter in euren schönen Häusern mit den Kühlschränken; und wir leben weiter hier. Was ihr wirklich tut, hat überhaupt nichts mit uns zu tun. Früher oder später geht ihr sowieso nach Hause."

Diese Art Unterhaltung fand öfter statt. Es war eine Anklage gegen jene Evangelisten, die in Hongkong einflogen und auf der Bühne oder im Fernsehen schöne Lieder von der Liebe Jesu sangen. Danach stiegen sie wieder in ihre Flugzeuge und flogen weg. „Fein", sagte Ah Ping eines Tages ganz brutal zu mir, „schön für sie und auch für uns. Wir würden auch gern an Jesus glauben, wenn wir in ein Flugzeug steigen und wie sie um die Welt fliegen könnten. Sie können so schön von Liebe singen, aber was wissen sie von uns und unserem Leben? Sie haben ja keine Ahnung!"

Hin und wieder versuchte ich, mit den Männern zu sprechen, die die Spielhöllen bewachten. Aber sobald ich ihnen sagte, dass Jesus sie liebe, nickten sie bloß. „Ja, ja, wie schön. Das bedeutet uns gar nichts." Es bedeutete ihnen tatsächlich nichts, da ja die meisten gar nicht wussten, wer Jesus und was Liebe ist. Ich machte weiter – predigte, predigte, predigte, wie Jesus ihnen neues Leben geben könne. Aber niemand schien mich zu verstehen.

Kapitel 5

Licht fällt in die Dunkelheit

Jesus hat dem Lahmen nicht versprochen, dass er im Jenseits einmal Wettläufer werden würde. Er hat ihn in die Lage versetzt zu gehen. Jesus predigte nicht nur, er demonstrierte, dass er Gott war. Er machte die Blinden sehend, gab Tauben das Gehör, und Tote brachte er ins Leben zurück. Manche Christen behaupten, dass solche Dinge auch heute noch geschehen, und diese Christen wollte ich finden.

Meine Missionsfreunde konnten mir wenig helfen. Die meisten waren weit über vierzig. Viele hatten ihr ganzes Leben in China verbracht und waren schwer enttäuscht. Sie erwarteten nicht mehr, dass Menschen sich bekehrten. Sie meinten, eine dunkle geistliche Wolke, die auch Hongkong bedecke, hinge über China. Manche Missionare schufen sich selbst allerlei Verhaltensvorschriften, die auch mich beeinflussten, bis ich feststellte, dass ich mich über regelrechte Lappalien sorgte, beispielsweise ob ich ärmellose Sommerkleider tragen dürfe oder ob es unrecht sei, am Sonntag baden zu gehen. Ich geriet in den lächerlichen Zustand, dass ich mehr darum bemüht war, diesen Missionsfreunden zu gefallen, als herauszufinden, was Gott von mir wollte. Ich gehörte zu keiner Missionsgesellschaft und wurde auch durch keine Gruppe von zu Hause unterstützt, ja, ich hatte tatsächlich alle Freiheit, die man sich nur wünschen konnte. Aber ich ließ mich von diesen Missionaren beeinflussen, und das lähmte meine Kraft.

Eines Tages ging ich zum Harmoniumspielen in die Kapelle. Ein chinesisches Ehepaar leitete den Gottesdienst. Kaum hatte ich die beiden gesehen, da wusste ich: Sie hatten es. Was dieses Es war, wusste ich zwar nicht. Aber als ich sie beten sah, spürte ich an ihnen eine ungewöhnliche Vitalität, eine besondere Kraft. Ich wollte unbedingt wissen, was sie so anders machte. Darum sprach ich die beiden nach dem Gottesdienst an. Sie sprachen fast kein Englisch, und ich konnte kaum ein paar Sätze Chinesisch. Aber bald wurde klar, was sie sagen wollten.

„Du hast noch nicht den Heiligen Geist empfangen."

Ein bisschen ungehalten erwiderte ich, dass ich ihn wohl hätte; aber sie sagten, ich hätte ihn nicht. Und so ging dieses nutzlose Argumentieren hin und her, während wir aus der Vermauerten Stadt hinaus zu meiner Bushaltestelle gingen.

Selbstverständlich habe ich den Heiligen Geist, dachte ich. Wie könnte ich sonst an Jesus glauben, wenn ich den Heiligen Geist nicht hätte? Worüber diskutierten wir eigentlich? Doch diese Leute hatten ganz offensichtlich etwas, was ich brauchte. Ich hatte es doch erkannt, sogar ohne ihre Predigt zu verstehen. Sie nannten es also den Heiligen Geist; ich aber wollte es anders nennen. Schließlich gab ich den Streit über die Terminologie auf. Irgendwie musste es heißen – Heiliger Geist, den Geist empfangen, mit dem Geist erfüllt werden, Geistestaufe, Kraft des Geistes, neuer Segen – wie auch immer. Eines stand fest: Wenn Gott noch etwas für mich bereit hatte, dann wollte ich es besitzen; die Begriffsbestimmung konnte ich ja dann später vornehmen. So vereinbarten wir, dass ich am nächsten Tag die jungen Leute in ihrer Wohnung besuchen dürfe.

Diese Wohnung war ein Ein-Zimmer-Apartment, wie es Tausende in der ganzen Kolonie gab. Sie hatten einen Tisch, darauf zwei Teller, einer mit Orangen und einer mit angefeuchteten Tüchern. Nach chinesischer Tradition wurden den Gästen anlässlich einer Feier Orangen gereicht. Die Orangen waren für die Feier vorgesehen, wenn ich „den Geist empfangen" hätte; und die Tücher waren für mich bestimmt, damit ich hineinweinen konnte.

Was als Nächstes geschehen sollte, schien offensichtlich eine sehr emotionale Angelegenheit zu sein. Ich bekam Herzklopfen, weil ich gar nicht wusste, was jetzt mit mir passierte. Dann setzte ich mich hin, und die beiden legten mir die Hände auf den Kopf und sagten immer wieder in ihrem typisch chinesischen Englisch: „Fang jetzt an zu sprechen, fang an zu sprechen!"

Es geschah überhaupt nichts. Sie dachten, ich würde jetzt „in Zungen reden". Aber das funktionierte nicht.

In der West-Croydon-Gruppe zu Hause in England hatten einige in Zungen geredet, und mir war berichtet worden, dass auch andere Freunde diese Gabe erhalten hatten. Aber keiner hatte mir je erklärt, was man überhaupt darunter versteht. Der Gedanke an eine neue Sprache, in der man fließend sprechen und alle Regungen des Herzens Gott gegenüber ausdrücken kann, erschien mir großartig. Aber ich dachte, das sei etwas, wozu man geistlich fortgeschritten sein müsse. Ich hielt meinen Mund fest geschlossen. Wenn Gott mir jetzt diese Gabe schenken wollte, dann musste er es machen, nicht ich.

„Jetzt fang an zu sprechen, fang doch an zu sprechen!"

Mir war das äußerst unangenehm, und ich begann, auf meine Gastgeber ärgerlich zu werden. Schließlich wurde mir immer heißer und ungemütlicher. Ich sprach nicht in Zungen, und sie waren enttäuscht, dass nichts geschah. Sie hätten die feuchten Taschentücher nicht hinzulegen brauchen, auch die Orangen nicht. Sie hätten überhaupt keine Teller gebraucht. Schließlich konnte ich nicht länger stehen, und so machte ich meinen Mund auf und sagte: „Gott, hilf mir!" Und da geschah es.

Sobald ich bewusst meinen Mund öffnete, merkte ich, dass ich frei in einer Sprache sprechen konnte, die ich nie gelernt hatte. Es war eine wohlklingende Sprache, sanft und klar; eine deutliche Sprachmelodie mit Hebungen und Senkungen war herauszuhören. Zweifellos hatte ich jetzt das Zeichen erhalten, um das ich gebeten hatte. Aber es war kein Gefühlsüberschwang dabei. Ich hatte gedacht, ich würde in Jubel und Lobpreis ausbrechen, aber es war überhaupt nicht emotional.

Die beiden Chinesen freuten sich. Sie waren nur ein wenig überrascht, dass ich nicht in Tränen ausbrach. Dafür weinten sie um so mehr, und ihre alte Mutter weinte mit. Mir war das alles immer noch sehr peinlich, und ich verabschiedete mich, sobald ich konnte. Ich war heilfroh, dass ich dieses Erlebnis nicht in Gegenwart meiner britischen Landsleuten gehabt hatte.

Als ich zur Tür ging, sagten sie: „Jetzt kannst du auch die anderen Geistesgaben erwarten", aber ich verstand nicht, was sie meinten.

In der ganzen folgenden Woche und darüber hinaus wartete ich auf die Gabe der Heilung und der Prophetie. Das waren die einzigen anderen Geistesgaben, von denen ich gehört hatte; eigentlich sind es ja neun. Ich wusste, dass in England zwei der von mir am meisten geschätzten Pastoren diese Gaben anwandten; und ihr Dienst war zweifellos sehr gesegnet. Ich wusste auch, dass die Ehefrau eines Parlamentsabgeordneten die Gabe der Heilung hatte. Diese Leute folgten sehr genau der Bibel, so gab es für mich keinen Zweifel über die Rechtmäßigkeit und Nützlichkeit der Gaben; aber ich wusste nicht, wie man erkennt, dass man sie hat. Woran merkt man, dass man die Gabe der Heilung hat?

Ich war auch dadurch verwirrt, dass mich dieses große geistliche Ereignis immer noch so kalt ließ. Ich hatte Bücher gelesen, wie z. B. „Sie sprechen in anderen Zungen", die mir den Eindruck vermittelt hatten, diese Erfahrung müsse mir das Gefühl geben, auf Bergeshöhen zu wandern oder auf einer Wolke zu schweben, überfließend von Liebe. Hatte ich eigentlich das Richtige empfangen? Vielleicht wurde das alles auch viel zu sehr überbewertet? Ich lief in Hongkong umher, um jemanden zu finden, mit dem ich darüber sprechen konnte, aber ich fand niemanden. Missionsfreunde runzelten die Stirn und erklärten: „Dadurch ist in China etwas sehr Gefährliches passiert. Es hat Spaltungen in den Gemeinden gegeben." Zu meiner noch größeren Überraschung wollten auch die Pfingstgemeinden nicht darüber sprechen. Ich besuchte ihre Gottesdienste. Sie machten immer noch solchen Lärm mit Händeklatschen und dauerndem Amen und Halleluja; aber die Gaben des Geistes vermisste ich. Die pfingstlerischen Missionare erklärten, sie hätten mit den Evangelikalen ein Abkommen getroffen, über diese Dinge nicht zu sprechen, weil sie darüber nicht einig werden konnten. Sie hatten vereinbart, nur über Jesus zu sprechen. Aber ich sah doch, dass die Gaben in der Bibel beschrieben waren. Wieso sollten sie dann gefährlich sein?

Nach Monaten ließ ich das ganze Thema fallen. Dieses Erlebnis hatte offensichtlich mein geistliches Leben nicht verändert. Wenn überhaupt etwas anders geworden war, dann war das Leben eher schwieriger geworden seit dieser Zeit. Ich rannte immer noch durch die Vermauerte Stadt, ging jeden Abend zu einer christlichen Versammlung und versuchte mit jeder Faser meines Herzens den Menschen zu helfen; aber es schien so, als ob niemandem wirklich geholfen würde. Ich fühlte mich betrogen.

Was bilden die sich eigentlich ein?, dachte ich, als ich das erste Mal von den Willans hörte. Ein amerikanisches Ehepaar, ihre kleine Tochter Susan und der Begleiter Gail Castle waren eben in Hongkong angekommen und wollten gleich einen Gebetskreis anfangen.

„Welche Frechheit! Hongkong braucht doch nicht noch mehr davon! Ich gehe so schon jeden Tag zu einem anderen Gebetskreis. Sie sind doch gerade erst angekommen; sie sollten sich erst einmal die hiesige Gemeindesituation ansehen." Ich war empört.

Zwei Jahre waren vergangen, seit ich England verlassen hatte, und etwa ein Jahr, seitdem ich angeblich „die Gaben des Geistes" empfangen hatte. In Bezug auf Gebetskreise fühlte ich mich durchaus als Autorität in der Kolonie. Dennoch drängte mich die Mutter meiner Klarinettenschülerin, Clare Harding, ich solle doch einmal zu den Willans hingehen. „Sie sind charismatisch", fügte sie hinzu. Mit diesem Ausdruck ist eine Versammlung gemeint, in der man erwartet, dass sich die verschiedenen Gaben des Heiligen Geistes, die Charismen, manifestieren.

„Schön, dann gehe ich eben eine Zeitlang dorthin, bis ich alles Wissenswerte darüber gelernt habe, und dann komme ich wieder zu den anderen Versammlungen", erklärte ich Clare. Und so wurde ich Rick und Jean Willans vorgestellt.

„Betest du in Zungen, Jackie?"

Ich war entsetzt über die amerikanische Dreistigkeit von Jean. Nie würde eine Engländerin so direkt vorgehen. „Ja", sagte ich schließlich, „nur augenblicklich nicht. Ich halte es nicht für sehr nützlich; ich habe gar nichts davon und ich fühle auch nichts dabei. Darum habe ich damit aufgehört." Es erleichterte mich, einmal mit jemandem darüber sprechen zu können.

Aber Jean war durchaus nicht mit mir einverstanden. „Das ist nicht recht", tadelte sie mich. „Entscheidend ist doch nicht, was man dabei fühlt. Es ist doch keine Gabe des Gefühls, es ist eine Gabe des Heiligen Geistes. Wie kannst du die Gaben, die Gott dir gibt, so gering schätzen! Die Bibel sagt, wer in Zungen betet, wird geistlich auferbaut. Es kommt nicht darauf an, was man spürt – man tut es einfach." So musste ich Rick und ihr versprechen, täglich in meiner himmlischen Sprache zu beten. Sie machten mir deutlich, dass die Gemeinde den Heiligen Geist empfangen hatte als Kraft, um sie zu mächtigen Zeugen für den auferstandenen Christus zu machen.

Dann schlugen sie zu meinem Entsetzen vor, dass wir miteinander in Zungen beteten. Ich war nicht sicher, ob das in Ordnung war, denn in der Bibel steht auch, dass die Leute nicht alle zu gleicher Zeit laut in Zungen sprechen sollten. Doch die Willans erklärten mir, dabei habe sich Paulus auf öffentliche Versammlungen bezogen, wo Außenstehende hinzukamen, die aus Unverständnis das gemeinsame Sprechen in verschiedenen Sprachen als Verrücktheit hätten abtun können. Wir drei hier konnten für niemanden ein Anstoß sein, wenn wir Gott in der Sprache anbeteten, die er uns gegeben hatte.

Schließlich willigte ich ein mitzumachen. Wir beteten, und ich kam mir albern vor, als ich die Worte aussprach, die ich nicht verstand. Mir wurde heiß. Und dann – zu meiner Bestürzung – hörten sie plötzlich auf zu beten, während ich mich gedrängt fühlte weiterzumachen. Ich wusste schon, dass diese Gabe unter unserer Kontrolle steht, obwohl sie heilig ist. Ich konnte aufhören und wieder anfangen, wie ich wollte. Ich hätte alles getan, um vor diesen komischen Amerikanern nicht in dieser fremden Sprache laut zu beten; aber als mich mein Stolz fast umbrachte, sagte Gott zu mir: „Kannst du nicht mir zuliebe einmal ein Narr sein?"

Ich gab nach. „Gut, Herr", betete ich. „Mir ist das zwar unverständlich, aber wenn du diese Sprache erfunden hast, muss es eine gute Gabe sein. Jetzt werde ich gehorsam weitersprechen, und du zeigst mir, wie ich beten soll."

Nach unserer Anbetung sagte Jean, sie habe verstanden, was ich gesagt hatte, Gott habe ihr die Auslegung gegeben. Sie übersetzte es. Es war ein wunderbares Gebet, mein Herz drückte darin seine Sehnsucht nach dem Herrn aus, es schrie wie aus einem tiefen Tal zu den Bergesgipfeln ihm entgegen. Ich liebte Jesus und betete ihn an und sehnte mich danach, von ihm gebraucht zu werden.

Nie hätte ich es in meiner Sprache so klar und schön formulieren können, wie es in dieser Auslegung klang. Jetzt war ich entschlossen, diese Gabe niemals mehr gering zu schätzen. Ich hatte erlebt, dass Gott mir beim Beten half, wenn ich in Zungen betete. Es ist ja Gottes Methode, mir zu einem vollkommenen Gebet zu verhelfen.

Von jetzt an betete ich täglich in der Sprache des Geistes. Aber ich hielt es immer noch für eine Pflichtübung. Bevor ich mit dem Zungengebet begann, sagte ich jedes Mal: „Herr, ich weiß nicht, wie ich beten soll und für wen ich beten soll. Bitte, bete du durch mich und führe mich zu den Menschen, die dich suchen."

Nach etwa sechs Wochen fiel mir etwas Eigenartiges auf. Wem ich auch von Jesus erzählte: Er wurde gläubig. Zunächst konnte ich das gar nicht verstehen und wunderte mich. Ob sich wohl mein Chinesisch auf einmal so gebessert hatte, oder ob ich auf eine glänzende, neue evangelistische Technik gestoßen war? Aber ich sagte dasselbe wie vorher. Endlich wurde mir klar, was sich geändert hatte. Jetzt redete ich über Jesus mit Leuten, die von ihm hören wollten. Ich hatte Gott in meine Gebete hineinwirken lassen, und das brachte ein unmittelbares Ergebnis. Früher hatte ich entschieden, was für Gott zu tun sei, und hatte dazu seinen Segen erbeten. Jetzt bat ich ihn, durch mich seinen Willen auszuführen.

Nun stellte ich fest, dass ein Mensch nach dem anderen Jesus annehmen wollte. Es war nicht mein Verdienst. Ich konnte mich nur wundern, dass Gott mich einen kleinen Teil seines Werkes tun ließ. Allmählich kamen auch die Gefühle, zwar nicht während des Gebets, aber die Ergebnisse, die ich sah, machten mich überglücklich. Der Bischof hätte uns schon bei unserer Konfirmation erklären müssen, was für Herrlichkeiten uns erwarteten. Dann hätte ich das alles schon eher erleben können.

Nach und nach lernte ich die Willans immer besser kennen. Sie wurden mir zu lieben Freunden und Seelsorgern. Jetzt fiel auch die Fessel der sogenannten „christlichen" Verhaltensregeln, und ich fand endlich die herrliche Freiheit, die wir in Jesus Christus haben. Bei meiner Bekehrung hatte ich akzeptiert, dass Jesus für mich gestorben ist; nun aber sah ich immer deutlicher, welche Wunder er auch heute noch tut.

Kapitel 6

Die Triaden

„*Hai bin do ah?* Wo kommst du her?" Der Junge mit dem fahlen, schmächtigen Gesicht war starr vor Schrecken, als vier Mitglieder der gefürchteten Triadbande 14K drohend auf ihn zukamen. In der Bandensprache fragten sie ihn, welcher Bande er zugehöre. Er konnte nicht antworten, er zitterte am ganzen Leibe und atmete stockend.

„*M-gong?* Du sagst nichts?" Ah Ping, der Sprecher, verspottete ihn und näherte sich ihm bis auf Armlänge. Es gab keinen Ausweg – der Junge wusste genauso gut wie seine Bedränger, was jetzt geschehen würde. Er wurde gepackt und durch eine Gasse der Vermauerten Stadt gezerrt, immer hinter sich die Wand und vor sich die Gangster. Sie verhöhnten ihn, machten sich lustig über seine Angst und bewegten sich entsetzlich langsam vorwärts. Sie freuten sich über die Qual ihres Gefangenen, über den zusammengeduckten Körper.

Der erste Stoß kam mit einer erstaunlichen Geschwindigkeit und grub sich dem Jungen zwischen die Rippen. Die Chinesen sind gute Boxer mit weichen Bewegungen. Weil sie *Kung-fu* trainieren, können sie geschmeidig und ökonomisch zustoßen, gezielt und tödlich. Das Opfer fiel zu Boden, während weitere Schläge auf seinen Magen, seine Brust und seinen Unterleib prasselten. Er stöhnte, krümmte sich vor Schmerzen, sagte aber immer noch nichts. So trieben sie ihn die Straße hinunter und stießen ihn mit den Füßen, während er weiterkroch und schließlich davonhinkte. Er kam nicht zurück. Er hatte begriffen, was passiert, wenn man ungeschützt feindliches Territorium betritt.

So fühlten sich die Triaden wohl. In ihren Straßen waren sie sicher und jedem überlegen. Sie kontrollierten alles Geschehen und bestimmten, wer ihr Terrain betreten durfte. Ich hatte schon lange gemerkt, dass der Raum, den ich für den Jugendclub gemietet hatte, genau in der Mitte des 14K-Gebietes lag.

Eben hatte ich diese widerliche Szene beobachtet, wusste aber noch nicht, dass dieses unverschämte Treiben die normale traditionelle Kampfmethode der Triaden war.

„Warum habt ihr das getan?", fragte ich empört. „Warum? Was hat euch dieser Junge getan?" Mir war übel geworden bei diesem Anblick.

Ah Ping zuckte mit den Achseln. „Wahrscheinlich nichts", gab er zu; aber seine Mundwinkel verzogen sich voller Verachtung nach unten. „Er konnte sich nicht identifizieren. Er konnte nicht sagen, weshalb er hier war. Wir mussten ihm diese Lektion erteilen. Vielleicht gehört er zu unseren Feinden, den Ging Yu. Deshalb mussten wir ihm zeigen, wer hier die Macht ausübt."

Ich hatte noch viel zu lernen.

Einer der ehemaligen Polizeipräsidenten in Hongkong, H. W. E. Heath, schrieb 1960: „Die Umtriebe der Triaden sind in den letzten 116 Jahren chronologisch in den Rechts- und Polizeiberichten von Hongkong aufgezeichnet worden. Seit 113 Jahren sind Sonderverordnungen und einschlägige Gesetze erlassen worden, um zu versuchen, das Problem in den Griff zu bekommen. Aber die Triadbanden beschäftigen uns heute noch." Ursprünglich war die Triadgesellschaft ein chinesischer Geheimbund, dessen Mitglieder durch Eid verpflichtet waren, fremde Eroberer ihres Landes zu vertreiben und das alte Herrschaftshaus Chinas, die Ming-Dynastie, wiederherzustellen.

Heute hat sich die historische Triadgesellschaft in Hunderte von getrennten Triadgruppen aufgesplittert, die alle für sich in Anspruch nehmen, Teil der Triad-Tradition zu sein. In Wirklichkeit sind sie reine Verbrecherbanden, die den Namen und die Rituale als Deckmantel für ihre eigenen verbrecherischen Zwecke benutzen. Wollte man in die ursprüngliche Triad-Gesellschaft aufgenommen werden, so musste man gewisse Rituale über sich ergehen lassen. Dazu gehörte, dass man Gedichte lernte, Händeschütteln und Handzeichen übte wie auch die Fähigkeit, Blut zu vergießen und Blut zu trinken. Opfer wurden verlangt; wer der Triad-Gesellschaft beitrat, musste schwören, dass er seinem „Bruder" auf ewig Gefolgschaft leisten werde. Dieser wurde sein

Daih Lo oder „Großer Bruder", und selber wurde er dessen *Sai Lo* oder „Kleiner Bruder". Beide waren dann für immer miteinander verwandt. Wer diese Rituale bestanden hatte, konnte dann selbst einen anderen auffordern, ihm Folge zu leisten und sich als dessen Großer Bruder bezeichnen. So war die Triad-Gesellschaft eine Pyramide von Verwandten. In jeder Bande bestand eine komplizierte Hierarchie von Rängen und Ämtern. Die Führer hatten farbenprächtige Namen wie Roter Stab, Weißer Papierfächer oder Grünes Sandelholz. Zeitweise wurden sie einfach mit Nummern benannt wie 489, 438, 426 und 415. Gewöhnliche Mitglieder hießen 49er-Jungen.

In ganz Hongkong verbreiteten die Triaden Terror, weshalb andere Banden gegen Geld den Leuten ihren Schutz aufzwingen konnten. Diese erpresserischen Beschützerbanden waren dieselben Verbrecher wie die, vor denen sie schützten. Die Vermauerte Stadt war der ideale Tummelplatz für die Banden. Sie zogen alle Vorteile aus der politischen Situation, in der niemand recht wusste, wer eigentlich regierte. Zwei Hauptbanden operierten dort, deren Gebiete durch eine Straße abgegrenzt waren. Über Gebiet und Tätigkeit bestanden zwischen den Banden ungeschriebene Gesetze, die sie zu respektieren hatten. Die Ging-Yu-Bande beherrschte alle Heroinhöhlen, einschließlich der Verkaufsstellen. Sie hielt sich auch bewaffnete Schutzgarden und beherrschte die Prostituiertenszene östlich der Old-Man-Straße. Noch gefürchteter waren die Brüder der 14K-Bande, ein relativer Neuling unter den traditionellen Triadgruppen, erst 1949 in China gegründet. Der Name kommt von Nr. 14 der Po-Wah-Straße in Kanton, wo sie sich zunächst aus politischen Gründen organisierte, um die chinesischen Nationalisten zu unterstützen. Seitdem haben sie immer enge politische Verbindungen zu den Sympathisanten für Nationalchina aufrechterhalten. Es geht das Gerücht, dass die Gruppe weltweit hunderttausend Mitglieder hat, von denen allein 6000 in Hongkong leben. Soweit ich unterrichtet bin, beherrschen sie alle „Opiumdiwane", Spielhöllen, Pornokinos, Kinderbordelle, illegalen Hunderestaurants und die bewaffneten erpresserischen Schutzgarden auf der Westseite der Stadt.

Die Banden operierten sehr dezentral. Jeder Bandenführer hatte sein bestimmtes Gebiet, konnte aber im Bedarfsfalle jederzeit einen anderen um Hilfe rufen. Alle kannten den Hauptboss und betrachteten verwandte Banden als „Vettern". Innerhalb weniger Minuten konnte ein Triade ein Dutzend Brüder zusammenrufen, und in wenigen Stunden standen mehrere Hundert zum Kampf bereit.

Wenn Nichttriaden durch diese Gebiete schlichen, beteten sie flehentlich, dass sie nicht angehalten würden; aber auch die Mitglieder der Banden 14K und Ging Yu hielten sich nur in ihrem eigenen Territorium auf. Ich aber kümmerte mich nicht darum und ging durch alle Straßen. Ich nahm mir fest vor, jeden Ausgang kennenzulernen, bis ich das Gebiet besser kennen würde als die Gangster selbst, die sich notwendigerweise auf eine Hälfte der Stadt beschränken mussten.

Die Triaden, die ich kannte, waren alle Kriminelle, aber bis zu einem gewissen Grad hielten sie sich an die alte Maxime, dass auch Diebe ihren Ehrenkodex haben. Als Lohn für absoluten Gehorsam versprach der *Daih Lo*, sich um seinen *Sai Lo* zu kümmern. Wenn der Kleine Bruder ins Gefängnis geriet, stellte der Große Bruder sicher, dass er Essen, Drogen und Schutz bekam. Das heißt nicht, dass alle Triaden drogenabhängig waren; Drogengenuss wurde missbilligt, weil er die Kampfkraft lähmte. Es war diese gemeinsame Sorge um die Süchtigen, die mich mit den Triadbossen verband, sodass es schließlich dahin kam, dass ich mit den Bossen zusammen an einem Tisch Tee trank.

Es überraschte mich nicht, als ich erfuhr, dass Christopher in die 14K aufgenommen werden sollte. Wie konnte er sich sonst auf bestimmten Straßen bewegen, wenn er keiner Bande angehörte? Wie sollte er sich, wenn ihm Unrecht geschah, verteidigen, ohne dass er eine Gruppe Brüder hatte, die für ihn kämpften?

Christopher war regelmäßig in den Jugendclub gekommen, aber jetzt mied er mich geflissentlich. Immer wenn ich mich ihm nähern wollte, verschwand er in dem Gassengewirr. Er hatte mit Glücksspielen angefangen und trieb sich mit bekannten Verbrechern herum. Doch hatte er ein schlechtes Gewissen und wollte mich nicht wissen lassen, was er tat. Schließlich kam der Tag, an dem ich ihn trotz allem erwischte. Wir stießen mit den Köpfen aneinander, als ich mein schweres Akkordeon trug, das groß genug war, um zu verhindern, dass Christopher an mir vorbeischleichen konnte. Wir waren in einem der winzigen Durchgänge, wo man nicht ausweichen konnte. Er war eingekeilt, und ich bat ihn, mir das Instrument bis zur Reparaturwerkstatt zu tragen.

Unterwegs unterhielt ich mich mit ihm in meinem englisch gefärbten Kantonesisch. Ich fragte ihn: „Christopher, was meinst du, für wen ist Jesus in die Welt gekommen?" Keine Antwort.

„Für die Reichen oder für die Armen?", fuhr ich fort.

„Das ist leicht, das weiß ich. Er kam für die Armen." Seine Lehrer wären über diese Antwort sicher glücklich gewesen.

„Aber liebt er nun gute oder schlechte Menschen?", drang ich in ihn.

„Jesus liebt die guten Menschen, Miss Puun." Eine grässliche Fragerei! Dieser Weg und diese Unterhaltung war ihm in der Seele zuwider.

„Das ist falsch." Ich war froh, dass er das Akkordeon trug, so konnte ich meine Arme frei bewegen. Das half mir, wenn mir die Vokabeln fehlten.

„Weißt du, wenn Jesus heute lebte, dann würde er hier in der Vermauerten Stadt auf den Apfelsinenkisten sitzen und mit den Kupplerinnen und Huren sprechen, da unten in dem Dreck."

Bei den Chinesen gilt es als unhöflich, wenn man ihnen sagt, sie hätten sich geirrt, weil sie dann das Gesicht verlieren; aber ich wollte unbedingt, dass er mich verstand. Jetzt war keine Zeit mehr, um Anstandsregeln zu beachten. „An solchen Orten, auf der Straße mit bekannten Verbrechern, hat Jesus viel Zeit verbracht. Er wartete nicht in einer schönen, sauberen Kirche, bis liebe, nette Leute zu ihm kamen."

„Warum hat er das getan?" Christopher sah mich ungläubig an; die Frage klang so, als ob er es wirklich wissen wollte.

„Weil", sagte ich sehr langsam, „weil er kam, nicht um die guten Menschen zu retten, sondern die schlechten, die Verlorenen, die Böses getan hatten."

Plötzlich blieb Christopher stehen. Was er da hörte, überwältigte ihn. Inzwischen hatten wir die Vermauerte Stadt hinter uns gelassen und gingen die Marktstraße entlang, wo alles feilgeboten wurde, von Plastiksandalen bis zum gepressten Entenfleisch.

Er sagte, er wolle noch mehr hören. So ließen wir das Akkordeon in der Werkstatt stehen und setzten uns auf eine Bank an einem Platz mit Kreisverkehr. Ich erzählte ihm die Geschichte von Naeman, dem syrischen Offizier, der von Lepra befallen war. Zum Schluss sagte ich: „Es ist so einfach. Du brauchst bloß zu Jesus zu kommen und ihn zu bitten, dass er dich reinwäscht." Ich wandte mich dem Jungen zu, um mich zu vergewissern, dass er verstanden hatte.

Der Verkehr dröhnte um uns, die Leute schrien herum, wie das in Hongkong üblich ist. Ein Flugzeug flog nur ein paar Meter über unseren

Köpfen, bis es donnernd auf der Landebahn aufsetzte. Christopher hörte nichts; er hatte die Augen geschlossen. Es schien, als ob er leise spreche. Er redete nicht mit mir, er bekannte Jesus, wie er im Leben versagt hatte, und bat ihn um Vergebung. Hier, auf der staubigen, lärmenden Straße, wurde Christopher ein Christ.

Doch damit kamen eine Menge Probleme auf ihn zu. Am nächsten Sonnabend kam er wieder in den Jugendclub. Er stand tapfer vor den andern auf und erzählte, in der vergangenen Woche habe er noch nicht an Jesus geglaubt, jetzt aber kenne er ihn. Die anderen reagierten zunächst mit Schweigen. Diese Nachricht war zu ungewöhnlich. Dann folgte Hohn und Spott. Jungen aus schlechtem Elternhaus wurden doch keine Christen, das war den guten vorbehalten, den gebildeten, den Schülern aus dem Mittelstand. Er machte wohl Witze, er war verrückt.

Aber so war es keineswegs. Christopher weigerte sich jetzt, die Aufnahme bei den Triaden weiterzuführen. Er hatte schon das Buch mit den Gedichten, Gesetzen und dem rituellen Dialog, was er alles für die Aufnahme lernen sollte. Er schickte es zurück. Das zeugte von Konsequenz und Mut und war unter diesen Gruppen noch nie passiert. Seine Entscheidung war auch ein Durchbruch für mich. Jetzt erkannte ich, dass die Geschichte von der „Wolke des Unglaubens" über Hongkong ein Märchen war. Jesus lebte in Hongkong genauso wie in England, und die ihn suchten, konnten ihn finden.

Die Änderung in Christopher war auffallend. Er arbeitete in seiner Fabrik so vorbildlich, dass sie ihn zum Aufseher machten. Statt bei Glücksspielen mit den Triaden, verbrachte er jetzt seine Freizeit im Jugendclub, und sonntags kam er zum Abendgottesdienst in die kleine Oiwah-Kirche.

Weil ich in eine immer engere Gemeinschaft mit Gott kam, zeigten sich noch mehr Ergebnisse. Auch andere Jungen entschieden sich wie Christopher. Sie wollten Christen werden. Wir trafen uns zum Bibelstudium und zum Gebet, wo wir nur konnten: im Jugendclub, in Teestuben, auf der Straße oder bei mir zu Hause. Als wir eines Tages beteten, hatte einer eine Botschaft in Zungen.

Wir warteten, und auf einmal begann Christopher die Auslegung zu singen. Dieses wunderbare Lied sang er erstaunlicherweise in Englisch, in einer Sprache, die er kaum beherrschte. Es lautete so:

O Gott, der mich aus der Finsternis errettet,
gib mir Kraft und Stärke,
damit ich fähig werde, im Heiligen Geist zu wandeln,
mit der Bibel gegen den Teufel zu kämpfen,
mit den Sündern in der Welt zu sprechen
und sie zu Christus zu führen.

Ein anderer Junge mit Namen Bobby hatte dieselbe Auslegung auf Chinesisch. Er hatte das englische Lied von Christopher nicht verstanden und wusste darum nicht, dass das, was er sagte, die Bestätigung für Gottes Botschaft war.

Obwohl die christliche Gruppe wuchs, war es nicht allen Jungen in der Vermauerten Stadt klar, warum ich bei ihnen war. Viele kamen nur zum Jugendclub, um einen materiellen Vorteil daraus zu ziehen. Wenn wir am Wochenende zu einem Picknick oder zum Zelten fuhren, brauchten sie nichts zu bezahlen. Ich zahlte. Ich bezahlte den Transport, die Schlauchboote, Fußballschuhe, Rollschuhe und kaufte auch die Esswaren für das Picknick. Doch keiner war dankbar; sie betrachteten sich selbst als unterprivilegierte Leute und dachten, ich hätte eine wohlhabende Organisation hinter mir. So wollten sie aus mir so viel wie möglich herausquetschen. Das hielten sie für ihr Recht, und sie waren fordernd und aggressiv. Auch Ah Ping war so.

Im Laufe der Monate und Jahre lernte ich ihn sehr genau kennen. Er kam oft zum Jugendclub und beteiligte sich auch an unseren Spaziergängen und Wanderungen. Ich hörte, er habe sich schon als Zwölfjähriger bei den Triaden aufnehmen lassen, sodass er schon vier Jahre dabei war. Inzwischen hatte er bereits den Ruf eines unerschrockenen Kämpfers, ja, er hatte schon angefangen, eigene Nachfolger *(Sai Lo)* um sich zu scharen. Eines Nachts, als er sich auf den Straßen herumtrieb, kam ich in unseren Clubraum, fühlte mich ziemlich niedergeschlagen und brauchte ein freundliches Wort. Er merkte, dass ich deprimiert war, und sagte: „Du solltest lieber wieder gehen, du solltest von hier weg, Puun Siu Je. Geh lieber; hier ist kein guter Arbeitsplatz für dich. Es ist leichter für dich, mit einer netten Gruppe anständiger Studenten zu arbeiten und zu Schülern zu sprechen, die sich ordentlich benehmen. Die werden dann gute Christen. Wir sind nicht gut – wir werden nie so, wie du uns haben willst." Ich hörte zu, ohne zu antworten.

„Ich verstehe nicht, warum du hierbleibst. Du suchst für uns Schulen, und wir gehen doch nicht hin. Du suchst uns eine Wohnung, und wir machen alles kaputt. Du suchst Jobs für uns, und wir verlieren sie wieder. Wir werden uns nie ändern. Wir nehmen dich nur in Anspruch, wir ziehen dir jeden Pfennig aus der Tasche, den du verdient hast, und stoßen dich nur herum. Warum hältst du hier aus? Was hast du eigentlich vor?"

„Hm, ich halte deshalb hier aus, weil es gerade das ist, was Jesus für mich getan hat. Ich habe Jesus nicht gewollt; aber er wartete nicht, bis ich wollte. Er wartete nicht, bis ich Besserung versprach. Er wartete nicht, bis ich ein guter Mensch wurde. Er nahm mich so, wie ich war, und starb für mich. Er starb für mich, während ich ihn hasste, und selbst am Kreuz hat er sich nicht von mir losgesagt. Ja, er sagte, er habe mich lieb und würde mir vergeben. Das ist der Jesus, der in die Welt kam und Wunder tat. Das ist der Jesus, der nur Gutes getan hat. Er starb für mich. Ich habe erfahren, dass er der Sohn Gottes ist; und er liebt auch dich, ganz genauso."

Zunächst antwortete Ah Ping nicht. Schließlich sagte er: „Das kann gar nicht sein; niemand kann uns lieben, so wie wir sind. Ich meine, wir ..." Er stockte. Dann fuhr er fort: „Ich meine, wir müssen eben kämpfen und vergewaltigen, wir stehlen, und wir stechen Leute zu Tode. So kann uns doch keiner lieben."

„Doch. Jesus kann es. Die bösen Dinge, die ihr tut, liebt er nicht; aber er liebt euch. Eigentlich ist das verrückt. Aber all das Böse, das ihr getan habt, hat er auf sich genommen. Als er am Kreuz starb, bekannte sich Jesus schuldig, eure Verbrechen begangen zu haben. Das ist wirklich unfair, nicht wahr? Er sagte, euer Stehlen, eure Messerstecherei seien seine Schuld. Wenn du jetzt alle deine Schlechtigkeiten, die du je getan hast, ihm übergibst, dann wird er dir ein neues Leben schenken. Er wird dir seine Gerechtigkeit geben. Das ist so, als ob du ihm deine schmutzigen Kleider gibst, und er gibt dir dafür seine sauberen."

Ah Ping war erschüttert. Er konnte kaum glauben, dass es einen solchen Gott gibt. Auf der Stelle setzte er sich auf die Steinstufen an der Straße und sagte zu Jesus, dass er ihm dankbar sei, wenn er es auch nicht verstehen könne, warum er ihn liebe; und er bat Jesus, ihm zu vergeben und ihn zu ändern.

Ah Ping war der erste Gangster aus der Szene der voll eingegliederten Triaden, der sich den Christen anschloss. Als er erst 14 Jahre alt war, hatte ihm eine junge Bardame angeboten, ihn „auszuhalten" zum Lohn dafür, dass er sie beschützte. Das hatte er mir damals anvertraut. Jetzt änderte sich sein Lebensstil dramatisch. Jeden Abend brachte er seine Bandenbrüder zum Clubraum und bat mich, ihnen von Jesus zu erzählen. Immer mehr bekannte Gauner kamen, um mir die Hand zu schütteln und mir auf die Schulter zu klopfen. Die wenigen anständigen Jungen, die noch geblieben waren, kamen jetzt nicht mehr, weil sie sich diskriminiert fühlten. Es muss der einzige Club in ganz Hongkong gewesen sein, wo sich anständige Jungen weniger willkommen fühlten als unanständige. Ich dachte jedoch, es gibt ja Dutzende von Möglichkeiten in Hongkong, wo man sich um die netten Jungen kümmert. So ließ ich sie gehen. Es dauerte einige Jahre, bis wir imstande waren, diese zwei Elemente zusammenzubringen und die Trennungsmauer zwischen ihnen niederzubrechen.

Einige meiner Freunde luden Ah Ping ein, seine Geschichte in der Gemeinde zu erzählen. „Sei vorsichtig", warnte ich ihn, als wir um Mitternacht aus dem Clubraum auf die schwarze Straße traten. „Satan hat es nicht gern, dass Leute von Jesus reden. Wahrscheinlich wird er dich vor diesem Sonnabend auf die Probe stellen. Geh heute Nacht direkt nach Hause und halte dich unterwegs nicht auf."

„Ja, ja, in Ordnung, Miss Puun", sagte er und nickte lächelnd. Doch sobald ich gegangen war, brauste er auf. „Quatsch! Der Teufel! Ha, so etwas Albernes! Ich kenne die Straßen wie meine Westentasche. Ich sollte Angst haben?" Und so trieb er sich herum, statt nach Hause zu gehen.

Plötzlich sprangen wie aus dem Boden geschossen sieben Männer auf ihn zu und griffen ihn an. Das waren Chiu-Chew-Gangster, für Chinesen ziemlich große und wilde Kämpfer. Es bestand überhaupt kein Grund für ihren Angriff, dennoch stürmten sie auf ihn los. Später erzählte mir Ah Ping: „Als sie auf mich zusprangen, hatte ich zwei Gedanken. Zuerst dachte ich: ‚Das hat mir Miss Puun eingebrockt.' Und dann fiel mir ein: ‚Du musst beten.'" So betete er, während er bewusstlos geschlagen wurde.

„Da hast du nicht gerade gut gebetet", spottete einer vom Club, als er die Geschichte hörte.

„Doch, ich habe gut gebetet", entgegnete Ah Ping scharf. „Ich werde dir gleich sagen, warum. Gerade als ich mit Beten begann, kam mein Vater die Straße herunter, und als die Chiu Chews ihn sahen, rannten sie davon. Sonst hätten sie mich getötet."

Er lag also da am Boden mit einer klaffenden Wunde im Rücken und einem Loch in der Kehle. Sein Vater rief Helfer aus den Reihen seiner

Bandenbrüder von 14K. Sie nahmen ihn und trugen ihn zu einem Arzt, der den Befund erstellte, diese Verletzung sei so ernst, dass er mindestens zwei Wochen lang weder gehen noch sprechen könne.

Ah Pings Bandenbrüder beschlossen ihrerseits Rache. Sie hielten in ihrer Bude Rat und diskutierten über ihr Vorgehen. „Okay, die Chiu Chews machten es sieben zu eins. Wir werden sie mit 50 Mann angreifen. Das ist vernünftig." Dann nahmen sie lange Messer und Äxte aus ihrem Waffenarsenal und sagten zu Ah Ping: „Pass auf. Wir wissen, wo einer dieser Chiu Chews wohnt. Wir werden ihn und seine Familie aus dem Haus holen und sie erstechen. In Ordnung?"

Ah Ping flüsterte mühsam durch seine verletzte Kehle: „Nein, ich bin jetzt Christ und will nicht zurückschlagen." Dann holte er sich ein paar gläubige Clubmitglieder, ließ sich von ihnen in den Clubraum schleppen und bat sie, mit ihm zu beten.

Sie beteten die ganze Nacht für die Bande, die ihn überfallen hatte. Ah Ping hatte mir einmal erzählt, dass Triaden äußerst reizbar sind, dass sie wegen jeder Kleinigkeit angreifen, drohen und sogar töten. Einmal hatte er einen Jungen gesehen, der dasselbe Hemd trug wie er. Deshalb schlug er ihn nieder. Welch eine enorme Entwicklung hatte er seit jener Zeit durchgemacht! Jetzt betete er für seine Feinde, und dann bat er die anderen Jungen, ihm die Hände aufzulegen und für seine Heilung zu beten.

Am nächsten Morgen war er vollständig geheilt und konnte wieder klar sprechen. Zwei Tage später gab er sogar in einem Gottesdienst Zeugnis. Er sprach über die Änderung in seinem Herzen, erzählte, wie er das Stehlen aufgegeben habe. Er erwähnte auch, dass er den Teufel nicht mehr leicht nehmen wolle. Denn jetzt wusste er, dass der Teufel überall herumschleicht.

„Selig sind die Friedenstifter", so heißt es in der Bergpredigt. Bandenkämpfe sind nicht leicht zu stoppen. Dies war ein Problem, mit dem viele der Neubekehrten fertig werden mussten.

Ich kann mich genau an einen Sonntagabend in der Oiwah-Kirche erinnern. Der Sonntag war für die breite Masse in der Vermauerten Stadt kein freier Tag, nur die wohlhabenderen Chinesen genossen das Vorrecht, in die Kirche gehen zu können. Wenn ich von meinem Orgelstuhl aufschaute, konnte ich einige Lehrer der Oiwah-Schule erkennen, sie saßen mit ein paar Straßenhändlern, Gemüseverkäufern und anderen Händlern zusammen. Alle sahen solide aus; es waren gesetzestreue, ehrbare Leute, gut und anständig gekleidet, wenn auch die meisten sehr arm waren. Die Tatsache, dass ich mich um die jungen Ausreißer sorgte, entsetzte sie förmlich. „Diese Europäerin", dachten sie, „hat ja keine Ahnung, wie durchtrieben diese Kerle sind." Sie wollten die Jungen nicht in ihrer Kirche haben; aber ich saß da und hoffte und betete, dass einige von ihnen kommen würden.

Auf einmal wurde die kleine Tür heftig aufgerissen, und sie kamen. Der Anblick ihrer T-Shirts und engen Jeans ließ die Gemeinde erzittern. Alle dachten, dies sei ein Überfall. Ich war diesmal selbst ein bisschen erschrocken, denn die Jungen sahen fürchterlich aus. Im normalen Zustand machten sie schon einen ziemlich zerzausten Eindruck; aber wie sie hier mit Dreck und Blut beschmiert hereinstürmten, sahen sie aus, als ob sie direkt aus einer Messerstecherei zur Kirche gekommen wären. Einige der Jungen hatten hässliche rote Schrammen im Gesicht. Einer kam zusammengekrümmt hereingetrottet; offensichtlich litt er an einem Schlag, den er in die Leistengegend bekommen hatte. Ihre Kleider waren zerrissen und ihre Augen starr. Aber sie setzten sich und verhielten sich während des ganzen Gottesdienstes ruhig. Sobald er zu Ende war, stand ich auf und eilte auf sie zu, um zu erfahren, was passiert war.

Offenbar waren sie in eine Falle geraten, die sorgfältig für sie aufgestellt war. Als die Jungen die öffentliche Bedürfnisanstalt betraten, um sich für die Kirche fein zu machen, sprang eine Gruppe Jugendlicher aus den Toiletten, wo sie sich versteckt hatten, und griffen die andern brutal mit Schlagstöcken an. Einige waren schlimm zugerichtet. Ich führte sie aus der Vermauerten Stadt hinaus, rief ein Taxi und fuhr mit ihnen ins Krankenhaus. Dass sie nach einem so schrecklichen Kampf gekommen waren und mich in der Kirche aufgesucht hatten, freute mich außerordentlich. In meiner Naivität fand ich das wunderbar. „Dem Herrn sei Dank! Sie sind zur Kirche gekommen, und sie sind zu mir gekommen. Sie sind nicht zu ihren Bandenführern gegangen, sie sind zu Christen gekommen!"

Doch bald musste ich feststellen, dass die übrige Gemeinde diesen Vorfall ganz anders sah. Sie waren empört darüber, dass die Jungen es gewagt hatten, so dreckig und so voller Gestank in ihre Kirche einzudringen. Sie glaubten nicht, dass solche Jungen Christen werden könnten; sie erwarteten, dass man eine innere Umkehr auch äußerlich erkennen müsse, an Hemden und Krawatten und geputzten Schuhen. Besonders waren sie darüber entsetzt, dass ich den Jungen erlaubt hatte, unmittelbar nach der Schlägerei in die Kirche zu kommen. Die Ältesten waren überzeugt davon, dass ich von einem Haufen gewissenloser Gauner missbraucht würde. Als ich darum bat, einige der Jungen, die sich bekehrt hatten, zu taufen, war die Antwort ein glattes Nein. Man erklärte mir sehr bestimmt, dass die Jungen erst eine Zeit der Bewährung haben müssten. Dieses Taufverbot bedeutete, dass die Jungen auch nicht an der Abendmahlsfeier teilnehmen durften.

Zuerst ermutigte ich die Jungen, doch wieder zur Kirche zu kommen, wenn sie auch ganz offensichtlich nicht willkommen waren. Aber dann kam eines Tages ein weiser, älterer Missionar in die Vermauerte Stadt. Er hieß George Williamson. Er beobachtete, was vorging, und durchschaute die ganze Situation sofort.

„Jackie", sagte er, „warum lässt du die Jungen hier in die Kirche kommen?"

Ich konnte nicht ausweichen, ich musste ihm eine Antwort geben. „Hm, eigentlich aus zwei Gründen", begann ich etwas zögernd. „Der eine ist sehr negativ. Ich will nämlich nicht immer kritisiert werden. Ich will nicht, dass jeder denkt, ich wolle immer alles alleine machen." George lächelte verständnisvoll; er wusste, wie sehr es die ältere Generation missbilligte, dass weibliche Missionare eigene Initiative ergriffen.

„Zweitens", – ich sprach jetzt etwas zuversichtlicher – „zweitens finde ich, dass diese Jungen ältere Geschwister brauchen, sie brauchen die Gemeinschaft mit der Gemeinde. Und die Gemeinde braucht auch sie. Es ist nicht gut für uns, eine reine Jugendgruppe zu sein."

Ich nahm an, George werde aufgrund seiner Erfahrung bestimmt einer Meinung mit mir sein. Aber das war nicht der Fall. „Nein, Jackie, deine Jungen sind noch nicht reif genug. Du musst die Sache so sehen: Sie sind kleine Setzlinge, die du nicht zu früh umpflanzen darfst, damit sie nicht eingehen. Im Augenblick können die Jungen die Nackenschläge noch nicht ertragen, die sie in der etablierten Kirche bekommen werden. Es ist zu früh, von ihnen zu erwarten, dass sie für das Verhalten dieser Kirchenleute Verständnis aufbringen. So viel Großzügigkeit kannst du nicht von ihnen erwarten." Ich war begeistert. Er ermunterte mich, auf eigene Faust weiterzumachen. Dann fuhr er fort: „Betrachte sie als Setzlinge. Nimm sie gesondert und kümmere dich um sie. Pflege sie, bis sie erwachsen sind. Dann werden sie stark genug sein, die Nackenschläge zu verkraften. Und dann kannst du sie verpflanzen, und sie können der Gemeinde zum Wachstum verhelfen. Die Kirche von Hongkong ist noch nicht vorbereitet und in der Lage, sie aufzunehmen."

Also: Statt darauf zu bestehen, dass sich die jungen Neubekehrten in die Gemeinde integrierten, erweiterte ich meine Bibelgruppe. Wir kamen mehrere Male in der Woche zusammen und hatten nun auch sonntagvormittags geöffnet. Der Clubraum wurde mehr und mehr benutzt und begann, unter den Triaden, auch außerhalb der Vermauerten Stadt, als ein Ort bekannt zu werden, an dem man fabelhaft das Wochenende verbringen konnte. Wir trafen uns zum Singen – es klang zwar ziemlich heiser und rau – und spielten Ping-Pong miteinander. Wenn ich auf einem Gebet bestand, gingen die meisten hinaus und johlten in ihrer vertrauten Weise durch die Gasse, bis ich damit fertig war. Dann schwärmten sie zurück.

Ohne Dora Lee hätte ich das nicht durchführen können. Sie war im St.-Stephen-Gymnasium Schulsprecherin gewesen und half mir, zusammen mit anderen Schülerinnen, besonders durch ihre Übersetzung ins Chinesische, das ich immer noch nicht beherrschte. Sie übersetzte z. B. aus der Bibel und war eine vorbildliche Christin. Jahrelang opferte sie die meisten ihrer Wochenenden, um den Jungen zu helfen, Jesus besser kennenzulernen.

Doras Hilfe war auch in anderer Hinsicht wertvoll. Sie lehrte mich, wie die Chinesen denken und reagieren. Je mehr ich das verstand, umso mehr wurde mir klar, dass sich englische Methoden in der Verkündigung und Nachfolge Jesu auf der anderen Seite der Welt praktisch nicht verwirklichen ließen. Gestandene Christen sprechen vom Gebet in der Weise, dass man früh aufstehen und eine sogenannte Stille Zeit haben solle. Aber dieser Rat war einfach undurchführbar für die Jungen, die ich kannte. Oft wohnten sie in einer Hütte mit zehn anderen Personen zusammen. Es war nie still. Keiner hatte ein eigenes Bett, geschweige denn ein Zimmer. Sie schliefen umschichtig in einem Bett; einige arbeiteten, während die andern schliefen. Der Gedanke, einen stillen Ort zu finden, um in der Bibel zu lesen und über Gott nachzudenken, war ein Witz. Aber das Beten in anderen Sprachen, das Zungenreden, das ließ sich praktizieren, weil man jede noch so laute Straße in Hongkong entlanggehen konnte, während man im Geiste betete, und kein Mensch würde etwas merken.

Außerdem konnten viele von ihnen nicht lesen. Vorschläge, die ich ihnen machte, mussten durchführbar sein. Durch eine traurige Erfahrung wurde ich hierin klug. Einer der Jungen betete einmal, er wolle Jesus nachfolgen. In irregeleitetem Eifer gab ich ihm ein Exemplar des Johannes-Evangeliums, Bibelstellen über Johannes, eine Broschüre mit dem Titel „Jetzt bist du ein Christ" und eine andere „Der Weg nach vorn".

Zwei Jahre lang ließ er sich nicht mehr bei mir sehen. Ich war ein bisschen beleidigt und sorgte mich um sein geistliches Wohl. Als ich ihn schließlich wiedersah, fragte ich ihn, warum er mir so lange aus dem Wege gegangen sei. Er sah mich ärgerlich an.

„Ich wollte Jesus kennenlernen, aber du gabst mir eine Bibliothek."

Es war an der Zeit, dass ich mir intensiv über die Methoden Gedanken machte, ihnen das Wort Gottes nahezubringen. Die ersten Christen hatten bestimmt keine Bibeln. Sie müssen also das Wort Gottes auf andere Weise gelernt haben. Was sollte ich diesen Jungen empfehlen? Für diejenigen, die lesen konnten, schlug ich vor, sie sollten sich für ein paar Minuten von ihrer Werkbank in der Fabrik entfernen, sich auf die Toilette zurückziehen, um ein paar Verse zu lesen. Andere meinten, sie könnten einige Zeilen auswendig lernen. Ich selbst bemühte mich, alle Jungen, die ich kannte, so oft wie möglich zu besuchen, um sie zu ermutigen, den Lehren Jesu zu folgen. Sie machten Fortschritte, aber ich hatte einfach nicht genug Zeit, jeden regelmäßig aufzusuchen. Meine Pflichten in der Schule nahmen meine Zeit in Anspruch, und mein unzulängliches Chinesisch machte es ziemlich schwierig, geistliche Wahrheiten weiterzugeben. Ich brauchte mehr Zeit, um Chinesisch zu lernen; der praktische Sprachumgang mit den Jungen genügte nicht. Ich musste die Grammatik der Sprache erlernen.

Als der Zeitdruck größer wurde, fing ich an, darüber zu beten. „Herr, ich habe zu viel zu tun. Ich brauche mehr Zeit für diese Jungen. Ich schaffe das nicht, wenn ich so viel Zeit für meine Berufstätigkeit als Lehrerin verwenden muss. Du hast verheißen, uns mit dem täglichen Brot zu versehen. Bitte, zeige mir, ob du mir mein tägliches Brot gibst, auch ohne dass ich es mir verdienen muss."

Drei Tage später klingelte das Telefon. Am Apparat war Clare Harding, jene Frau, die mich den Willans vorgestellt hatte. Sie kam sofort zur Sache. „Jackie, ich will dir sagen, dass wir dich finanziell unterstützen wollen, falls du bei St. Stephen aufhörst."

Ich war platt. Kein Mensch wusste, dass ich mich mit dem Gedanken trug zu kündigen. „O bitte, bleib noch am Apparat ..."; ich rang nach Luft.

„Wer hat euch denn erzählt, dass ich bei St. Stephen aufhören will? Wie die Dinge stehen, kann davon doch gar nicht die Rede sein."

Clare zögerte nicht. „Natürlich weiß ich, dass du nicht gleich kündigen wirst. Aber Neil und ich haben darüber gebetet. Deshalb wollte ich es dich wissen lassen: Falls du deinen Beruf aufgeben möchtest, wollen wir dir gern 200 Hongkong-Dollar monatlich bieten."

„Schön, aber falls ich wirklich aufhöre, so wird das frühestens im Juli sein können. Ich kann doch nicht mitten im Schuljahr gehen."

Clare antwortete: „Das Geld ist sowieso nicht vor Juli verfügbar. Aber mir war so, dass ich dich jetzt anrufen sollte, um es dir zu sagen."

Dieser Anruf war mir eine große Ermutigung. Wenn Gott jemanden veranlassen konnte, mir einen monatlichen Scheck von umgerechnet etwa 50 Euro anzubieten – jemanden, der überhaupt keine Ahnung davon hatte, dass ich mir überlegte, ob ich meinen Job aufgeben solle –, dann konnte er mir auch meinen ganzen Lebensunterhalt geben. Erst zehn Jahre später wurde mir so richtig klar, was mir dieser Anruf bedeutet hatte. Er war der eigentliche Anlass dafür, dass ich mich entschied, „aus dem Glauben zu leben". Ich hätte mich damals sehr schwer getan, jemandem meine finanziellen Verhältnisse anzuvertrauen. Für mich stand lediglich fest: Wenn Gott will, dass ich diese Aufgabe erfülle, dann wird er mich auch versorgen. Ich habe mir nie die geringsten Sorgen darüber gemacht, wie er das wohl tun würde.

Kapitel 7

Big Brother Is Watching You

Das Telefon klingelte und klingelte in meine Träume hinein: Ich kämpfte mich aus dem Schlaf, kletterte mühsam aus dem Bett und nahm den Hörer ab. Es schien mitten in der Nacht zu sein; in Wirklichkeit war es schon fünf Uhr morgens. Ah Ping sprach schnell und mit angespannter Stimme.

„Puun Siu Je, du musst schnell herkommen. Jemand ist in den Clubraum eingebrochen. Hier sieht es fürchterlich aus." Er legte auf.

Trotz der stickigen Hitze fröstelte mich, als ich eilig in meine Kleider schlüpfte. Ich war auf die Kowloonseite von Hongkong gezogen und teilte meinen Wohnblock mit achttausend anderen „Sardinen". Als ich auf die Straße kam, war alles noch verschlafen und verlassen. Noch fuhren keine Busse: Ich rannte und rannte.

Mein Freund in dem Bäckerladen holte ein Tablett heißer Ananasbrötchen aus dem Ofen und stellte sie vorsichtig auf dem Pflaster ab. Endlich fand ich ein Taxi, das mich zur Vermauerten Stadt brachte. Dort rannte ich wieder durch die verschlungenen Gassen, durch den Gestank und den Dreck zum Clubraum. Ich war auf ein wüstes Durcheinander gefasst. Aber was ich vorfand, übertraf alle Vorstellungen. Bänke, Bücher, Pingpongschläger und Skateboards waren durcheinander geworfen und zerbrochen. Schlimmer noch, der Dreck von der Straße war in unseren sauberen Club eingedrungen. Jemand hatte absichtlich Gullyschlamm über den Fußboden und die Wände geschmiert. Ah Ping brauchte mir gar nichts zu erklären; das Bild, das sich mir bot, sprach Bände.

Am liebsten hätte ich mich hingesetzt und geheult. Mein Stolz war zerbrochen. Ich hatte gedacht, diese Jungen seien meine Leute, die mir als Freund vertrauten; ich dachte, eigentlich sei trotz gelegentlicher Schwierigkeiten zwischen uns alles in Ordnung. Und jetzt hatten sie Fäkalien über alle Wände geschmiert! Das also war ihr wahres Gesicht; jetzt hatten sie mir gezeigt, was sie wirklich von mir und dem Club und unserer vierjährigen Zusammenarbeit dachten!

„Also gut, Gott", betete ich. „Genug ist genug. Ich würde ja gern immer hier arbeiten, aber nur, solange sie das zu schätzen wissen. Wenn sie mich oder dich nicht wollen, dann bin ich nicht gezwungen hierzubleiben. Ich kann auch in Kensington Christin sein und normale Arbeit tun wie normale Leute: Treffen veranstalten mit Abendbrot und Diskussionsgruppen, Bibelkreise und Konzerte. Schließlich habe ich wirklich kein Verlangen, für den Rest meines Lebens hier zu sitzen und Pingpong zu spielen. Es ist für mich gewiss keine reine Freude, Gott, so einen kleinen Raum zu haben wie diesen; ich tu das doch nur für die Jungen. Ich bin bereit, mein Leben für sie hinzugeben; aber wenn sie nicht wollen, dann will ich es ihnen nicht aufzwingen. Ich werde den Laden schließen." Ich war richtig wütend: „Sie werden den Club bald vermissen, wenn ich schließe. Sie werden bald sehen, dass sie sich mit ihrer Handlungsweise selbst geschadet haben."

Aber gleichzeitig hörte ich auch, was Jesus gesagt hatte: Wenn dich einer auf die eine Wange schlägt, so halte ihm die andere auch hin; wenn sie dich verfolgen, dann segne sie. Auch stand ausdrücklich in der Schrift, dass wir Gott in jeder Lage loben sollen. Mir war gar nicht danach – ich wollte jammern und mich in Selbstmitleid ergehen. Ich wollte, dass meine Feinde auch leiden sollten. Mir war gar nicht nach Lobpreis, und ich wollte nicht die andere Wange hinhalten.

So verbrachte ich den ganzen Tag mit Aufräumarbeiten und murmelte schluchzend vor mich hin: „Ich preise dich, Herr, ich danke dir!" Ich beugte mich über die Bambusbürste und scheuerte den Fußboden wie wild – im Laufe des Tages immer weniger heftig, dafür immer trauriger. „Ich preise dich, Herr, ich danke dir." Ich bekam richtige Heulkrämpfe. Meine Welt lag in Trümmern.

Am nächsten Abend öffnete ich den Club wie gewöhnlich. Aber zum ersten Mal hatte ich Angst, nicht etwa, weil ich überfallen werden könnte; davor hatte mich Gott immer bewahrt. Nein, ich hatte solche Angst, von den Jungen, die ich doch lieb hatte und denen ich diente, abgelehnt zu werden. Ich wusste nicht, wer diese Zerstörung angerichtet hatte. Auch die Gründe kannte ich nicht. So blieb ich im Clubraum sitzen und zitterte an allen Gliedern. Ich war einsam und verwundbar.

An der Clubtür lehnte ein Bursche, den ich noch nie gesehen hatte. Er nickte mir zu und fragte kühl: „Schwierigkeiten?"

„Nein, nein. Alles okay. Vielen Dank", erwiderte ich hastig. „Warum fragst du?"

Er saugte seine Wangen ein und zeigte mit seinem Daumen lässig auf die Brust. „Sollte's was geben, dann lass es mich wissen."

„Freut mich, das zu hören. Wer bist du eigentlich? Wer hat dich geschickt?"

„Goko hat mich geschickt", erwiderte er kurz.

Ich war platt. Ich wusste ganz genau, wer Goko war: der oberste Boss aller Triaden in der Vermauerten Stadt. Er leitete einen ganzen Zweig der 14K; man erzählte, er habe mehrere tausend „Kleine Brüder" in der Vermauerten Stadt und Umgebung. Er beherrschte alle Opium- und Lasterhöhlen ringsum. Die Tatsache, dass dieser Bursche den Namen Goko mir gegenüber gebraucht hatte, war zweifellos ein Kompliment. Goko ist sowohl ein Kosename wie auch eine Respektsbezeichnung. Es bedeutet: „mein großer Bruder". Er war der Große Bruder der Großen Brüder. Einer der Kleinen Brüder in meinem Club hatte mir mit Ehrfurcht diesen Namen verraten. Noch zehn Jahre später konnte ich die Gangster damit einschüchtern, dass ich diesen Namen kannte; denn der wurde nur unter ihresgleichen genannt. Aber wenn ich auch seinen Namen wusste, so hatte ich ihn doch noch nie gesehen. Mehrere Jahre lang hatte ich ihm Botschaften gesandt, aber er wollte mich nicht treffen. Ich konnte verstehen, warum Goko mich nicht sehen wollte; aber ich konnte nicht verstehen, warum er sich die Mühe gemacht hatte, einen Beschützer für meinen Club abzustellen.

„Goko sagt, wenn irgendeiner dich und diesen Ort hier anrührt, machen wir ihn fertig", fuhr mein Beschützer fort. Wie sie ihn „fertigmachen" wollten, das demonstrierte er anschaulich, indem er einen imaginären Dolch nahm und ihn in den Leib eines Opfers stieß.

„Ich danke euch vielmals. Wie freundlich von euch! Ich bin sehr dankbar. Würdest du bitte Goko sagen, dass ich sein Angebot sehr schätze; und ich will ihn nicht beleidigen. Aber ich nehme es nicht an. Jesus ist unser Beschützer", erwiderte ich.

„*Yau mao gautscho*" – dieser kantonesische Ausdruck bedeutet so viel wie „Ihr habt wohl nicht alle Tassen im Schrank". Der Bursche war von meinem Standpunkt überhaupt nicht beeindruckt; sein geringschätziger Kommentar zeigte, dass er dachte, er habe es eben mit einer verrückten Westlerin zu tun. Wer Jesus für einen ausreichenden Schutz hier in der Vermauerten Stadt hielt, musste seiner Meinung nach geistesgestört sein.

Am nächsten Abend kam mein Beschützer wieder und am übernächsten Abend auch. Jeden Abend trat er zur gleichen Zeit seine Arbeit an – wie ein Nachtwächter. Ich fand heraus, dass er Winson hieß und dass er den Auftrag hatte, den Club zu bewachen. So fing ich an, ihm von Jesus zu erzählen. Er wollte überhaupt nichts davon wissen, aber da er Wachdienst hatte, musste er wohl oder übel bleiben. Nach einigen Nächten wurde er zugänglicher und begann von „seinem Freund" zu erzählen, der ein Opiumproblem habe. Ich merkte gleich, dass dieser „Freund" Winson selbst war. Ich erzählte ihm, Opium sei doch kein Problem. Wer ein Opium- oder Heroinproblem oder sonst irgendeine Sucht hat, muss sich nur eine Woche lang in einen Raum einsperren lassen. Gewiss wird er während des Entzugs große Schmerzen leiden, vielleicht verliert er sogar den Verstand, aber er wird seine körperliche Abhängigkeit los. Nur hält die Heilung nicht lange an. Sobald die Tür wieder aufgeschlossen wird, geht er sofort wieder zurück zur Droge, an die er gebunden war, weil sein Herz und Sinn weiterhin dringend danach verlangen, und zwar mit einer Gewalt, die er selbst nicht steuern kann. Nur Jesus, der Herr des Lebens, kann das Herz eines Menschen ändern und die Sucht wegnehmen.

Das habe ich ihm viele Male gesagt. Jedes Mal stand er vor der Clubtür, als sei er der Eigentümer persönlich. Er hätte sich nie herabgelassen, hereinzukommen und mitzumachen. Doch beobachtete er alles und hörte zu, wenn die Jungen hingebungsvoll den jeweils beliebtesten Chorus schmetterten. Eines Abends spät, als der Club fast leer war, sagte ich: „Willst du denn nicht auch mal reinkommen und Gott preisen?"

„Okay", sagte er, ohne zu zögern.

Ich war verblüfft; das hatte ich nicht erwartet, denn inzwischen wusste ich, wer Winson eigentlich war. Seine Rangstufe in der 14K-Triade war Nummer 426, das heißt, er bekleidete einen besonderen Rang als Kampfordner. Seine Aufgabe war, die Bandenkriege zu planen, die Waffenart zu bestimmen wie auch die Örtlichkeiten und die Strategie. Er war in der Tat ein sehr harter Triade. Und jetzt stand er hier in meinem Clubraum und pries Gott mit lauter Stimme. Er sang solo „Gib mir Liebe ins Herz, lass mich leuchten", so laut er konnte, und weil er das Lied nicht kannte, ergaben sich erstaunliche, melodielose Töne. Danach fing er an, auf Chinesisch zu beten. Zum Glück hatte er noch nie jemanden beten hören, so kam alles ganz spontan heraus. Ich habe niemals wieder ein so freudiges Gebet gehört. Ich wunderte mich, wo er das wohl her hatte – aber im Grunde genommen wusste ich es ja.

Dieses Vorkommnis war ganz außergewöhnlich, denn anschließend fing er an, Gott in einer neuen Sprache zu preisen – umso überraschender, als er von dieser Gabe durch mich nie zuvor gehört hatte, auch hatte ich nie beobachtet, dass er jemals jemanden in Zungen hätte sprechen hören. Etwa nach einer halben Stunde hörte er auf. Das Wunder war geschehen: Er und ich wussten, dass er von seiner Drogenabhängigkeit vollständig geheilt war. Während des Betens hatte er den ganzen Entzug überstanden.

Als seine Stimme leiser wurde, sagte ich: „Preis dem Herrn! Das ist wunderbar! Weißt du, was du jetzt als Nächstes machen musst? Du musst deine Gruppe dahin bringen, dass sie dasselbe für sich entdecken. Du kannst deinem Großen Bruder Goko jetzt nicht mehr folgen. Kein Mensch kann zwei Große Brüder haben. Du musst dich für Jesus oder für Goko entscheiden. Du kannst nicht beiden dienen." So ging Winson zu seinem Boss Goko, um ihm und den anderen Bandenführern zu sagen, dass er jetzt an Jesus glaube.

Ah Sor (der mit achtzehn schon über reichlich Gefängniserfahrung verfügte) erzählte mir später einmal, was in der Nacht der Attacke auf den Clubraum eigentlich geschehen war. Einer der Jungen steckte in irgendwelchen Schwierigkeiten, an denen seiner Meinung nach ausschließlich ich schuld sei. (Diese jugendlichen Aussteiger hatten solch ein Problem mit Autorität, dass sie alles, was je in ihrem Leben falsch lief, dem nächstbesten Vertreter des Establishments anlasteten.) Er kam her und fing an zu schreien und mit verschiedenen Gegenständen die Fenster des Clubraums einzuwerfen. Das stiftete seine Freunde zum Mitmachen an, und bald waren sie alle am Randalieren. Die meisten wussten überhaupt nicht, weswegen sie wüteten; es war lediglich rohe Gewalt.

Goko bekam nach wenigen Stunden Bericht über diese Zerstörung auf seinem Gebiet und ärgerte sich dermaßen, dass er die Täter zu sich zitierte. Er befahl ihnen, alles, was sie gestohlen hatten, zurückzubringen und am nächsten Abend wieder hinzugehen und sich anständig zu benehmen.

„Das geht doch nicht", wandte einer von ihnen ein. „Wir haben doch alles kaputt gemacht; sie wird uns nie wieder reinlassen."

„Doch, das wird sie", erwiderte Goko, „weil Miss Puun eine Christin ist; und sie wird euch vergeben, egal, wie oft ihr euch danebenbenehmt. Sie wird euch die Tür öffnen, sie wird euch wieder hineinlassen."

Also waren sie zurückgekommen, und Goko hatte Winson geschickt, um zu prüfen, ob seine Befehle ausgeführt worden waren. Ich fühlte mich sehr klein, als ich hörte, was er gesagt hatte. Offensichtlich wusste Goko, wie sich Christen verhalten sollten, und meine Absicht war es doch gewesen, genau das Gegenteil zu tun.

Seit ich nun wusste, dass „Big Brother" aufpasste, war ich sehr ermutigt, den Club so weiterzuführen wie bisher. Irgendetwas von Jesus war durchgedrungen – ohne Hilfe von Sozialprogrammen und kirchlichen Veranstaltungen. Alle bloßen Mitläufer waren abgesprungen, als sie entdeckten, dass ich tatsächlich nicht mehr Geld hatte außer dem, was ich selbst verdiente. Es brachte keinen sozialen Vorteil, Mitglied des Clubs zu sein. Im Gegenteil: Die meisten anderen Gemeinden missbilligten dieses unorganisierte Jugendzentrum ganz entschieden. Sozialarbeiter und Jugendberater, die mich besuchten, fragten nach dem Programm. Es war gar nicht einfach, die Programmpunkte in der üblichen Form zu nennen.

„Der Club wird abends geöffnet; manchmal kommt einer, manchmal kommen fünfzig. Ich freunde mich mit ihnen an und unterhalte mich mit ihnen. Manchmal singen oder beten wir, manchmal unternehmen wir etwas. Manchmal sitze ich die ganze Nacht bei einem, der keinen Schlafplatz hat, oder ich gebe einem Hungrigen eine Schale Reis."

Der Schlusssatz schlug schließlich ein. „Ich mache unstrukturierte Jugendarbeit", erklärte ich den Sozialarbeitern. Sie nickten ernst und waren überzeugt, dies sei das modernste soziologische Verfahren, das in fortschrittlichen Ländern bereits erprobt worden sei.

Ich hatte es mit regulären Projekten versucht, aber sie waren selten gelungen. Ich konnte keine Helfer finden, die mit den Jungen richtig umzugehen verstanden. Einmal hatten wir einen Sportlehrer, der Trainingsgeräte mietete und wöchentlich ein Fußballtraining anbot. Alle Jungen waren verrückt nach Fußball, und vierzig schrieben sich für das Training ein. Zwanzig davon kamen tatsächlich zum ersten Training, in der nächsten Woche waren es zehn, und in der Woche darauf kam überhaupt keiner mehr.

Der Lehrer war sehr enttäuscht und wollte aufgeben und beim CVJM anfangen, wo die Jungen tatsächlich interessiert waren. Ich versuchte ihm klarzumachen, was hier vor sich ging. Diese Jungen in der Vermauerten Stadt hatten einen so unregelmäßigen Tageslauf, dass sie manchmal nicht wussten, welcher Wochentag gerade war. Sie schliefen tagsüber und standen abends auf, denn die meisten der Bandenaktivitäten, an denen sie beteiligt waren, fanden nachts statt. Manchmal waren sie 72 Stunden im Einsatz oder schliefen zwei Tage am Stück. Sie wohnten in Bandenlagern, Opiumhöhlen oder wo immer sie ein Stück Fußboden oder ein Treppenhaus fanden. Die Idee von Fußballtraining war für sie äußerst attraktiv, aber die Durchführung war etwas anderes. Sie wollten gern mitmachen, aber sie hatten eben keine Disziplin. In der dritten Woche des Kurses hatte einer der Brüder geheiratet, so waren sie eben alle zur Hochzeitsfeier gegangen. Es war ihnen einfach nicht eingefallen, mich oder den Trainer zu informieren.

Wäre der Trainer in der nächsten Woche wiedergekommen, so hätte er bestimmt ein paar Burschen angetroffen, die Woche darauf vielleicht vier und dann vielleicht ein Dutzend. Wenn sie einmal den Eindruck gewonnen hätten, der Trainer habe ein echtes Interesse an ihnen, sodass er selbst bei strömendem Regen kommen und sich um einen Jungen kümmern würde, dann hätten sie ihm ihre Loyalität und ihre Freundschaft geschenkt. Auf diese Weise hätte er vielleicht ein Team auf Lebenszeit aufbauen können.

Viele Leute kamen zu mir und wollten im Club helfen. Es schien so romantisch und aufregend, in der Vermauerten Stadt zu arbeiten; aber wenige hielten länger als ein paar Wochen aus. Wenn sie Unterricht gaben oder Spiele machten und die Jungen gingen nicht richtig mit, verloren sie den Mut und kamen nicht wieder. Ich musste christliche Mitarbeiter finden, die diese Jungen trotzdem liebten, Mitarbeiter, die mehr als nur aktiv waren.

Ich schlief jetzt auch tagsüber – wie die Jungen in der Vermauerten Stadt – und stand abends auf, wenigstens theoretisch. Tatsächlich war ich auch am Tage wach. Ich hatte ja Sprachunterricht, Gerichtstermine, Besuche in Gefängnissen und andere Verpflichtungen, um die Probleme der Jungen zu lösen. Es war schwer, aus dem Bett zu kommen, wenn ich aufwachte. Ich musste mir selbst versprechen, dass ich bald zurückkehren würde, um dann eben später am Tag schlafen zu gehen. „Das mache ich, das mache ich auf jeden Fall", murmelte ich vor mich hin und kämpfte mich mit Mühe ins Bewusstsein; aber dazu kam es nie. Stattdessen lernte ich, wie die Katzen zu schlafen, indem ich in Bussen und Zügen ein Nickerchen machte.

Eines Abends gingen wir in die Berge zu einer Grill-Party. Wir feierten das Herbstmondfest, und die Jungen hatten überall am Hang Papierlaternen aufgehängt. Da sah ich im klaren Mondlicht einen großen, grobschlächtigen jungen Schlägertyp unter uns sitzen, der sich mit unseren Schweinekoteletts, Rindersteaks und Hühnerflügeln vollstopfte. Da ich das alles selbst gekauft und so berechnet hatte, dass es für unsere Gesellschaft gerade reichte, war ich sehr ärgerlich auf ihn. Doch da merkte ich auf einmal, dass die Jungen ihm ihre Rationen gaben und jedes seiner Worte zu bewundern schienen. Ah Ping flüsterte, das sei sein *Daih Lo*, der Boss seiner Bande, zu welcher auch die meisten anderen Anwesenden gehörten. Tatsächlich war er der leibliche Bruder von Goko, also Nummer Zwei in der Vermauerten Stadt. Weil immer mehr seiner „Brüder" zu unserem Club gekommen waren, hatte sich Sai Di – neugierig und vielleicht auch ein bisschen eifersüchtig – entschlossen, persönlich an dieser Festlichkeit teilzunehmen. Weil er Macht über die Jungen hatte, glaubte er, auch über den Club herrschen zu können, und sah dieses Fest als eine passende Gelegenheit an, dass man ihn bitten könnte, den Club zu übernehmen.

„Kann ich dich einmal sprechen?", fragte ich ihn und wies auf ein Plätzchen im Gras, ein Stück unter dem Berggipfel. Er amüsierte sich über dieses Ansinnen eines Mädchens und machte eine große Schau daraus. Umständlich erhob er sich und trottete unter Pfiffen und Getuschel auf mich zu. Als wir außer Hörweite waren, ließ er die Renommiermaske fallen und hörte mir ganz ernst zu, als ich ihm erklärte, dass der Club nur einen Zweck habe, nämlich den Jungen die Liebe Jesu nahezubringen.

Seine Antwort war eine Anklage und eine Bestätigung zugleich. „Ich weiß", sagte er. „Wir haben dich beobachtet. Viele Missionare kommen nach Hongkong, um uns Armen zu helfen. Sie ordnen uns ein mit ihrer

Soziologie und forschen herum. Dann fotografieren sie uns, um die Westler mit unseren Lebensbedingungen zu schockieren. Manche werden dadurch berühmt, dass sie hier gewesen sind. Aber aus der Vermauerten Stadt verschwinden sie meistens nach spätestens sechs Monaten." Er sprach verbittert. „Wir wissen schon, wie wir sie entmutigen können, bis sie nicht mehr bleiben wollen. Wenn du ein Mann wärst, hätten wir dich schon lange zusammengeschlagen." Er fügte noch hinzu: „Es ist uns völlig egal, ob ihr große Gebäude habt oder kleine. Ihr könnt uns Reis schenken, Schulen, Judokurse oder Nähstuben anbieten. Es spielt keine Rolle, ob täglich ein Programm geboten wird oder einmal in der Woche Singstunde ist. Das rührt uns gar nicht, weil die Leute, die solche Programme durchführen, uns vollkommen fremd sind. Was wir haben wollen, ist nicht ihr Programm, sondern ihr Herz. Aber du bist jetzt schon vier Jahre hier. So haben wir beschlossen, dass wir dir glauben wollen. Es scheint dir wirklich ernst zu sein mit dem, was du sagst."

Ich fing zwar nicht gerade an vor ihm zu singen, aber mein Herz jubelte – dort auf einem kleinen Hügel in den chinesischen Bergen.

Nachdem sich die „Reis-Christen" vom Club abgewandt hatten, sah ich, dass die Verbliebenen wirklich Freunde sein wollten. Und sie waren schließlich auch an geistlichen Dingen interessiert. Sie begriffen jetzt, dass ich nicht „von Übersee gesandt" worden war. Aber es blieb ihnen ein Rätsel, warum ich nun eigentlich da war. So zogen sie jetzt ganz ernsthaft in Betracht, dass wohl dieser Jesus dahintersteckte. Eines Tages saßen wir auf den Bänken im Clubraum, als Ah Keung, bekannt als der große Spaßmacher in der Vermauerten Stadt und engster Freund von Ah Ping, begann:

„Puun Siu Je, gestern haben wir die ganze Nacht zusammengesessen und über dich gesprochen und sind zu folgendem Ergebnis gekommen: Entweder hat dich die britische Regierung als Spionin hierhergesandt, oder es ist wahr, was du von Jesus sagst. Eine dritte Erklärung gibt es nicht. Kein Mensch ist bereit, hier sein Leben mit uns zu verbringen, es sei denn, er wird gezwungen oder Jesus lebt wirklich."

So kam auch Ah Keung zum Glauben an Jesus. Er wurde mit ganzem Herzen und voller Begeisterung Christ. Daraufhin besuchte ich ihn manchmal und entdeckte seine entsetzliche Herkunft. Ah Keung war einer von sechs Söhnen, die mit ihrem Vater im westlichen Bezirk der Hongkong-Insel wohnten. Ihre Mutter hatte die Familie nach der Geburt des sechsten Jungen im Stich gelassen, um mit einem Polizisten zusammenzuleben. Der Vater war ein Mitglied der mächtigen Wo Shing Wo-Triadgruppe, die dort die weitere Umgebung beherrschte. Nachdem jedoch sein Freund in einem Bandenkrieg ermordet worden war, beschloss er, in eine andere Gegend zu ziehen, und nahm ein Zimmer in der Vermauerten Stadt. Er arbeitete in einer Spielhölle. Was er dort tat, nannten sie *Pin-mun*, das sind illegale Tätigkeiten. Er kassierte z. B. Wettgelder ein und nahm den Spielern als Pfand ihre Armbanduhren ab. Das war ein Nachtjob, und tagsüber schlief er. Seine Söhne bekam er während des ganzen Tages nicht zu Gesicht; sie wurden überhaupt nicht erzogen. Wenn sie aufwachten, aßen sie ihres Vaters Essen, falls welches da war; und wenn nicht, dann gingen sie, um es von Nachbarn und Straßenbuden zu erbetteln.

Als sie älter wurden, wurden sie alle raffinierte Schwindler. Keiner ging zur Schule, und natürlich schlossen sich alle den Triadbanden an. Die ältesten drei kamen im Alter von 13, 14 bzw. 15 Jahren wegen Drogenhandel ins Gefängnis. Mit Drogen hatten sie nicht nur Geld gemacht, sie waren auch alle süchtig geworden. Später wurden der fünfte und der sechste Bruder auch wegen Verbrechen in Verbindung mit Drogen verhaftet; der sechste erhielt mit 14 Jahren eine Strafe von sechs Monaten Arbeitslager. Ah Keung war der einzige der sechs Brüder, der nie im Gefängnis war, weil er rechtzeitig Christ wurde.

Eines Abends stürzte er atemlos in den Clubraum und stieß keuchend hervor, ich solle ganz schnell zu ihm nach Hause kommen. Ich rannte ihm nach, die Straße hinunter, immer um die Prostituierten herum und an der Spielhölle vorbei, wo Ah Keungs Vater arbeitete. Hier musste ich sehr vorsichtig gehen, denn der Eingang zu der Gasse, wo Ah Keungs Vater wohnte, war glitschig. Hier erledigten die Spieler in Ermangelung von Toiletten ihre Bedürfnisse. Die Gasse war nur knapp einen halben Meter breit und führte zu einer verfallenen Steintreppe, die von grünem Schleim triefte. Es war ekelhaft.

An diesem Abend stand die Tür offen. Der eine Wohnraum war nicht groß genug, dass alle sechs Kinder und der Vater hier hätten schlafen können. Aber weil zwei oder drei gewöhnlich gleichzeitig im Gefängnis waren, löste sich das Problem von selbst.

Als ich hineinkam, spritzte sich der älteste Bruder gerade eine Injektion Heroin. Am Boden lag ein Mann – an allen Gliedern Wunden und Blutergüsse, in blutgetränktem Hemd und Shorts. Ich war nie tapfer, wenn ich Blut sehen musste, weil mir immer übel davon wird. Jetzt stand ich hier und hatte den Mann sauberzumachen und für ihn zu sorgen. Meine erste Reaktion war, ihn ins Krankenhaus zu fahren.

„Das geht nicht", sagten sie einhellig. „Er ist Bandenmitglied; er hat das Territorium einer anderen Bande betreten, und sie schlugen ihn nieder. Wenn wir ihn ins Krankenhaus schaffen, wird er von der Polizei verhört. Dann kriegen sie raus, dass er drogensüchtig ist."

So blieb mir nichts anderes übrig, als hier praktisch zu helfen. Ich nahm also ihren Wassereimer und ein paar schmutzige Lappen, ging hinaus, borgte mir von einem Händler ein Antiseptikum und begann, den Mann zu waschen. Eigenartigerweise wurde mir nicht schlecht; ich war ganz ruhig und fühlte mich wohl. Jesus hatte gesagt, dass er gekommen sei, um Wunden zu verbinden; und genau das hatten sie von mir erbeten. Während ich dem Mann das Blut abwischte, erzählte ich ihm das und fügte hinzu, dass Jesus ihn liebe und dass er ihn auch kennenlernen könne. Er sagte nichts dazu, aber ich wusste, dass er mich verstanden hatte. Zwei Jahre später tauchte er eines Tages bei mir auf.

Nach diesem Vorfall lernte ich Ah Keungs Familie näher kennen. Ich besuchte die Brüder im Gefängnis, half ihnen, nach ihrer Entlassung Arbeit zu suchen, und fand für einige von ihnen eine andere Unterkunft. Eines Nachts ging ich gegen zwei Uhr aus der Vermauerten Stadt hinaus, als ich hörte, wie der zweite Bruder, Sai So, einem anderen Süchtigen meine Telefonnummer gab.

„833179", sagte er, als sie ihre Nudelsuppe an dem Behelfstisch auf der Straße schlürften. „Merk dir diese Nummer für den Fall, dass du ins Gefängnis kommst. Egal, um welche Zeit du anrufst, bei Tag oder nachts, Miss Puun wird kommen. Es spielt keine Rolle, ob du das Verbrechen begangen hast, für das du verhaftet wurdest, oder nicht; sie wird kommen. Sie verlangt nur eins: Du musst die Wahrheit sagen. Sie ist nämlich Christin."

Auf dem Weg nach Hause fiel mir das Bibelwort ein: „Eure Arbeit im Herrn ist nicht vergeblich." Hier hatte ich das Vorrecht, die Früchte dieser Arbeit zu sehen. Einige der gemeinsten Verbrecher in Hongkong wussten jetzt, dass Jesu Name Wahrheit ist.

So wie Ah Keungs Brüder wurden die meisten Jungen, die ich kannte, oft eingesperrt und kamen vor den Richter. Als ich sie näher kannte, glaubte ich ihnen manchmal, wenn sie beteuerten, sie seien unschuldig; denn ich hatte selbst die Alibis überprüft. Natürlich waren sie fast alle Verbrecher, aber sie waren nicht immer gerade der Verbrechen schuldig, deren sie angeklagt wurden. Ich konnte nicht verstehen, dass sie entweder solche Verbrechen bekannten, die sie nicht begangen hatten, oder Verbrechen abstritten, an denen sie beteiligt gewesen waren. Überhaupt stellte ich fest, dass sie das ganze Theater um ihre Verhaftung als ein fatalistisches Spiel betrachteten. Sie dachten, legale Prozesse hätten wenig mit der Wahrheit zu tun. Diese wurden ja auch auf eine Weise geführt, der sie nicht folgen konnten.

Mehrere Male, wenn ich mit Ah Ping aus der Vermauerten Stadt hinausging, äußerte er: „Mensch, jetzt bin ich die ganze Straße lang gegangen und wurde nicht geschnappt." Er hatte nichts getan – er hatte nur einige Detektive gesehen, die ihn kannten. Sowohl die Polizisten als auch Ah Ping wussten, dass sie mit ihm leichtes Spiel hatten. Wenn sie wollten, konnten sie ihn anhalten, ihn durchsuchen und verhören. Oder sie konnten ihn mitnehmen und ihm ein Verbrechen anhängen. Das passierte manchmal. Die Jungen unterschrieben dann „Bekenntnisse", weil sie wussten, dass sie sich keinen Rechtsanwalt leisten konnten, und ein Bekenntnis der Schuld würde eine leichtere Strafe nach sich ziehen als das Abstreiten.

Ich begann, auf die Jungen einzuwirken, sie sollten vor dem Richter die Wahrheit sagen. Das führte dazu, dass ich viele, viele Stunden im Gericht und auf Behörden verbrachte, und ich teilte die Schande der Verbrecher, wenn ich die Leute mit Fingern auf mich zeigen sah und hörte, wie sie sagten: „Da sitzt wieder diese primitive Christin mit ihren Gaunern." Ich wusste, dass die Jungen Schlechtes getan hatten. Vielleicht waren einige auch noch in Verbrechen verwickelt. Aber ich war immer bereit, mit ihnen zu gehen und neben ihnen zu sitzen. Solange sie die Wahrheit sagten, war es mir egal, ob sie schuldig waren. Aber die Schande war schrecklich. Ich konnte jetzt verstehen, was für ein ungeheures Opfer Jesus Christus gebracht hat, als er sich nicht nur öffentlich mit uns Sündern verband, sondern auch noch unsere Sünden auf sich nahm.

Eines Abends rief mich Mau Jai an. Das ist ein Spitzname und bedeutet „Kleine Katze". Es war 19.45 Uhr. Wir hatten das Zimmer voller Mädchen aus der St.-Stephen-Schule und Jungen aus der Vermauerten Stadt, die in meiner Wohnung gerade gebetet hatten.

„Johnny ist eben verhaftet worden. Geh bitte schnell zur Polizeistation", bat er.

„Woher weißt du das, Mau Jai?", fragte ich. „Und wo bist du?"

„Ich kann hier nicht sprechen. Ich sag dir's später", erwiderte er kurz.

Auf dem Weg zur Polizeistation dachte ich über Johnny nach. Er sah so widerlich aus wie kaum ein Süchtiger, den ich kannte. Er war klein und hoffnungslos abgemagert, mehr ein Skelett als ein Mensch. „Wenn der gerettet werden kann, dann kann es jeder", hatte ich gesagt, als ich ihn zum ersten Mal sah. Er war Tischler, verdiente ganz gut, verprasste aber seinen ganzen Lohn, um Heroin zu rauchen. Außerdem war er Triade, für seine Bande aber nutzlos.

Als ich bei der Polizei ankam, fragte ich nach Johnny, aber sie sagten mir, er sei nicht da.

„Er muss hier sein – er ist vor 45 Minuten verhaftet worden", entgegnete ich. Der Wachtmeister am Schreibtisch verneinte das. „Es ist am besten, Sie gehen nach Hause, und wir rufen Sie an, sobald er hier eintrifft", schlug er gönnerhaft vor.

„Ich warte lieber, bis Sie ihn herholen", sagte ich und richtete mich darauf ein, dort zu übernachten.

Es dauerte keine zwei Minuten, da tauchte er tatsächlich auf, aber ich war zu spät gekommen. Er hatte das Verbrechen schon zugegeben. Er war angeklagt, die Absicht gehabt zu haben, mit einem Schraubenzieher in ein Haus eine Meile außerhalb der Vermauerten Stadt einzubrechen. Die Zeit, in der Johnny das Verbrechen begangen haben sollte, war 20.15 Uhr. Ich wusste, dass das nicht stimmen konnte, hatte mich doch Kleine Katze eine halbe Stunde davor angerufen. Ich machte mich auf, um nach ihm zu sehen.

Allmählich sickerte durch, dass Johnny und Kleine Katze zusammen in einer der größten Drogenhöhlen der Vermauerten Stadt inhaliert hatten, als zwei Detektive hereinkamen und Johnny festnahmen. Die Detektive hätten gar nicht dort sein sollen, es war nicht ihr Revier, aber sie wussten nur zu gut, wo die Höhlen waren und wo man die Süchtigen leicht erwischen konnte. Es war leider so, dass gewisse Polizisten, denen gar nicht an der Verbrechensbekämpfung gelegen war, tatsächlich mit den Bandenbossen ein Übereinkommen getroffen hatten, die Höhlen für ein Trinkgeld zu schonen.

Es wurden zwar Schaurazzien veranstaltet, aber ich habe mehrere Male erfahren, dass die Horchposten der Höhlen rechtzeitig von der Polizei einen Tipp bekamen, damit sie die andern warnen konnten. Als das Verbrechen in der Vermauerten Stadt seinen Höhepunkt erreicht hatte, bestand ein Ring von Verbrechern und Drogendealern, der täglich 100000 Dollar Schmiergelder zahlte. Während uniformierte Polizisten nur selten in die Vermauerte Stadt gingen, und dann auch nur in Stoßtrupps, wurde mir gesagt, dass mehrere Detektive in Zivil tatsächlich mit den Triaden im Bunde standen und solche illegalen Geschäfte betrieben. Das machte es äußerst schwer, die „Guten" von den „Bösen" zu unterscheiden. Allmählich verstand ich, warum die Jungen, die ich kannte, so unklare Vorstellungen von Recht und Unrecht hatten.

Johnnys Familie wohnte in einer verwahrlosten Wohnung unmittelbar außerhalb der Vermauerten Stadt. Sie waren äußerst arm, aber sie borgten Geld, um Johnny gegen Kaution freizubekommen. Das war ein Fehler, denn er benutzte die Freiheit von einigen Wochen nur, um noch mehr Heroin zu bekommen, und er verpfändete das meiste ihrer Habe. Sooft ich ihn besuchte, versuchte ich ihn dazu zu überreden, sich nicht schuldig zu bekennen, weil er in diesem speziellen Anklagepunkt unschuldig war.

Aber Johnny wollte nicht. „Ich kann mein Bekenntnis nicht widerrufen, das ich unterschrieben habe. Die Polizei sagt, sie würden mich dann eben für etwas anderes einsperren, was ich getan habe. Ich muss mich mit denen gut stellen."

Süchtige behaupteten, auf der Polizeistation werde ihnen oft als Belohnung für Geständnisse Heroin gegeben. Aber Johnny musste lernen, bei der Wahrheit zu bleiben. Ich erzählte ihm alles über Jesus, der immer die Wahrheit sagte, auch als es ihn das Leben kostete. Dann beteten wir miteinander, und Johnny gab zu, dass es wohl recht sei, die Wahrheit zu sagen, aber in diesem Falle sei es für ihn zu gefährlich. Er erklärte ganz geduldig: „Wenn ich vor Gericht die Wahrheit sage, so bedeutet das, dass jeder erfährt, wo mit Drogen gehandelt wird. Schlimmer noch, es erfährt auch jeder, dass die Polizei selber weiß, wo die Höhlen sind, und doch nichts dagegen tut. Sowohl meine Freunde als auch die Polizei werden dann alles daransetzen, mich zu kriegen, wenn ich das vor Gericht sage."

Ich hörte nicht auf, ihn zu besuchen. Wenn ich sage, dass wir beteten, so stimmt das nicht genau. In Wirklichkeit bete ich, und er hörte zu. Er dachte, ich wisse eben die Gefahr nicht richtig einzuschätzen, in die er sich begeben würde, als ich weiter darauf bestand, dass er die Wahrheit sagte. Am Tage der Verhandlung war er fest entschlossen, die Auslegung der Polizei gutzuheißen und sich schuldig zu bekennen, und das, obwohl ich zu seiner Verteidigung einen Anwalt genommen hatte. Der Anwalt kostete mich mehr als meine monatlichen Lebenshaltungskosten; aber ich betrachtete es als Gottes Geld, das ich in seinem Namen ausgab. Kurz bevor Johnny in den Zeugenstand trat, zeigte ich ihm eine Bibelstelle, die uns ermuntert, vor Gericht nicht furchtsam zu sein, weil der Heilige Geist uns die Worte gibt, die wir aussagen sollen.

Nachher erzählte mir Johnny, als er vor dem Gericht gestanden habe, sei er plötzlich fest davon überzeugt gewesen, dass er die Wahrheit sagen müsse, obwohl er das überhaupt nicht wollte. Es hätte ein ganz einfacher Fall sein können, der in einigen Minuten erledigt gewesen wäre, wurde aber ein Mammutprozess, der über eine Woche dauerte mit langen Kreuzverhören der polizeilichen Beweisaufnahme durch unseren Anwalt. Endlich nahm der Gerichtsvorsitzende die polizeiliche Version an und sprach Johnny schuldig. Die psychische Anspannung dieser Woche war für mich zu viel gewesen. Als das Urteil verkündigt wurde, brach ich vor dem Gericht in Tränen aus.

Ein englisches Mädchen für einen chinesischen Verbrecher und Drogenabhängigen weinen zu sehen, das war etwas Ungewöhnliches. Der Polizeiinspektor, der die Anklage vertrat, packte seine Aktentasche und trat auf mich zu. Er fragte mich, warum ich weine. „Weil er es nicht getan hat", schluchzte ich. „Er ist nicht schuldig."

„Aber er hat doch schon eine ellenlange Gerichtsakte", entgegnete der Inspektor freundlich. „Er hat tatsächlich 13 Vorstrafen. Sie sollten mit ihm kein Mitleid haben."

„Darum geht es nicht", antwortete ich. „Diese eine Sache jedenfalls hat er nicht getan."

„Na ja", meinte der Ankläger, „Sie kennen doch die Hongkong-Justiz. Wenn er auch das nicht getan hat, so hat er doch andere Verbrechen begangen. Im Ganzen gesehen, ist er noch gut weggekommen."

„Es ist nicht recht", beharrte ich. „Der Name Jesu ist Wahrheit, und wir sind aufgefordert, hier vor Gericht die Wahrheit zu sagen."

Inzwischen standen die Strafvollzugsbeamten und ihre Helfer um uns herum. Ihnen war klar, dass ich genau wusste, dass sie gelogen hatten. Sie sahen, wie mir die Tränen die Wangen hinunterliefen. In ihren Augen war ich verrückt, und sie lachten mich aus. Als sie das Gericht verließen, um zu feiern, grinsten sie höhnisch und spotteten. Es fiel mir schwer, nicht bitter gegen sie zu werden.

Johnny kam ins Gefängnis und dann in eine Entzugsanstalt. Man wies ihm einen Bewährungshelfer zu, der die Mutter zu sich kommen ließ und sie warnte: „Lassen Sie doch diese Christin nicht immer in Ihre Privatangelegenheit hineinreden. Sie selbst sind doch keine Christin – Sie haben Ihre Götter – Sie beten doch andere Götter an." Er war sehr grob und in keiner Weise zur Zusammenarbeit bereit. Aber ich besuchte Johnny weiterhin regelmäßig.

Das endgültige Urteil stand allerdings noch aus. Da wir Berufung eingelegt hatten, wurde das Urteil von der höheren Instanz revidiert, und Johnny kam frei. Aber er nahm wieder Drogen und kam später erneut ins Gefängnis. Kaum entlassen, nahm er wieder Drogen; und so ging dieser Teufelskreis weiter.

Trotz allem hatte Johnny nicht vergessen, was damals während des Prozesses vorgegangen war. Ich ging oft zu ihm und fand ihn zusammengesunken auf seinem Stuhl, der ihm als Bett diente. Nach rund zwei Jahren nahm er Jesus als seinen persönlichen Heiland an und wurde Christ, ging in ein christliches Rehabilitationszentrum und wurde ein neuer Mensch. Nachdem er dort entlassen worden war, wurde er Krankenpfleger in einer Lungenheilanstalt, wo er in der Abteilung für Suchtkranke arbeitete.

Damit bin ich in meinem Bericht ein paar Jahre voraus. Aber jener Prozess hatte noch weitere Folgen. Es war der erste Fall, in dem ich einen Verteidiger für unsere Jungen bestellt hatte, und andere solche Fälle folgten. Jedes Mal gewann die Polizei. „Bildet euch nicht ein, dass diese westliche Frau euch helfen kann", spotteten sie im Vernehmungsraum. „Sie hat keine Macht." Aber ihre Taten straften ihre Worte Lügen. Mehrere Jungen erzählten mir, sie seien von Zivilpersonen angehalten worden, die sie gefragt hätten: „Bist du von hier? Gehörst du zu dem Club dieser Frau?" Wenn sie bejahten, wurden sie nicht in Haft genommen. Der Grund war offensichtlich. Wenn die Polizei einen unserer Jungen anzeigte, der unschuldig war, dann erwartete sie ein Prozess von einer Woche statt eines zehnminütigen Anhörens. Wenn sie auch die Prozesse gewannen, so kostete es doch zu viel Zeit. Das zeigte mir wieder einmal, dass ich beobachtet wurde und dass ich auf diese Weise Jesus verkündigen konnte.

Eine weitere Auswirkung erlebten wir 30 Monate später. Es war vor Weihnachten, und ich wollte das Fest mit einem richtigen Weihnachtsessen für die Jungen feiern; doch wir hatten kein Geld. Ich dachte, die armen Burschen sollten zu Jesu Geburtstag das Beste bekommen. So bestellte ich das Restaurant und betete um Geld. Plötzlich klingelte das Telefon; es war das Büro meines Anwalts.

„Wir haben unsere Bücher überprüft und festgestellt, dass wir Ihnen tausend Dollar zurückzahlen müssen", sagte eine Stimme am Telefon.

„Das kann doch gar nicht sein", stammelte ich. „Sie schulden mir nichts."

„Aus dem Prozess von Johnny Ho bekommen Sie tausend Dollar an Gebühren zurück."

„Aber nein, die Rechnung war doch in Ordnung. Sie haben mir diesen Fall sogar besonders billig berechnet."

„Aus den Akten geht hervor, dass Berufung eingelegt wurde, und dann zahlt die Gerichtskasse."

„Ja, das ist mir bekannt", sagte ich. „Aber die erste Verhandlung ging nicht zu Lasten des Gerichts. Die hatten wir zu zahlen. Würden Sie den Fall bitte sehr sorgfältig prüfen, denn wenn Sie mir das Geld zurückzahlen, gebe ich es sofort aus."

Sie überprüften ihre Bücher noch einmal und schickten mir schließlich das Geld. So hatten wir ein herrliches Weihnachtsessen – zweieinhalb Jahre nach dem Prozess. Gott wachte über uns.

Johnnys Mutter war überglücklich, als ihr Junge Christ wurde. Jedes Mal, wenn ich auf den Markt kam, überschüttete sie mich mit Eiern und Würsten. Natürlich nicht buchstäblich, aber sie verkaufte diese Dinge an ihrem Marktstand, und sie war mir so dankbar, dass sie mich unbedingt mit Geschenken beglücken wollte. Eine andere Frau in einer Garküche tat das auch. Ich konnte kaum dort vorbeigehen, ohne dass mir eine große Schale Essen aufgedrängt wurde. Schließlich umging ich diese Straße, denn meine Jeans wurden allmählich zu eng.

Kapitel 8

Den Drachen jagen

Eines Nachts ging ich gedankenverloren aus der Vermauerten Stadt hinaus. Mein Lebensstil war außergewöhnlich; keine zwei Tage hintereinander stand ich zur gleichen Zeit auf und ging zur gleichen Zeit zu Bett. Ich betete viel, wenn ich unterwegs war; denn ich spürte, dass ich das ständige Gespräch mit Gott brauchte. In dieser Nacht war es wieder einmal ein Dankgebet aus tiefstem Herzen.

„Herr, ich danke dir, dass ich nicht verheiratet bin, damit ich Zeit für die Kinder anderer Leute habe." Es wäre ja auch schlimm, wenn ich meinen Mann anrufen müsste: „Würdest du bitte schon mal die grünen Bohnen aufsetzen, Liebling; ich bin aufgehalten worden." Damals teilte ich eine Wohnung mit meiner Freundin Stefanie. Sie war sehr lieb, und es machte ihr gar nichts aus, zu welcher Zeit ich nach Hause kam Es war schon nach Mitternacht, als ich in den Minibus kletterte, in einen sogenannten 14-Mann-Bus, um nach Hause zur Jordanstraße zu fahren.

Mitten im Gebet fiel mein Blick auf eine erbarmungswürdige Gestalt. Es war ein etwa 15-jähriger Junge, der aussah wie ein wandelndes Skelett mit großen, dunklen, schreckenerregenden Augenhöhlen in einem gelbgrauen Gesicht. Dieses gespenstig wirkende Kind saß unmittelbar vor mir, und mir war, als hätte ich ihn irgendwo schon einmal gesehen. Der Bus tuckerte langsam dahin in dieser mitternächtlichen Stunde, während ich mir den Kopf darüber zerbrach, wo ich den Jungen schon gesehen hatte.

Es war vor fünf Jahren gewesen, als ich anfing, mich in der Vermauerten Stadt umzusehen. Unmittelbar vor ihrem Eingang befand sich eine große Teestube. Dort wartete dieser kleine Junge, um für ein paar Cents Taxitüren zu öffnen. Aber wie ich bemerkte, durfte er dieses kleine Trinkgeld nicht für sich behalten, denn ein älterer, ebenfalls zerlumpter Bettler überwachte offensichtlich das Geschäft des Kindes. Der Junge wirkte hoffnungslos krank; natürlich schlief er auf der Straße. Weil ich damals die chinesische Sprache noch nicht beherrschte, bat ich chinesische Freunde, mir ein paar Zeilen für ihn aufzuschreiben. Ich wollte ihn einladen, mich irgendwo zu treffen, vielleicht bei einer Klinik, um Hilfe für ihn zu bekommen. Ich wusste nicht, dass er damals schon drogenabhängig war, nachdem er von seinem Stiefvater zu Hause rausgeworfen worden war. Ich habe mich nie mit ihm treffen können, aber ich habe nicht aufgehört, für ihn zu beten.

Nun war er also wieder hier. Ich dankte Gott, dass er ihn zurückgebracht hatte. Jetzt konnte ich Chinesisch sprechen und hatte eine neue Chance, ihm zu helfen. Er stieg in Mongkok aus dem Bus, einer belebten Gegend voller Bars, Tanzlokale und anderer zweifelhafter Vergnügungsstätten. Ich stieg nach ihm aus und folgte ihm. Er hatte einen dreckigen, roten Plastikzahnbecher in der Hand, den er zum Betteln brauchte. Ich tippte ihm auf die Schulter, stellte mich vor und lud ihn ein, mit mir einen Reisfladen zu essen, die während des Drachenbootfestes überall an den Straßenbuden angeboten wurden. Der arme Junge war schrecklich verlegen. Er versteckte seinen Bettelbecher hinter dem Rücken, und als wir auf eine Marktbude, den *Daih Pai Dong*, zugingen, warf er ihn auf einen Abfallhaufen.

Während wir aßen, wirkte er immer betretener; offensichtlich war es Zeit für einen neuen „Schuss". Sein Verstand und sein Körper waren durch die Mengen von Heroin, die er zu sich nahm, verdorben. Er verstand nichts von dem, was ich sagte. Mir war klar, so konnte man mit Ah Tsoi nicht über Jesus sprechen, er konnte sich einfach nicht lange genug konzentrieren, um es zu fassen. Aber wenn erst einmal Hilfe gegen seine Sucht gefunden wäre, dann könnte ich mit ihm über Jesus sprechen.

In den folgenden Wochen traf ich mich mit Ah Tsoi zu jeder Tages- und Nachtzeit. Er schlief nie am gleichen Ort, und ich hatte Angst, ich könnte ihn verlieren, falls er ins Gefängnis käme. Durch seine Einstiche entlang der Venen an beiden Armen konnte man sehr leicht einen Grund finden, um ihn zu verhaften. Was noch schlimmer war: Ich entdeckte, dass er täglich Leute überfiel, um Geld für Drogen zu bekommen, dabei war er auf Bewährung aus dem Gefängnis entlassen worden, wo er wegen Drogendelikten eingesessen hatte. Zweimal bat ich ihn dringend, er solle wieder Verbindung mit seinem Bewährungshelfer aufnehmen.

Ich war förmlich besessen von der Hilfe für Ah Tsoi. Je mehr ich über diesen bemitleidenswerten kleinen Kerl erfuhr, um so mehr wuchs er mir ans Herz. Schließlich war Pastor Chan bereit, ihn in sein christliches Rehabilitationszentrum aufzunehmen. Ich war hocherfreut. Das war die Antwort auf meine Gebete. Jetzt konnte Ah Tsoi ein neues Leben anfangen. Da ich eine Zeitlang bis zu seiner Aufnahme zu warten hatte, fing ich an, ihm ein bisschen Geld zu geben, nicht viel, nur fünf Hongkong-Dollar pro Tag. Mir war nicht ganz wohl dabei, aber er brauchte diesen kleinen Betrag zur Befriedigung seiner Sucht. Wenn ich es ihm nicht gegeben hätte, wäre er gezwungen gewesen, jemanden zu überfallen oder zu stehlen. So überzeugte ich mich selbst, dass ich richtig handelte. Es war ja nur für ein paar Tage.

Endlich rückte der Tag seiner Aufnahme in Pastor Chans Zentrum heran. Ich ging auf den Markt und kaufte ihm ein Paar Shorts, eine Weste und ein T-Shirt, etwas Unterwäsche, Sandalen und sogar eine Badehose, denn Pastor Chans Zentrum lag am Meer. Dann kaufte ich ihm noch eine Zahnbürste, einen Schlafanzug, neue Jeans und ein zweites Hemd. Ich dachte, so würde es eine Mutter auch tun, und ich hatte ihn mütterlich lieb. Alle diese Sachen packte ich zu einem ordentlichen Paket zusammen, damit er es mitnehmen konnte. Bevor er hinging, sollte er in meine Wohnung kommen, um sich zu waschen.

Doch wer nicht kam, war Ah Tsoi. Zwei Stunden nach dem vereinbarten Zeitpunkt war immer noch nichts von ihm zu sehen. Vielleicht nahm er irgendwo einen letzten „Schuss". Als ich schließlich überhaupt nicht mehr mit ihm rechnete, tauchte er schließlich auf. Er war dreckig, aber jetzt war keine Zeit mehr zum Baden. Stefanie hatte einen Fotoapparat, und wir wollten noch ein Bild von ihm knipsen, ehe er ging. Da wurde er plötzlich wütend: „Ich habe nicht die Absicht, einer von deinen Filmstars zu werden. Von mir gibt's keine ‚Davor und danach'-Fotos. Ich bin kein Ausstellungsstück." Mürrisch begleitete er mich zu Pastor Chan, wo ich ihn dann endlich abliefern konnte.

Anschließend ging ich ins Bett und schlief nahezu zwanzig Stunden hintereinander. Zum ersten Mal seit Wochen konnte ich richtig schlafen. Ich

war erschöpft und erleichtert zugleich. Ich dankte Gott, dass sich jetzt jemand anderes um Ah Tsoi kümmerte. Pastor Chan konnte ihm von Jesus erzählen und ihm weiterhelfen. Jetzt konnte ich mir den nächsten vornehmen ...
Das Klingeln des Telefons weckte mich. Ah Tsoi war weggelaufen. Er hatte die Entzugsschmerzen nicht ertragen können und angefangen, seine Decke zu rauchen, um sein Verlangen zu stillen. Die anderen versuchten, ihn zu überzeugen, dass er beten solle; aber er wollte nicht, und in der Nacht rückte er aus. Er ging in ein benachbartes Dorf, um Decken und Geld zu stehlen. Das Personal tat sein Möglichstes, ihn zu finden und zur Rückkehr zu bewegen. Aber als sie ihn schließlich erwischt hatten, weigerte er sich zurückzukehren. Jetzt konnte ich nichts mehr tun. Jetzt war alles aus.

Es war, als stürbe ein Teil von mir. Ich war total zerbrochen, legte mich auf den Steinfußboden und heulte los. Ich weinte den ganzen Tag und konnte mich nicht mehr vom Boden erheben. Als ich dort lag, dachte ich: Das ist das Ende. Was hätte ich denn noch tun sollen? Ich hatte Ah Tsoi alles gegeben, was mir möglich war. Ich hatte ihm meine ganze Zeit geopfert, meine Liebe, mein Geld, mein Essen, und ich hatte versucht, ihm von Jesus zu erzählen. Ich hatte ihn an andere Christen abgegeben, aber alle Mühe war vergeblich gewesen. Ich hatte versagt.

Es war nicht so, dass ich mit Gott haderte; aber ich war so enttäuscht und total verwirrt durch diese ganze Episode. Ich verstand nicht, warum Gott es zugelassen hatte, dass ich überhaupt mit Ah Tsoi Verbindung bekommen hatte, wenn es doch sowieso zwecklos war. Schließlich fand ich wieder die Kraft zu beten: „Bitte, Vater, nie mehr so etwas! Keine Drogensüchtigen mehr! Ich kann das nicht verkraften. Kaum jemals habe ich einem Menschen so viel Zuneigung entgegengebracht. Ich gab ihm alle meine Liebe, und doch war es nicht genug. Mehr habe ich aber nicht!"

Am nächsten Morgen stieg ich in den Bus, um zu meiner Chinesisch-Stunde zu fahren. In den Bussen in Hongkong wird einem der Luxus nicht zugestanden, einen Platz auszusuchen. Ich war eingequetscht zwischen ungefähr vierzig weitere stehende Fahrgäste, da erblickte ich aus dem Augenwinkel einen geistig behinderten Jungen. Ich wollte ihn nicht sehen und drehte mich um. In der anderen Richtung fiel mein Blick auf einen Drogenabhängigen. Mir blieb nichts übrig, als die Augen zu schließen und so zu tun, als ob sie alle nicht da wären. Was ich nicht weiß, macht mich nicht heiß ...

„O Gott, ich habe die Augen zugemacht, weil ich nicht wieder einen solchen Schmerz erleben will. Ich hatte geglaubt, dass du mir bei Ah Tsoi helfen würdest. Aber es hat nicht geklappt. Warum nicht?" – Meine Gedanken gingen zurück zu der Zeit, als ich die ersten Eindrücke von Süchtigen in der Vermauerten Stadt bekam. In einer Straße waren es über hundert Menschen, die öffentlich Heroin rauchten; jede einzelne Straße hatte ihre ausgezehrten Wracks. „Es wäre mein ganzes Leben wert, Herr, wenn du mich gebrauchen würdest, auch nur einem einzigen von ihnen zu helfen", hatte ich damals gebetet.

Allmählich erholte ich mich von der Zerreißprobe mit Ah Tsoi. Dabei wurde mir auch klar, was ich falsch gemacht hatte. Ich hatte versucht, ihm alles zu geben, was ich besaß. Ich hatte Gott angefleht, ihn zu retten; aber in Wirklichkeit versuchte ich ihn selber zu retten. Ich wollte, dass Ah Tsoi von den Drogen loskam, sah aber nicht, dass er noch gar nicht zerbrochen genug war, es selbst zu wollen, ja, ich unterstützte noch seine Sucht.

Ihn selbst durch den Entzug zu bringen, hatte ich nicht gewagt. Ich hatte ihn abgegeben, weil ich davon überzeugt war, dass er fachmännische Behandlung brauchte; und als diese fachmännische Behandlung, die ich im Sinn hatte, fehlschlug, war ich verzweifelt.

Später lud mich Pastor Chan einmal zum Tee ein. Er hatte im Alleingang tapfer einen schweren Weg in Hongkong gewagt, indem er in den *New Territories* eine Farm zur Rehabilitation Drogensüchtiger eröffnete. Ohne medizinische Hilfe brachte er die Süchtigen durch den Entzug. Dann therapierte er sie 18 Monate lang mit liebevoller Strenge, und schließlich wurden sie frei und stark in Christus.

Viele von denen, die seine Schule durchlaufen hatten, wurden Mitarbeiter in Gemeinden oder Drogenberater bei Behörden oder Privatinstituten. Die Drogenzentren der Regierung wiesen zwar beeindruckende Statistiken vor, mir ist jedoch noch nie ein Süchtiger begegnet, der nach Durchlaufen dieser Einrichtungen frei von Drogen geblieben wäre. Die Leute von Pastor Chan aber wurden wirklich frei. Er hatte sein Programm allmählich aufgebaut, aufgrund von Erfahrungen und durch viel Herzeleid hindurch. Darum war es sehr tröstlich für mich, als er sagte: „Miss Pullinger, aus Ihnen wird eine ausgezeichnete Drogenhelferin, weil Ihnen wirklich etwas an diesen Menschen liegt."

Sozialarbeitern wird beigebracht, sich nie in ihre Fälle hineinziehen zu lassen. Ich aber wusste, ich könnte es hier gar nicht aushalten, wenn ich mich nicht so stark für die Leute engagieren würde. Aus Ah Tsois Versagen lernte ich, dass ich nicht fähig und tapfer genug war, eine solche Aufgabe zu übernehmen. Ich konnte mir nicht vorstellen, wie Drogenberater ihre deprimierende Aufgabe ohne Gott meistern konnten, und ich bekam eine große Hochachtung vor ihnen. Aber mir war klar, ich persönlich hatte dazu kein Talent. Also betete ich, Gott möge mich nicht mehr in die Arbeit an Drogenabhängigen führen. Und doch war dies nicht das Ende meiner Aufgabe an ihnen, sondern ein neuer Anfang. Allmählich erkannte ich, dass ich mich mit Gottes Hilfe und seiner Liebe wieder um sie kümmern konnte.

Je vertrauter ich mit den Triaden wurde, desto mehr schien es, als ob dort jeder zweite drogenabhängig wäre. Der „Stoff" war ja auch so leicht und so billig zu bekommen. Heroin war damals noch unverdünnt erhältlich und äußerst wirksam. Die Regierung der USA warnte ihre Soldaten in Vietnam davor, in Hongkong Urlaub zu machen. Wenn sie dort eine vermeintlich normale Dosis injizierten, könnten sie an Überdosierung sterben.

Eines Abends besuchte ich eine Heroinhöhle. Sie wurde mit Wissen der Polizei in einer großen Blechhütte am Stadtrand betrieben. Es war grässlich. Da saßen an langen Reihen grober Tische schemenhafte Gestalten. Ich kam mir vor, als wäre ich in ein Bankett des Teufels geraten, eine unheimliche und schweigende Mahlzeit. Jeder Tisch wurde von einem Pahng-Jue beherrscht, einem Gastgeber. Für 50 Cents machte er dem Gast den Fidibus aus Toilettenpapier, die Aluminiumfolie und die Papphülsen bereit, alles was zum „Jagen des Drachen" gebraucht wurde: Wenige chinesische Süchtige spritzten sich das Heroin in die Vene. Das taten sie nur, wenn ihr körperliches Verlangen größer war als ihre Mittel. Sie hatten Angst vor Überdosierung, weil sie sich noch gut an die Zeit erinnern konnten, als jeden Morgen die Leichen von Drogensüchtigen vor der einzigen Toilette für den Abtransport aufgehäuft wurden ...

Unter den fünfzig jammervollen Gestalten, die sich in ihr schauriges Entzücken hineinsaugten, saß ein Junge von ungefähr dreizehn Jahren. Seine Haut war blass und wächsern, alle Kräfte hatten ihn verlassen. Seine Freundin, die ungefähr vierzehn zu sein schien, saß neben ihm und hielt ihn im Arm, während er sein Gift inhalierte. Es war eine rührend zärtliche Pose; und ich war davon angetan, bis mir bewusst wurde, dass dieses Mädchen seinen Körper verkaufen musste, um seinen Freund zu versorgen. All die anderen Anwesenden mussten einen gleichen Preis für ihre üble Gewohnheit zahlen, es sei denn, sie stahlen oder verpfändeten den Besitz ihrer Familie. Es war eine schauderhafte Szene; aber irgendwie zog sie mich an und faszinierte mich. Ich fühlte den Zug der Droge, den jeder angehende Süchtige kennt und der jeder Logik hohnspricht. Er weiß, dass sie tötet, er weiß, dass sie ihn in die Sucht und ins Elend führt. Er weiß alle diese Argumente – und er versucht es dennoch. Und hat er es einmal versucht, dann muss er weitermachen, bis er ein Teil dieser geheimnisvollen Zauberkraft ist, die ihn gezogen hat.

Jeder Süchtige empfindet Hass und Liebe seiner Droge gegenüber. Sein Verstand verachtet sie und die Macht, die sie über ihn hat. Aber sein Körper sehnt sich nach ihr, wenn er sie zu lange entbehren musste, und lügt seinem Verstand vor, er sähe in ihr eine Erlösung. Niemand kann sagen, wann er die Grenze vom „Spiel" mit der Droge zur Sucht übertritt. Ein Neuling erbricht sich beim ersten Mal und versucht danach noch einmal, ob's besser geht. Er spürt kaum eine Wirkung und bildet sich ein, dass er es ohne Weiteres wiederholen kann. Er beginnt mit einer kleinen Dosis; aber was zunächst befriedigt, ist bald nicht mehr genug, und er braucht mehr, um Entzugsschmerzen zu verhindern. Er nimmt größere Mengen, immer öfter, bis er verhaftet wird oder stirbt.

Ich fühlte den Sog der Droge. Sie zog mich. Es war dämonisch.

Als Winson in den Jugendclub kam und so schnell von seiner Opiumsucht frei wurde, zeigte mir Gott, dass der Kampf mit dem Drachen gewonnen werden kann. Damals glaubte ich, dass Winsons Erlebnis auch für andere in dem Augenblick eintreten müsse, in dem sie sich bekehren und mit Gottes Kraft erfüllt werden. Kurz danach sagte mir Ah Ping, sein süchtiger Freund wollte zu unserem alljährlichen Sommerlager kommen. Ich war sofort bereit, ihn mitzunehmen. Ah Ming war ein mächtiger Triade der 14K auf der Hongkong-Insel. Wir trafen uns an der Fähre, die uns zur Lamma-Insel brachte, wo das Lager stattfinden sollte. Ah Ming vermied es, mir die Hand zu geben und mit mir zu sprechen. Er kam in eigener Regie.

Zwei englische Studenten, Tim und Nick, wollten ein paar Tage später nachkommen, sodass ich an den ersten zwei Tagen keine männlichen Helfer hatte. Deshalb betete ich: „O Gott, bitte schick die richtigen Jungen zum Lager und halte die falschen fern."

Unser Lagerplatz war auf dem Gipfel eines Berges inmitten einer wunderschönen, majestätischen Landschaft. Das einzig Anstrengende bei unserem einstündigen Aufstieg war der 30 Pfund schwere Reissack, den ich die meiste Zeit selbst zu tragen hatte. Die Jungen dachten, das sei Frauenarbeit. Schließlich waren sie gekommen, um zu spielen, und nicht um zu arbeiten. Erst Jahre später waren sie hilfsbereiter und erwiesen sich als Beschützer. In diesem Punkt musste ich noch viel lernen.

Die Lagerordnung war sehr streng. Arbeit und Ruhezeiten waren genau festgesetzt, aber es war nicht einfach, mich selbst in diese Ordnung einzufügen. Ich schlief mit den wenigen Mädchen in Zelten, und die Jungen schliefen in einem riesigen Schlafsaal. Da konnte ich nicht hineingehen, um ihre Sachen zu kontrollieren oder das Licht auszumachen. Ich wusste natürlich, dass die meisten der dreißig Teilnehmer Bandenmitglieder waren, und ich fühlte mich gar nicht wohl. Aber ich hatte ja gebetet, dass die Falschen fernbleiben sollten ...

Ah Ming kam aus dem Schlafsaal und sah mich draußen in der Dunkelheit bei meiner Sturmlampe sitzen. Das hatte er nicht erwartet. „Hmmm ... Ich – äh – ich möchte mir die Sterne ansehen", stieß er kurz hervor.

„So?", erwiderte ich. „Das tue ich auch. Sind sie nicht wunderbar?"

So saßen wir dort vielleicht drei Stunden lang bei einer sehr höflichen Unterhaltung. Offensichtlich hatte er das Verlangen, wegzugehen und sich Stoff zu besorgen. Schließlich wurde es mir zu viel, und ich legte mich schlafen. Ah Ming aber ging auf die andere Seite des Berges und holte sich sein Heroin.

Ich hatte gebetet, dass Gott die Falschen fernhalten sollte. So musste ich schließen, dass die anwesenden Jungen von Gott geschickt worden waren. Aber dass man in einem christlichen Lager Drogen nahm, das war ganz und gar nicht nach meinem Sinn. Missionare hatten mir erklärt, eine Gemeinde werde dadurch gebaut, dass man immer an einem Menschen allein arbeitete. Wenn dieser dann Christ geworden war und sich gut hielt, dann erst sollte man sich einen anderen vornehmen, bis das Haus voll sei. Ich aber hatte es genau umgekehrt angefangen und stand nun mit einem Schlafsaal voll Gangstern da. Wer leitete nun eigentlich das Lager, ich oder sie? Langsam glaubte ich, die Missionare hatten doch recht.

Zwei Tage später fand ich Ah Ming in äußerster Not, er brauchte dringend neuen Stoff. Er sandte einen Bandenbruder zu mir und ließ mir sagen, dass drei von ihnen wegen einer dringenden Angelegenheit das Lager verlassen müssten. Ich versuchte abzulehnen, aber da gerade alle anderen Morgenandacht hatten, entwischten sie.

Inzwischen war Nick angekommen, und ich sandte diesen baumlangen Engländer hinter ihnen her. Dass er kein Wort Chinesisch konnte, war für ihn von großem Vorteil, denn die gerissenen Süchtigen hatten eine sehr gute Erklärung erfunden, um die absolute Notwendigkeit ihres Verschwindens zu begründen. Aber glücklicherweise konnte Nick sie nicht verstehen; so folgte er ihnen immer auf dem Fuße.

Sie gingen über drei Hügel. Immerzu hörten sie diesen Engländer sagen: „Ihr müsst zurückkommen. Ihr müsst zurückkommen. Ihr müsst zurückkommen..." und „Jesus liebt euch. Jesus liebt euch." Aber es schien nicht möglich, die drei kranken Süchtigen zur Umkehr zu bewegen. Das Verlangen nach Heroin war so mächtig, dass sie hundert Berge erklommen und sich gegenseitig umgebracht hätten, nur um die Fähre zu bekommen, die sie zu ihrem Stoff bringen würde.

In der Zwischenzeit saßen wir im Lager und beteten für ihre Rückkehr.

Ohne dass ihnen bewusst war, was sie taten, machten die drei Ausreißer auf einmal Halt. Sie zündeten Zigaretten an und begannen ihren Rückmarsch. Als sie mit Nick auf unserem Berggipfel erschienen, blickten sie sich ganz verdattert um; sie konnten sich diese „unnötige" Kehrtwendung selbst nicht erklären. Und als ich Ah Ming dann vorschlug, dass wir uns ein bisschen unterhalten könnten, nickte er, als ob er das die ganze Zeit erwartet hätte ...

Es regnete in Strömen, und wir mussten in einem unserer Zwei-Mann-Militärzelte Schutz suchen. Der arme Ah Ming wollte keine Predigt. Er fühlte sich gar nicht wohl in seiner Haut, aber er konnte das Zelt nicht verlassen, denn der Regen hatte inzwischen Monsunstärke erreicht. „Es tut mir leid, Ah Ming", begann ich, „ich weiß, du fühlst dich miserabel. Aber ich möchte dir etwas zeigen, was dir helfen wird." Ich zeichnete drei Kreuze auf die Erde.

„Ich weiß, das klingt albern; aber ich möchte, dass du dir einmal vorstellst, du könntest all die schlechten Taten sehen, die ein Mensch getan hat. Wir nehmen jetzt dieses *Lap-Sap* (ein Häufchen Abfall), das soll alle Schlechtigkeit darstellen", erklärte ich, während ich ein paar Flaschenverschlüsse, Dreck und herumliegendes Papier sammelte. „Als Jesus gekreuzigt wurde, wurden ihm zur Seite zwei Männer ebenfalls gekreuzigt; sie waren Diebe, wahrscheinlich sogar Mörder." Ich legte auf die äußeren Kreuze je ein Häufchen Abfall und ließ das Kreuz Jesu leer. „Weißt du, warum der Mittlere kein *Lap-Sap* hat?" fragte ich Ah Ming. Er sah sehr gelangweilt aus und antwortete: „Na ja, Jesus hat nie etwas Falsches gemacht, so hatte er eben keine Sünde."

Jetzt wurde ich zur Geschichtenerzählerin und zeigte auf die Kreuze.

‚‚So, du bist also Christus, wie?', spottete dieser Mann. ‚Beweise es! Ruf doch deine Helfer, dass sie dich jetzt retten! Dadurch hilfst du dir und uns!' – Er selbst hatte auch den Tod vor Augen und spuckte trotzdem Gift und Galle.

‚Wie kannst du so reden!', widersprach der Dieb am rechten Kreuz. ‚Wir sind Verbrecher – wir sterben zu Recht. Dieser Mann aber hat nichts Böses getan.' Er wandte sich Jesus zu und sagte: ‚Herr, denke an mich, wenn du in dein Königreich kommst.'

‚Heute noch wirst du mit mir zusammen im Paradiese sein', antwortete Jesus."

Während ich das sagte, nahm ich den Haufen Dreck von dem rechten Kreuz und legte alles auf das mittlere Kreuz, also auf Jesus.

„Musst du dich übergeben?" Ich merkte, wie Ah Ming grau und zittrig aussah. „Weißt du, Jesus fühlte sich genauso elend wie du, sogar noch schlimmer, denn zusammen mit der Sünde dieses Menschen trug er alle Sünden und alle Schmerzen der ganzen Welt aller Zeiten, damit wir frei von Sünden und Schmerzen sein könnten."

Eine Zeitlang starrten wir zwei auf die Erde und auf die Botschaft, die dort aufgezeichnet war. Schließlich sagte ich: „Dem Dieb auf dieser Seite wurde vergeben, er kann jetzt mit Gott leben; aber warum bekam der andere keine Vergebung? Waren sie nicht beide gleich schlecht?"

„Einer glaubte, der andere nicht", erwiderte Ah Ming.

„Aha. Du siehst also, was du zu tun hast. Das ist alles. Ich weiß, du begreifst das nicht. Aber es ist so. Wenn du alle deine Schmerzen an Jesus abgeben willst, nimmt er sie dir ab, auf der Stelle. Er ist Gottes Sohn, und deswegen ist er gestorben. Willst du?"

Ah Ming wollte nicht recht. Hilfesuchend schaute er sich um und fasste sich stöhnend an die Magengegend. Draußen regnete es immer noch. Er war in einer verzweifelten Lage. Schließlich hielt er es nicht mehr aus. „Na gut", sagte er nachdenklich, „hm, ja, ich will's versuchen." Das genügte.

Er betete und bat Jesus, wenn er Gott sei, solle er ihm seine Schmerzen wegnehmen. Er bat ihn auch, ihm alle seine Schlechtigkeiten abzunehmen, damit er ein neues Leben beginnen könne.

Draußen waren meine englischen Freunde und kamen zu uns ins Zelt. Gemeinsam legten wir Ah Ming die Hände auf und sagten ihm, dass Jesus ihm Heilung und Kraft geben könnte.

Als das Lager eine Woche später zu Ende war und wir nach Hause fuhren, erzählte mir Ah Ming, wie Gott unsere Gebete an jenem Abend auf außerordentliche Weise beantwortet habe. Er war zu Bett gegangen, ganz aufgewühlt durch das Beten, und hatte nichts begriffen von dem, was eigentlich geschehen war. In dieser Nacht hatte er einen seltsamen Traum. Er lag auf einem Holzbett in einer Berghütte. Draußen heulte der Sturm. Mitten im Sturm hörte er ein Klopfen an der Tür. Da er allein in der Hütte war und noch dazu in dem schrecklichen Zustand des Drogenentzugs, rührte er sich nicht. Es klopfte ein zweites Mal. Jetzt ging er ans Fenster, um zu sehen, wer da wäre. Er sah einen Mann mit einer Kerze. Der Mann tat ihm leid, wie er da draußen auf dem Berg im Regen stand, aber Ah Ming war zu faul und ging zurück ins Bett. Als es zum dritten Mal klopfte, dachte Ah Ming: „Armer Mann, er kann doch sonst nirgends hin." So ging er zur Tür, öffnete sie und legte sich dann wieder hin. Der Mann, der ihm sehr bekannt vorkam, trat in die Hütte und an das Holzbett, wo er die Kerze abstellte.

Er bat Ah Ming, sich aufzurichten, dann legte er ihm sanft die Hände auf den Kopf. Die Entzugsschmerzen verschwanden und kamen nie mehr wieder. „Ich wusste, dass er mich heilen konnte", sagte Ah Ming überglücklich, denn er war von den Drogen frei geworden.

Eine Trillerpfeife durchbrach die Stille. Wie an jedem Morgen bestand ich auch heute darauf, dass die Jungen vor dem Frühstück etwas Frühsport machten. Alle räkelten sich gemächlich aus dem Bett, und Ah Ping sah auf einmal, dass Ah Ming, nachdem er aufgestanden war, den Bettrand abtastete. Er fragte, warum er das mache.

„Ich suche Kerzenwachs", erwiderte Ah Ming. „Ich suche das Wachs." Der Traum war so real gewesen, dass er sicher war, Jesus sei tatsächlich da gewesen. Dann beteiligte er sich mit großem Eifer am Frühsport und überraschte damit alle seine Freunde, die ja wussten, dass Drogenabhängige während des Entzugs gewöhnlich keine großen Sprünge machen können. Am selben Tage noch wurde er im Meer getauft. Als wir alle zum Festland zurückkehrten, sah er gesund aus und strahlte vor Glück.

Eigentlich arbeitete Ah Ming überhaupt nichts. Er hatte zwar einen Job bei einer Werft, aber dort lag er gewöhnlich den ganzen Tag in einer Kabine und ließ sich von seinen jüngeren Bandenbrüdern mit Heroin versorgen. Als er am ersten Tag wieder zur Arbeit fuhr, saß er in der Fähre und betete, während sie durch den Hafen fuhren. Er betete so inbrünstig, dass er gar nicht merkte, dass ihm die anderen Passagiere zum Scherz die Sandalen weggenommen hatten. Unerschrocken ging er dennoch zur Arbeit und lief eben ohne Schuhe durch das Werktor. Da sah er, wie eine Bande feindlicher, bewaffneter Triaden auf ihn zukam, um mit Flaschen und Messern auf ihn einzuschlagen. Instinktiv griff er nach den nächstliegenden Waffen – zwei schweren Eisenstangen – und stellte sich zum Kampf.

Als ich gebetet hatte, Gott möge nur die Richtigen ins Lager schicken, hatte ich nicht gewusst, dass Ah Ming speziell deshalb mitgekommen war, um im Lager seine Strategie für den Kampf gegen diese Bande zu planen. Er hatte im Lager an einige seiner Brüder Befehle gegeben; und als diese ihn jetzt in den Kampf gehen sahen, rannten sie sofort in verschiedene Straßenbuden, holten Hackbeile und Melonenmesser heraus und rüsteten sich damit zur Schlacht.

Plötzlich dachte Ah Ming: „Hilfe! Ich habe doch heute Morgen auf dem Boot um Frieden gebetet. Ich kann nicht kämpfen!" Damit ließ er seine Stangen fallen, setzte sich auf die Straße und betete wieder.

Nach ein paar Minuten blickte er auf und sah seine Feinde um sich herumstehen. Alle schauten neugierig zu ihm hinunter. „Was ist denn mit dir los?", fragte ihr Boss.

„Ich bete. Ich bin jetzt Christ. Wollt ihr etwas darüber erfahren?" Sie nickten stumm. So erzählte ihnen Ah Ming, was ihm passiert war. Sie waren so beeindruckt, dass einige davon später zu mir kamen und unsere Versammlungen besuchten.

※

Auf diese Weise wurde unser Jugendclub immer größer, denn die neubekehrten Christen brachten auch ihre Freunde mit. Ich hatte diesen berüchtigten Goko noch nicht getroffen, aber sein stämmiger, ständig Kaugummi kauender Bruder kam öfter, um zu singen. Einige Wochen nach dem Camp beteten wir im Clubraum, und einer der Jungen bekam eine Vision. Diese Vision sagte uns, wir sollten in einer Prozession singend und tanzend durch die Straße gehen.

Nur zwölf wollten mitmachen. Die anderen brachten Entschuldigungen vor. „Puun Siu Je, wir wohnen hier." Nun, wenn ich mir vorstellte, dass ich in meinem Heimatdorf in England herumhopsen sollte, konnte ich sie verstehen.

Eins unserer Lieblingslieder im Club war:

„Silber und Gold hab ich nicht,
aber was ich hab, gebe ich dir:
Im Namen Jesu von Nazareth, steh auf und geh!
Und er sprang und er sang und er lobte Gott ..."

Ich nahm mein Akkordeon; wir hatten einen Gitarristen und ein paar Trommler. Die anderen folgten im Gänsemarsch. Die Straße war zu eng für zwei Leute; aber als wir zu dem Refrain kamen: „Er sprang und er sang und er lobte Gott", gelang es uns allen, ein bisschen im Takt zu springen.

Soweit ich mich erinnern kann, war dies das einzige Mal in dieser Gegend, dass so viele Verbrecher ihre Aktivitäten stoppten, ohne dass eine Polizeirazzia in Sicht war. Am Pornokino und in den Spielhöllen stürzten die Geschäftsführer an die Türen, um zu sehen, was los war. Einer von Ah Keungs Bandenbrüdern schlief in einem illegalen Kasino, hörte den Gesang, wachte auf und glaubte sich in unseren Sonntagsgottesdienst versetzt. Viele Leute hatten vorher Christen gesehen, die ihnen Traktate ausgehändigt hatten. (Süchtige rauchten diese gewöhnlich.) Aber das hatten sie noch nie gesehen, dass Christen singend und tanzend in den Straßen der Vermauerten Stadt ihren Glauben bezeugten.

Wir kamen an den Opiumhöhlen vorbei und zu den zwei größten Heroinhöhlen, wo Ah Ming, der die Prozession anführte, anhielt und ganz ungeplant zu predigen anfing. Drinnen hatte sich ein großer, junger Chinese gerade eine Spritze verpasst. Dem war auch schon klar, dass „Fräulein Weiß" (einer der Spitznamen für Heroin oder weißes Puder) nicht hielt, was es versprach. Kaum hatte er seine Spritze genommen und einen Augenblick Vergnügen durch sie gehabt, da musste er schon wieder daran denken, wo er für sein nächstes Treffen mit „seiner Dame" das Geld hernehmen sollte. Dieser Mann – er hieß Ah Mo – sann gerade nach, wo er jetzt einbrechen könnte, da hörte er draußen vor der Heroinbude das Singen. Er war von einem Schwermutsanfall in den anderen gefallen, doch jetzt staunte er, als er seinen Freund Ah Ming hörte, wie auf der Straße erzählte, dass Jesus sein Leben verändert habe.

Ah Mo war sich darüber klar, dass etwas ganz Wunderbares stattgefunden haben musste; denn vor nur drei Wochen waren er und Ah Ming Seite an Seite herumgegammelt und hatten in dieser Bude hier Heroin genommen. So vergaß er seinen beabsichtigten Einbruch, schloss sich der Prozession an und folgte ihr, bis sie nach einer halben Stunde zum Clubraum zurückkehrte. Er ging mit hinein und lauschte verwundert, als die Jungen ihm erzählten, dass Jesus ihn ändern könne. Aber er schüttelte den Kopf. Stattdessen bat er mich um ein persönliches Gespräch.

„Ich kann kein Christ sein, Miss Puun. Ich habe meine Frau getötet." Dann hörte ich die tragische Geschichte von seinem Aufstieg zum Ruhm als ein Kraftprotz bei den Triaden. In den besseren Bezirken warf er die Leute aus den Nachtclubs und den Bars hinaus. Bald wurde er so mächtig, dass er sich seinen eigenen Rausschmeißer engagieren konnte. Er war Herr über ein kleines Reich und lebte mit der Besitzerin eines Tanzsaales zusammen, hatte aber wegen seines Image als Superheld gleichzeitig noch drei andere Geliebte. Als er verhaftet worden war, besuchte ihn seine „Chefin" im Gefängnis und brachte ihm Drogen und Geld. Sie liebte ihn wirklich. Aber obgleich er ihr Treue versprochen hatte, ging er nach seiner Entlassung wieder zu den anderen. Die Frau zerbrach an seiner Untreue, wurde süchtig und schließlich schwerkrank ins Hospital gebracht, wo man ihr den Magen auspumpte. Um sie zu besänftigen, lieh er sich für sie ein weißes Hochzeitskleid und für sich einen Frack und ließ zum Scherz ein Hochzeitsfoto mit ihr anfertigen. Diese Bilder sandten sie an ihre Verwandten in China. Aber Ah Mo gab sein zuchtloses Leben nicht auf;

und sein Mädchen nahm ein zweites Mal eine Überdosis. Als sie sich zum dritten Mal mit Tabletten vergiften wollte, konnte sie nicht mehr gerettet werden. Sie starb im Krankenhaus.

Diese Schuld machte Ah Mo zum Wrack; er verlor das Interesse an seinem Job und bestrafte sich mit Drogen.

Wie er so knochenmager und in Lumpen vor mir stand, konnte ich mir schwer vorstellen, dass dieser Mann eine so tödliche Leidenschaft ausgelöst hatte. Ich sagte ihm, dass er in Christus Vergebung finden könnte. Da flackerte Hoffnung in seinen Augen auf, was seinem Gesicht einen eigentümlichen Glanz verlieh. Er betete, um Jesus in sein Leben aufzunehmen, und verließ den Club wie betäubt. Einige seiner Kumpane waren draußen. Als sie sein Gesicht sahen, lachten sie: „Der hat Religion bekommen, der hat Religion."

„Ich machte mir nichts draus", erzählte mir Ah Mo später, „denn mein Herz war erleichtert."

Weil Winson und Ah Ming durch ein Wunder von ihrer Sucht geheilt worden waren, hatte ich angenommen, dass jeder, sobald er an Jesus glaubt, automatisch frei werden würde. Bei Ah Mo war das nicht so. Er nahm weiter Drogen, obgleich ich ihm erklärte, dass das nicht zu einem Christen passt.

Ich fragte Pastor Chan, ob er ihn in sein Zentrum nehmen könnte. Dort war aber zunächst kein Platz frei. Ich zerbrach mir den Kopf, warum Gott ihn nicht sofort von der Drogenabhängigkeit befreit hatte, so wie die anderen.

Als er am nächsten Sonntag zu unserem Gottesdienst kam, verkündigte Ah Mo: „Gelobt sei Gott! Ich brauche in dieser Woche nicht zu rauben und zu stehlen, um meinen Stoff zu bezahlen. Ich habe einen Job bekommen!"

Als ich entdeckte, was das für ein Job war, war es mir unmöglich, Gott dafür zu loben. Ah Mo war für eine der Rauschgifthöhlen als *Tin-man-toi* (Wachposten) engagiert worden. Jede Nacht von Mitternacht bis 8 Uhr morgens saß er auf der Straße der illegalen Dentisten und bewachte einen der Eingänge zur Vermauerten Stadt. In seiner Zigarettenschachtel hatte er einen Elektrostecker. Sobald er eine Polizeirazzia bemerkte oder Spione eines Rauschgiftdezernats oder ein Mitglied einer fremden Triadbande, musste er den Stecker in die Dose stecken, die in der unverputzten Mauer installiert war. Das löste in verschiedenen Verbrecher- und Drogenquartieren Alarm aus, sodass sie ihre Aktivitäten unterbrachen, wenn irgendein Eindringling sich näherte, und bereit waren, Angreifer abzuwehren.

Für diese „Arbeit" bekam Ah Mo 15 Hongkong-Dollar pro Tag. Das reichte für seinen Heroinbedarf, aber nicht für Reis.

Jeden Tag suchte ich Ah Mo auf und gab ihm etwas zu essen. Geld gab ich ihm nicht; ich hatte meine Lektion gelernt. Er schlief tagsüber in einer Gasse hinter der städtischen Bedürfnisanstalt von Kowloon und bezahlte für dieses „Vorrecht" eine Monatsmiete von 15 Hongkong-Dollar an einen anderen Straßenschläfer, der sich selbst zum „König" der Straße ernannt hatte. Wenn ich meine Gabe in einem Plastikbeutel überbrachte, setzte ich mich meistens zu Ah Mo und betete, während er halb dabei schlief.

Ich war dankbar, dass dieser Wächterjob nicht lange währte. Er war moralisch nicht zu rechtfertigen, aber ich wusste keine Alternative. Endlich fand sich für Ah Mo ein Platz in Pastor Chans Zentrum. Er wurde frei von der Sucht und nahm in einem Monat zwanzig Pfund zu. Wieder hatten wir einen Drachen bezwungen.

Nach Winsons wunderbarer Heilung sandte ich wieder Nachrichten an Goko. Ich schrieb ihm kurze Notizen und ließ die Botschaften durch verschiedene *Sai-Los* überbringen. Ich sprach in Spielhöllen vor und hinterließ dort meinen Namen für ihn; ich sprach mit dem Aufpasser vor seiner bevorzugten Opiumhöhle und unterhielt mich mit seiner Frau. Schließlich willigte er ein, mich zu treffen, da die Häufung der Botschaften vermuten ließ, dass ich etwas sehr Wichtiges mit ihm zu besprechen hatte. Er sandte Winson mit einer Einladung zu mir und bat mich zum Tee in das Fairy-Restaurant außerhalb der Vermauerten Stadt. Das war ein chinesisches Café, wo es westliche Speisen gab, allerdings zu Preisen, die ich mir nie hätte leisten können. Ich machte mich auf den Weg, an den Straßenbriefschreibern vorbei, die schwerfällig ihre Schriftstücke verfassten, und rätselte herum, wie Goko wohl aussehen mochte. Er war groß und stark, das wusste ich, denn er war ein guter Fußballspieler gewesen, bevor er seinen Körper durch Opium ruiniert hatte. Man hatte mir geschildert, wie er den ganzen Tag in seiner eigenen Rauschgifthöhle lag, während seine jüngeren Bandenbrüder ihn mit Opium versorgen mussten. Diese Abhängigkeit stand in scharfem Gegensatz zu der Macht, die er ausübte, und der Furcht, die sein Name einflößte. Er hatte seine Gefolgsleute einer sorgfältigen Gehirnwäsche unterzogen: Heroin war verboten, aber Opium erlaubte er. Angeblich sei Opiumrauchen nur die

Fortsetzung einer alten Sitte und nicht gefährlicher, als nach der Mahlzeit einen Brandy zu trinken. Er war ein älterer Triadenboss und brüstete sich damit, dass er die Regeln befolgte, z. B. dass er die Verantwortung für das Begräbnis eines ermordeten Bandenmitglieds oder die finanzielle Versorgung seiner „Jünger" übernahm.

Goko erkannte mich zuerst, weil ich die einzige Weiße war, die das Restaurant betrat. Er war Mitte Dreißig, gut gekleidet und saß allein an einem Tisch. Mit höflichen Gebärden bat er mich, Platz zu nehmen. Als ich ihm zum ersten Mal voll ins Gesicht schaute, konnte ich sehen, dass das Opium Spuren des Verfalls in seine strengen Züge gegraben hatte. Er sah aus, als sei er trotz seiner großen Gestalt innerlich eingefallen wie ein alter Mann. Er lächelte mich an und zeigte seine kranken Zähne, verfärbt vom Rauch der Opiumpfeife. Während ich bei ihm war, rauchte er am laufenden Band Zigaretten; er zog und inhalierte ununterbrochen.

Dieser skrupellose und verkommene Bandenführer fragte mich höflich, was ich bestellen möchte. Ich trank Kaffee, er trank Horlicks, und beide aßen wir Ananasbrötchen.

Die Konversation plätscherte in den üblichen Floskeln dahin, bis ich schließlich herausplatzte: „Ich wünschte, Sie wären nicht so höflich; hören wir doch mit diesem Spielchen auf. Wir beide haben nichts gemeinsam. Warum sind Sie eigentlich so freundlich zu mir?"

Goko machte eine Pause. „Ich habe den Eindruck, dass Sie sich um meine Brüder kümmern, genauso wie ich." Das waren keine leeren Worte. Er war bekannt dafür, dass er für seine Anhänger sorgte.

„Ja, ich kümmere mich um die Jungen", stimmte ich zu. „Aber Sie und ich haben dennoch nichts gemeinsam. Mir widerstrebt alles, wofür Sie eintreten, und ich hasse, was Sie tun."

Es war seltsam; aber von diesem Augenblick an und bei künftigen Begegnungen sprach Goko viel freier, je deftiger ich mit ihm redete. Er hörte auf mit höflichen Kinkerlitzchen und sprach frei heraus.

„Puun Siu Je, Sie und ich, wir verstehen etwas von Macht. Ich gebrauche sie auf diese Weise", er ballte seine Faust, „und Sie gebrauchen sie so", er zeigte auf sein Herz. „Sie haben eine Macht, die ich nicht habe. Wenn meine Brüder auf Drogen scharf werden, lasse ich sie zusammenschlagen. Ich will nicht, dass sie heroinsüchtig werden, weil ich weiß, dass ich sie davon nicht wieder freimachen kann. Aber ich habe Sie beobachtet. Und ich glaube, Jesus kann das." Er machte eine Pause, um sich eine Zigarette anzuzünden, und ich staunte über die Bedeutung seiner Worte.

„Deshalb", so fuhr er fort, „habe ich beschlossen, Ihnen die Süchtigen zu übergeben."

„Nein", erwiderte ich schnell. „Das können Sie nicht machen. Ich weiß, was Sie vorhaben. Sie wollen, dass Jesus sie von den Drogen befreit, damit sie zu Ihnen zurückkommen, um wieder für Sie zu arbeiten und zu kämpfen. Aber Christen können nicht zwei Herren dienen; sie müssen entweder Christus nachfolgen oder Ihnen. Ich nehme an, dass Sie Ihre Brüder lieben; aber Sie und ich, wir gehen verschiedene Wege, und zwischen uns gibt es nichts Gemeinsames. Ich habe nicht die Absicht, Ihren Brüdern zu helfen, nur damit Sie sie wieder zurückbekommen. Denn sobald sie Ihnen folgen, verfallen sie ganz bestimmt wieder dem Heroin."

Goko starrte auf das Tischtuch, auf die Krümel von unseren Ananasbrötchen. Schließlich blickte er langsam auf.

„Also gut. Ich gebe meine Rechte an denen, die Jesus nachfolgen wollen, ab."

Ich konnte kaum fassen, was er gesagt hatte. Die Triaden geben niemals ihre Mitglieder frei; wer einmal bei den Triaden ist, bleibt es sein Leben lang. Selbst die Gerichte von Hongkong akzeptierten, dass Mitgliedschaft bei den Triaden für immer bindend ist. Fluchtversuche führten zu brutalen Strafen, oft zum Tode. Es gab Berichte über rebellische Mitglieder, denen man die Wangen zerfetzt hatte oder die irgendwann einmal einfach erstochen wurden. Aber hier gab Goko freiwillig einige seiner Brüder ab. Von einem solchen Angebot hatte ich noch nie gehört. Er unterbrach meine Gedanken: „Wir werden es folgendermaßen machen: Ich übergebe Ihnen alle meine verdorbenen Brüder, und die guten behalte ich."

„Einverstanden", sagte ich, „Jesus kam ja für die Verdorbenen."

Das war also unser seltsamer Pakt, und von dieser Zeit an schickte mir Goko Süchtige zur Heilung. Als er hörte, was an Johnny geschehen war, sagte er: „Ich werde das beobachten. Wenn das fünf Jahre anhält, muss ich auch gläubig werden."

Kapitel 9

Immer neue Schmerzen

Winson war in Schwierigkeiten. Er kam ganz aufgeregt zu mir. „Puun Siu Je, ich habe Gott zu danken. Gestern Abend in der Opiumhöhle hat mir jemand etwas Opium geschenkt. Ich wollte es haben; aber ich betete, und Gott gab mir die Kraft – ich nahm es nicht. Stattdessen kniete ich nieder und sang Lieder von Jesus, dass jeder es hören konnte."

Ich war wütend auf ihn. „Das ist keine Ehre für den Herrn, Winson. Das heißt Gott versuchen. Es ist äußerst unklug, Gottes Schutz ausgerechnet in einer Opiumhöhle zu erbitten – du hast dort nichts verloren!"

Aber so einfach lagen die Dinge nicht. Ich musste feststellen, dass Winson keinen anderen Ort zum Schlafen hatte. Zu der Zeit, als er sich bekehrte und von seiner Sucht frei wurde, wohnte er in dieser Opiumhöhle, wo sich auch seine 14K-Brüder am liebsten aufhielten.

Ich hatte ihm gesagt, er solle von seiner Bande weggehen und Jesus nachfolgen. Aber praktisch bedeutete es dasselbe, als hätte ich ihm auf die Schulter geklopft und gesagt: „Geh – ich wünsche dir alles Gute; halte dich warm und ernähre dich vernünftig", und hätte nichts getan, um ihn zu ernähren und zu wärmen. Obwohl beide, Winson und Ah Ping, Christen geworden waren, waren sie noch mit den Triaden verbunden, einfach durch die Tatsache, dass sie in der Vermauerten Stadt wohnten. Was sollten sie tun, wenn ein Bruder angegriffen wurde? Ihr Instinkt sagte ihnen, sie müssten ihn verteidigen; sie waren ja in einer Gesellschaft aufgewachsen, wo Loyalität zum Bruder Gewalt bis zum Mord rechtfertigte. Es war außerordentlich schwer für sie, sich von denen abzuwenden, mit denen sie aufgewachsen waren, Wenn sie auch selbst nicht mehr aktiv am Verbrechen teilnahmen, so verursachte ihre bloße Anwesenheit dauernd Triaden-Affären.

Ah Ming hatte auch seine Probleme. „Ehe ich ein Christ wurde, waren meine Befehle hoch geachtet. Wenn ich sagte: ‚Geht!', dann gingen meine Leute; wenn ich sagte: ‚Schlagt zu!', dann taten sie es. Ich brauchte überhaupt nicht nachzudenken; ich war ohne Mitleid."

Er erinnerte mich an den römischen Hauptmann, der zu Jesus gekommen war.

„Aber jetzt", fuhr Ah Ming fort, „wenn sie mit Sorgen zu mir kommen, dann muss ich zunächst einmal nachdenken. Ich kann ihnen nicht einfach sagen, sie sollen kämpfen; ich bin doch ein Christ. Zum ersten Mal in meinem Leben denke ich an die Gefühle der angegriffenen Opfer. Wenn meine Brüder nun sehen, dass ich zögere, verlieren sie die Achtung vor mir. Und das tut weh." Hinter dieser Furcht, das Gesicht zu verlieren, wuchs ein Gewissen, eine neue Unruhe in der Welt der Triaden.

Wenn ich so in der Vermauerten Stadt umherging, traf ich immer wieder Ex-Fixer und Triaden, die einmal den Wunsch geäußert hatten, sich zu ändern. Es war klar, dass man diese Burschen aus ihrer schlimmen Umgebung herausnehmen musste, aber wie Winson hatten sie alle keinen anderen Wohnplatz. Sie konnten mit ihrem noch so spärlichen geistlichen Wissen den dauernden Versuchungen nicht widerstehen. So bemühte ich mich für sie um Wohnungen und christliche Heime, musste aber feststellen, dass diese nur für die „besseren" Chinesen da waren. Man verlangte von den Insassen, dass sie Arbeit hatten oder zur Schule gingen; außerdem waren zwei Referenzen von Pastoren erforderlich sowie die Vorauszahlung einer Monatsmiete und eine Einlage. Da keiner der neubekehrten Gangster auch nur eine dieser Forderungen erfüllen konnte, waren sie praktisch ausgeschlossen.

Jeden Europäer oder Amerikaner, den ich kannte, hatte ich irgendwann einmal gebeten, einen meiner Jungen in sein Haus aufzunehmen. (Chinesische Familien hatte ich nicht gefragt, denn bei ihnen ist nie ein Zimmer frei. Sie haben genug Probleme, ihre eigenen Verwandten unterzubringen.) Doch es führte zu nichts. Ein solcher Junge brauchte einfach mehr Aufsicht und Disziplin, als eine englische Familie bieten konnte. Außerdem empfanden es die meisten Leute auf die Dauer als Belastung, einen Gangster in Omas Zimmer bei sich zu haben, wenn's auch ein bekehrter war.

Mary Tailor brach in Tränen aus, als sie das erste Mal unsere Wohnung in der Lung-Kong-Straße sah. Zugegeben, von den Wänden fiel der Putz, das Dach hatte ein Loch, schmutzige Eimer ersetzten die Toilette, es gab keinen Strom; aber in meinen Augen war die Wohnung ein Gottesgeschenk. Ich konnte wirklich nicht einsehen, warum meine alte Schulfreundin so entsetzt war. Wir hatten doch um einen Platz gebetet, an den ich meine Schäfchen bringen konnte; und soweit ich es beurteilen konnte, war das dieser Ort.

Ich hatte dieses Haus gefunden, als ich an einer Straßenbude, direkt vor der Vermauerten Stadt, nachfragte, ob irgendwelche Wohnungen in unmittelbarer Nachbarschaft zu haben seien. Eine sehr gut gekleidete Dame, die dort zum Einkaufen war, nahm mich gleich mit zu dieser verkommenen Behausung. Nach chinesischen Maßstäben war das Haus riesig. Es hatte eine Wohnfläche von über 300 Quadratmetern und eine Treppe zum Dach hinauf, das zum Teil mit Wellblech gedeckt war und einen weiteren Raum ergab. Sie bot es mir zu einer sehr günstigen Miete an und sagte, sie habe es ein ganzes Jahr leer stehen lassen, weil sie es nur an Christen vermieten wollte. Sie selbst war Buddhistin.

Ich war so begeistert, als ich es sah, dass ich die Möglichkeit einfach wahrnehmen musste. Mary war pragmatischer; sie sah die Nachteile. Vielleicht hatte sie recht, denn es bedeutete enorm viel Arbeit, das Haus bewohnbar zu machen. Die Jungen aus der Vermauerten Stadt halfen mir bei der Renovierung und stellten ihr Können bzw. ihr Nichtkönnen zur Verfügung. Man kann sich streiten, ob diese Methode wirklich billiger war, als Handwerker anzustellen, denn sie waren ganz versessen auf süße Getränke und Fleischgerichte als Lohn für ihre Dienste.

Prinzipiell geht so eine Arbeit schneller, wenn einer aufpasst. So zogen Mary und ich dorthin, mitten in Berge von Schutt mit einer zweifelhaften Wasserleitung und ohne Strom. Wir kampierten in einem Raum, wo die Zwischenwände herunterkamen und die Decke sich überall löste. Unser ganzer Stolz war der Dachgarten, als wir erst einmal Haufen von alten Fahrradrahmen und Bettgestellen weggeräumt und statt dessen Begonien, Kakteen und rankenden Wein angepflanzt hatten, sodass niemand hereinsehen konnte. Uns gegenüber war nämlich ein Institut, wo Polizisten außer Dienst umgeschult wurden, die sich bestimmt einen Riesenspaß daraus gemacht hätten, uns beim Sonnenbaden zu beobachten.

Ich musste mich jetzt entscheiden, ob ich mein Haus mit Mädchen oder Jungen teilen wollte; es waren ja so viele heimatlos. Wenn ich Jungen aufnahm, was ich als ledige Frau ziemlich unpassend fand, würden Mädchen ausgeschlossen. Ich konnte sie nicht zusammen nehmen. Aber die Entscheidung wurde mir abgenommen, als Ah Ping und Ah Keung ihre Behelfsunterkunft verlassen mussten und keine Bleibe hatten. Sie hätten in die Vermauerte Stadt zurückgehen müssen, wenn sie nicht bei uns in der Lung-Kong-Straße untergekommen wären.

Zu unserer Familie stieß dann noch Joseph, der erste Vorstand unseres Jugendclubs. Winson verließ seine Opiumhöhle und kam zu uns, und außerdem fanden wir Platz für Ah Ming mit seinen Freunden. Wir bildeten eine christliche Kommune und halfen den Jungen, in ihrem Glauben zu wachsen. Ich freute mich, dass ich jeden Einzelnen so unterbringen konnte.

Allerdings hatte ich noch viel zu lernen. Vor allem machte ich viel zu viel selbst. Ich kochte für die Jungen, deckte ihnen den Tisch, kleidete sie ein, putzte das Haus und schickte sie zur Arbeit bzw. in die Schule. Außerdem öffnete ich fast jeden Abend unseren Clubraum in der Vermauerten Stadt und besuchte Verbrecherhöhlen und Bordelle, sobald sich irgendein Kontakt ergab. Wenn ich mich dann endlich einmal hingelegt hatte, wurde ich häufig durch Drogenabhängige geweckt, die an der Tür klingelten und von Jesus hören wollten. Prostituierte riefen mich aus den Polizeistationen an, Detektive standen an der Tür und wollten Informationen haben, und Gefängniswärter und Bewährungshelfer verwiesen ihre Fälle an mich, denn unser Haus war eines der wenigen in der Kolonie, wo kriminelle Jugendliche aufgenommen wurden. Da ich einen Polizisten nicht gerade im Nachthemd empfangen wollte, gewöhnte ich mir an, in meinen Kleidern zu schlafen. Ich war immer bereit, auf irgendeinen Notruf hin aus dem Haus zu stürzen.

Zum Beispiel rief mich einmal ein junger Mann um 4 Uhr früh an, um mir zu sagen, dass er mit seiner Frau einen Streit gehabt habe und dass sie dabei aus dem oberen Bett auf den Fußboden gefallen sei. Er war in Panik weggerannt und bat mich nun inständig, in seine Wohnung zu gehen, um zu sehen, ob die Frau tot war oder noch lebte.

Schließlich kam es dann doch so weit, dass meine Mitbewohner „gemischt" wurden. Eines Abends klopfte es an der Tür, und als ich öffnete, stand ein junges Mädchen, ein Teenager, vor mir, mit einem Baby auf einem Arm und einem riesengroßen Koffer am anderen Arm. Hinter ihr kauerten ihr kleiner Bruder und zwei kleine Schwestern. „Puun Siu Je", flüsterte sie, „wir möchten bei dir wohnen."

Ich hatte diese Kinder vor ungefähr drei Jahren kennengelernt und eine Menge Scherereien mit ihnen gehabt. Ihr süchtiger Vater hatte sich nicht nur selbst geschadet, sondern auch seiner Familie schweres Leid zugefügt. Die Geschichte der Familie Chung war entsetzlich. Sie alle wohnten auf einem Doppelbett. Für etwas anderes war kein Platz in dem Raum. Die Behausung bestand nämlich nur aus dem Dach einer Baracke, die jemand anderem gehörte, und war über eine Holztreppe zu erreichen.

Ihr eigenes Dach war eine Plastikplane, die in der Mitte durchhing, wenn es regnete. Immer wieder richteten sie es mit einer Stange auf und schütteten das Regenwasser in Eimer, damit in dem kleinen Raum keine Überschwemmung entstand. Die Kinder hatten auf dem Bett das Laufen gelernt; auf dem Bett wurde geschlafen, gekocht, gespielt, und darauf machten sie auch ihre Schularbeiten. Alle fünf Kinder waren krankhaft schüchtern. Als ich diese Familie besuchen kam, drehten sie sich zur Wand, um vorzutäuschen, sie seien nicht da. Anders konnten sie sich nicht verstecken.

Ich sah sie niemals etwas anderes essen als weißen Reis, der zu einem Brei, dem sogenannten *Konjieh*, gekocht war. Ihr ganzes Elend war dadurch entstanden, dass der Rabenvater all seinen Verdienst für Heroin ausgab und seine Familie überhaupt nicht versorgte. Das einzige Einkommen kam von Frau Chung, einer zarten, kleinen Dreißigjährigen, die für ihren Lebensunterhalt Wasser trug. Sie brachte es in Eimern von den Wasserpumpen außerhalb der Vermauerten Stadt, trug sie an einer Stange die engen Straßen hinunter und dann die Treppen hinauf zu den Leuten. Fünf Cents verdiente sie damit, aber selbst dieses Einkommen verlor sie noch, weil sie Rheumatismus in den Beinen bekam und mit den schweren Eimern nicht mehr laufen konnte.

Obgleich sie ihr sechstes Kind erwartete, das in diesem Hungerslum geboren werden sollte, sah man Frau Chung immer lächeln. Sie hatte gebetet, um Jesus in ihr Herz aufzunehmen. Sie, ich und einige der Jungen vom Jugendclub beteten oft miteinander, was ihr große Freude bereitete. Wir brachten ihr gewöhnlich getrockneten Speck, gesalzenen Fisch und Öl mit, sodass die Familie ihrem Reis etwas Nahrhaftes beigeben konnte. Hätten wir ihr Geld gegeben, so hätte ihr Ehemann, der gelegentlich zurückkam, es ihr gestohlen, um Heroin zu kaufen. Wir schenkten den Kindern – im Alter von sechs bis elf Jahren – zu Weihnachten Spielsachen und bezahlten ihnen das Schulgeld. Aber dennoch mussten die Kinder in der Fabrik arbeiten, damit der Reis gekauft werden konnte.

Ich verwies diesen Fall an das Sozialamt und bat um eine Umsiedlerwohnung für sie und etwas Finanzhilfe, denn selber konnte ich nicht endlos die Familie versorgen. Die Beamten in diesem Büro waren nicht hilfsbereit. Da Frau Chung Analphabetin war, konnte sie nicht einmal lesen, zu welcher Etage sie zu gehen hatte, und wusste nicht, wie sie die Formulare ausfüllen sollte, die man ihr gab. Ohne diese konnte sie sich jedoch nicht in die lange Schlange der Antragstellenden einreihen.

Als sie eines Tages wieder zum Sozialamt ging, begleitete ich sie und saß den ganzen Tag neben ihr und wartete auf die Sachbearbeiterin. Ich vermutete, diese würde das Ehepaar als getrennt lebend einstufen, weil Herr Chung selten nach Hause kam und keinen Cent zum Familieneinkommen beitrug. Als Frau Chung dann befragt wurde, schickte man mich brüsk hinaus. Danach erzählte mir diese arme kleine Frau, dass sie zum ersten Büro zurückgeschickt worden sei, um etwas zu unterschreiben, und dass sie Bescheid bekommen werde. Vier Monate später war immer noch kein Brief da, doch sie hoffte weiterhin. Schließlich überprüfte ich die Sache beim Sozialamt. Dort holte man die Akte. Ich hörte: „Diese Familie hat keinen Anspruch auf Hilfe."

„Wenn diese Familie keinen Anspruch hat, dann hat überhaupt keiner Anspruch auf Hilfe. Ich habe noch nie jemand gesehen, der so arm ist wie diese Familie, und sie haben ein neugeborenes Kind", erwiderte ich. Aus Geldmangel hatte Frau Chung die Klinik schon nach einem Tag verlassen müssen, in der sie ihr sechstes Kind zur Welt gebracht hatte. „Würden Sie mir bitte diese Entscheidung erklären?", bat ich.

Die Verantwortlichen hatten den Ehemann von Frau Chung vorgeladen, damit er eine Erklärung über sein Einkommen gebe. Er hatte ihnen erzählt: „Ich verdiene 600 Hongkong-Dollar im Monat und gebe meiner Frau 400 davon ab." Das war eine perfekte Lüge; aber es hätte einen Gesichtsverlust für einen chinesischen Mann bedeutet zuzugeben, dass er seine Familie nicht versorgen kann. Die Falschmeldung war sorgfältig notiert, und dann hatte die Sozialbeamtin Frau Chung gebeten, die Erklärung ihres Mannes zu unterschreiben. Frau Chung hatte gar nicht gewusst, was drin stand. Sie dachte, sie unterschreibe ein Hilfegesuch mit ihrem Zeichen.

„Konnten Sie denn nicht sehen, dass er unter Drogen stand? Einem solchen Mann kann man doch nicht trauen!" Ich war so ärgerlich, dass ich aggressiv wurde.

„Er erklärte uns, er sei vollständig drogenfrei", erwiderten sie zur Verteidigung.

„Ja, wissen Sie denn nicht, wie ein Süchtiger aussieht? Er ist ein typischer Vertreter dieser Leute. Das Heroin starrt ihm aus den Augen." Die Beamten, die alles nur von der Theorie her kannten, bezeichneten mich als Querulanten. Aber sie änderten ihre Entscheidung, und schließlich erhielt Frau Chung etwas finanzielle Hilfe.

Wir halfen der Familie beim Auszug aus der Vermauerten Stadt. Meine Jungen mieteten einen Laster, und wir luden das Doppelbett auf, nur um darunter Tonnen voller Kleidung vorzufinden. Die Familie hatte früher Kontakt zu einer Wohltätigkeitsorganisation gehabt, die aus Übersee ein Dutzend Tonnen mit Kleidung als Spende für die „Flüchtlinge" geschickt hatte. Die Tonnen waren z. B. mit verschmutzten paillettenbesetzten Abendkleidern gefüllt, aber Frau Chung war so darauf aus, irgendetwas ihr Eigen zu nennen, dass sie keines davon wegwerfen wollte. Wir kauften hundertfünfzig Kleiderbügel und hängten sie in dem neuen Wohnraum der Familie, der ansonsten völlig leer war, an Wäscheleinen auf. Dann wurde ausgepackt; die Tonnen wimmelten von Kakerlaken. In ganzen Nestern hatten sie jahrelang darin gelebt und krochen jetzt heraus, um das neue Heim in Besitz zu nehmen. Als erst die Hälfte der Tonnen ausgepackt war, hingen schon auf jedem Kleiderbügel drei graue, schimmelige Teile, in denen es krabbelte, darunter allein sechs Wintermäntel von dicken englischen Frauen, die verschimmelt waren und stanken.

Es gab massenhaft unpassende und untragbare Kleidung, so legte ich große Haufen davon zur Mülltonne hinter dem Haus. Am nächsten Tag kam ich zurück und sah, dass das älteste Mädchen, Ah Ling, runtergegangen war und alles wieder zurückgeholt hatte – diese Kleider waren ihre einzige Sicherheit.

Zu der Zeit, als wir in die Lung-Kong-Wohnung umzogen, erzählte mir Frau Chung, dass sie aufgefordert worden sei, eine Arbeit anzunehmen, denn die Regierung könne nicht endlos die Ehefrauen von Drogenabhängigen unterstützen. Sie hatte erklärt, dass sie nicht gesund sei, aber man verweigerte ihr weitere Hilfe. Zwei Wochen nachdem sie diesen Bescheid bekommen hatte, starb sie. Sie hatte schon lange gehustet, und obgleich es zu kostspielig für sie war, einen Arzt in Anspruch zu nehmen, hatte sie mehrere Male eine Klinik besucht. Dort hatte man ihr eine Flasche Hustensaft gegeben.

Ich fühlte mich mitschuldig an diesem Tod. Ich hatte gewusst, dass sie hustete, hatte aber nie die Mühe auf mich genommen, sie zum Arzt zu begleiten, und ihre Tb war nicht erkannt worden. Sie hatte fachärztliche Hilfe gesucht, aber wir hatten sie dabei nicht unterstützt. Sie ist einen Tod gestorben, den man hätte verhindern können.

Nach dem Begräbnis besuchte ich die Kinder weiterhin und sorgte für sie, die jetzt von ihrem Vater ausgebeutet wurden. Er nahm die 13-jährige Tochter von der Schule und schickte sie in eine Fabrik. Für den erbärmlichen Lohn von 100 Hongkong-Dollar im Monat nähte sie Kragen an Kleider; all ihr Geld musste sie dem Vater abgeben. Wenn der Jugendclub Ausflüge machte, nahmen wir die Chung-Kinder mit. Bei dieser Gelegenheit hatten sie den Wunsch geäußert, in meinem Haus zu wohnen. Ich lehnte diese Möglichkeit glatt ab und sagte ihnen, dass sie nach dem Gesetz zu ihrem Vater gehörten. Einen Monat nach meiner Ablehnung packten sie ihre Sachen, liefen von zu Hause weg und kamen zu mir.

Da stand nun dieses Häufchen Unglück in meiner Tür. Sie hatten volles Vertrauen, dass ich sie aufnehmen würde. Das passte mir jedoch gar nicht. Einige Jungen schliefen schon wegen Platzmangel auf dem Fußboden. Aber es blieb mir nichts weiter übrig, als ich entdeckte, dass Ah Ling von ihrem Vater missbraucht worden war. Sie zeigte mir die Quetschungen an ihren Beinen. Ich brachte sie deshalb ins Krankenhaus, und für die Kleineren stellte ich Holzbetten auf. Die Kinder waren so verschlossen, dass es lange dauerte, bis eines von ihnen mich ansprechen konnte. Doch ich entdeckte bald, dass unsere Jungen, die selber vernachlässigt waren, wirklich gut zu den Kindern waren und gern mit dem Baby spielten.

So wuchs die Familie in unserem Hause und erweiterte sich dadurch, dass Frau Chan, die ich einige Monate zuvor durch ihren Sohn Pin Kwong kennengelernt hatte, regelmäßig kam. Der Sohn war ein krimineller

Süchtiger von 19 Jahren, der keinerlei Absicht zeigte, sich zu ändern. Er kam zu Geld, indem er seinen Opfern in öffentlichen Toiletten das Messer vorhielt. Ich habe ihn oft über seine verwitwete Mutter ausgefragt; aber er ließ es nicht zu, dass ich sie besuchte. Er sagte nur: „Die ist eine alte Götzenanbeterin und will nichts von einer Christin wissen."

Als Pin Kwong zum fünften Mal ins Gefängnis gekommen war, suchte ich seine Mutter auf und fand sie in einem kleinen Bett liegend in ihrem Zimmer in der Vermauerten Stadt. Sie wollte sterben, weil ihr Sohn wieder einmal verhaftet worden war. Sie hatte keinen Mann mehr und keine Verwandten, und Pin Kwong war ihr Ein und Alles. Chinesische Frauen sind sehr stolz auf ihre Söhne, aber dieser hier war verdorben und verprasste alles Geld, das sie besaß. Sie hatte keinen Lebenswillen mehr. Er hatte nicht gewollt, dass ich sie besuche, weil er Angst hatte, ich könnte herausbekommen, wie er seine Mutter ausbeutete und ihr selbst das bisschen Geld noch wegnahm, das sie mit dem Verkauf von Küchenkräutern auf dem Markt verdienen konnte. Als ich sie fand, hatte sie schon einige Tage gelegen, ohne zu essen, und war sehr schwach. Die Jungen gingen und kauften Hühnerbrühe und Knochen, um eine Suppe zu kochen, und wir päppelten die ältere Dame wieder auf. Während wir ihr zu essen gaben, erzählten wir von dem Vater, der ihr sein Bestes gegeben hatte, seinen einzigen Sohn, weil er sie liebte.

Frau Chan war eine einfache Frau, die nie zur Schule gegangen war. Langen Sätzen konnte sie nicht folgen. Von Christus hatte sie noch nie gehört. Wir legten ihr die Hände auf und baten Gott, dass er sie auf eine Weise belehre, die sie fassen konnte. Nach diesem Gebet blickte sie auf, lachte übers ganze Gesicht und sagte, jetzt könne sie das erste Mal seit Jahren ganz tief durchatmen. Sie fühlte sich von ihrer „Krankheit der Lungen", wie sie es nannte, durch unser Gebet geheilt. Tatsächlich kamen ihre Beschwerden nie wieder.

In dieser Nacht träumte sie, dass ein Mann in einem langen, weißen Kleid zu ihr kam, die Arme nach ihr ausstreckte und sie fragte, ob sie zu ihm kommen wolle, um getauft zu werden. Seit dieser Zeit lag ein Strahlen auf ihrem Gesicht, und als wir ihr einen Schlüssel zu unserem neuen Heim in der Lung-Kong-Straße anvertrauten, war sie überglücklich. Sie machte sich hier zu schaffen, putzte alles, was ihr in die Hände kam, bereitete Mahlzeiten und stellte uns all ihre Freunde vom Markt vor, damit sie uns die Lebensmittel billiger ließen. Um mir ein Zeichen ihrer Verehrung zu geben, bot sie mir an, meine Patenmutter zu werden. So wurde sie meine Patenmutter, meine *Kai-Ma*, und ich ihre Patentochter, ihre *Kai-Neui*.

Da sie kein Wort lesen konnte, sollten ihr die Jungen Bibelverse beibringen. Sie brauchte eine ganze Woche, um zu lernen „Jesus sagte: Ich bin das Brot des Lebens". Dieses Wort schien ihr ganz besonders am Herzen zu liegen, denn sie hatte eine besondere Leidenschaft für den Toaster, und sie verschlang die Marmeladenbrote auf höchst unchinesische Weise.

Ich erinnerte mich an die Zeit, als wir unsere Arbeit in der Vermauerten Stadt anfingen und mir Dora bei den Bibelstunden mit ihren Übersetzungen half. Da erlebten wir einen Abend, an dem nur ein einziger Junge auftauchte; die anderen hatten es total vergessen. Ich war verärgert und fragte mich, warum ich eigentlich so viel Zeit damit vergeudete, die Jungen zu den Versammlungen zu bringen. Es war eine der sehr seltenen Gelegenheiten, in denen ich wirklich wünschte, wieder in England zu sein, wo die Christen immerhin wussten, welcher Wochentag gerade war. Ich sprach diese Gedanken nicht aus, aber als wir beteten, gab Gott dem einen anwesenden Jungen eine Botschaft in Zungen, und Dora hatte die Auslegung dafür.

Sie lautete: „Es ist niemand, der Haus oder Brüder oder Schwestern oder Vater oder Kinder oder Äcker verlässt um meinetwillen und um des Evangeliums willen, der nicht hundertfältig empfange jetzt in dieser Zeit Häuser und Brüder und Schwestern und Kinder und Äcker mitten unter Verfolgungen, und in der zukünftigen Welt das ewige Leben."

Dieses Bibelwort hatte ich schon oft gehört, aber bis zu Doras Auslegung nie richtig aufgenommen. Sofort nahm ich die Bibel und las die Verse im Markus-Evangelium, die da sagten, wir würden in diesem Leben hundertmal so viel empfangen, wie wir verlassen haben. Ich hatte immer bloß den Teil mit dem ewigen Leben im Sinn gehabt und gedacht, der Lohn werde erst nach dem Tode kommen. An jenem Abend nahm ich die Verheißung in Anspruch: „Herr, ich möchte jetzt hier hundert Heime, hundert Brüder und Schwestern. Auch hundert Mütter und Kinder."

Nun, in der Wohnung in Lung-Kong zählte ich nach und stellte fest, allein von den Jungen aus der Vermauerten Stadt müsste ich schon mindestens hundert Geschwister haben. Ich wohnte in dieser meiner sechsten Wohnung mit vielen anderen zusammen, die mir zugetan waren, und die Kinder vermehrten sich immerzu. Mit Müttern war ich bisher ein bisschen knapp, da kam Frau Chan. Sie besuchte eine liebe Gemeinde voller alter

Damen außerhalb der Vermauerten Stadt und kümmerte sich um mögliche „Mütter", die ich brauchte. So bekam ich mehr Patenmütter.

Eines Tages kam ein junger Mann mit seiner Oma aus dem benachbarten Wohnblock. Die alte Dame wirkte sehr gebrechlich. Ihr Kopf war bandagiert, sie hatte eine hässliche Schnittwunde an ihrer Schläfe. „Ich möchte getauft werden", piepste sie.

Ich schöpfte sofort Verdacht. „Getauft sein bedeutet gar nichts, wenn Sie nicht an Jesus glauben. Wenn Sie etwas von ihm hören möchten, so bin ich gern dazu bereit. Aber wenn Sie nur ein Papier haben wollen, dann kann ich Ihnen nicht helfen. Wir geben keine Taufscheine aus in unserer Gemeinde. Sie finden viele andere, die das machen. Ich bin sicher, andere werden Ihnen gern helfen."

Es stellte sich heraus, dass diese Großmutter hingefallen und sich den Kopf aufgeschlagen hatte und Angst hatte, dass sie sterben könnte, ohne eine Grabstelle zu haben. Gräber waren knapp in Hongkong, und die Schwarzmarktpreise dafür enorm. Als Mitglied einer christlichen Gemeinde könnte sie ein ausreichendes Stück geweihten Boden bekommen; und das war das Anliegen der alten Dame. Ich übergab sie Frau Chan. Die beiden freundeten sich an, und Frau Chan führte sie zu Christus. Die alte Oma erlebte eine echte Bekehrung und wurde getauft. Sechs Monate später starb sie mit einem sicheren Platz im Himmel.

Ich hatte keine Ahnung gehabt, was für eine schwere Arbeit es war, die Jungen in meinem Hause zu versorgen. Alle Bücher, die ich von Kriminellen, die Christen geworden sind, gelesen hatte, hörten gleich nach der Bekehrung auf und erweckten den Eindruck, als lebten die Neubekehrten danach in eitel Glück und Freude. Mein Grundfehler war, dass ich dachte, wenn einer in Christus ist, dann ist er sofort ein fertiger neuer Mensch. In der Schrift aber heißt es, er ist „eine neue Kreatur". Wenn auch die Gangster Christen geworden waren, so waren sie zunächst wie neugeborene Kinder und mussten eine Menge lernen. Sie wussten nichts von einem normalen Leben. Manche von ihnen hatten vom fünften Lebensjahr an auf der Straße gewohnt, wie z. B. Mau Jai (Kleine Katze), der mit Johnny in der Opiumhöhle gewesen war, als dieser verhaftet wurde.

Mau Jai durfte nicht zu Hause schlafen, weil sein Vater zwei Frauen gehabt hatte. Die zweite, die „Kleine Mutter", war in Ungnade gefallen, sodass ihre Kinder von zu Hause verbannt wurden. Die Kleinen verlebten keine normale Kindheit; umso mehr nahmen sie an Muskelkraft und List zu. Weil sie es gewöhnt waren, die ganze Nacht wach zu sein, konnten sie nicht verstehen, warum sie bei mir um Mitternacht die Augen schließen sollten. Sie standen auf, wenn sie wach wurden, und wenn sie am Morgen nicht wach wurden, schliefen sie eben weiter. Wenn ihnen der Sinn nicht danach stand, zur Arbeit zu gehen, dann gingen sie eben nicht. Sie empfanden alle Regeln, die ich ihnen gab, wie ein Gefängnis, welches für sie die einzige Autorität war, die sie kannten. In der Einhaltung jeder Ordnung waren sie nachlässig.

In der Lung-Kong-Straße gingen die Jungen ein und aus. Manchmal hatte ich den Verdacht, dass sie mich dirigierten, und nicht ich sie. Aber das wollte ich nicht zugeben. Ah Hung z. B. kam nach seiner Entlassung aus dem Gefängnis zu uns. Er wurde von der Behörde als drogenfrei zu uns geschickt. Für mich aber sah es ganz so aus, als habe er gerade an dem Tage, als er entlassen wurde, Heroin genommen und diese Gewohnheit dann die ganze Zeit bei uns beibehalten. Kein Wunder, dass er bald seinen Job als Jade-Fachhandwerker verlor und aus unserer Wohnung verschwand. Eines Tages tauchte er wieder auf – stark unter Heroin – und bekannte, er sei kürzlich bei einem Einbruch beteiligt gewesen, wobei ein Polizist verwundet worden war. Wir überzeugten ihn, dass er sich stellen müsse. Aber zehn Minuten später rannte er wieder fort. Da er von einer Pistole gesprochen hatte, rief ich die Polizei an, mit dem Erfolg, dass ich schließlich sechs Autos mit Detektiven am Halse hatte, die erst den Hafen durchstöberten und dann die ganze Gegend bis zu unserer Wohnung, wo sie den Jungen vermuteten. Die ganze Nachbarschaft lief zusammen, und wir versuchten so zu tun, als ob nichts Ungewöhnliches geschehen sei. Sie hielten uns alle für äußerst unfreundlich und meinten, dass wir ihnen Einzelheiten vorenthalten wollten. Einige der Detektive aßen sich bei uns satt und bewachten 24 Stunden lang das Haus. Zwei von ihnen schwänzten ihre halbe Nachtschicht, sie wollten besseres Essen haben und überließen uns die Telefonnummer eines Nachtlokals, wo sie im Falle neuer Ereignisse zu erreichen wären.

Schließlich erwies sich das alles als eine „Ente". Ah Hung erschien am nächsten Tag und beteuerte, er sei überhaupt nicht in das Verbrechen verwickelt gewesen. Ich glaubte ihm nicht und übergab ihn der Polizei zum Verhör. Das war das Beste, was Ah Hung passieren konnte; denn nach Informationen, die die Polizei später erhielt, konnte er gar nicht an diesem Einbruch beteiligt gewesen sein. Sie lachten ihn aus, weil er unter dem Einfluss von Alkohol und Heroin so viel Wind gemacht hatte. Aber genau das war nötig, damit herauskam, dass er Drogen genommen hatte, und er gezwungen war, endlich Hilfe für den Entzug zu suchen.

Diese Jungen aus der Vermauerten Stadt brauchten straffe Disziplin; aber die konnte ich ihnen einfach nicht geben. Ich hatte sie erreicht, indem ich mich mit ihnen anfreundete und mich ihnen gleichstellte. Jetzt war es natürlich schwer, auf einmal die Stelle ihres Lehrers und Pastors einzunehmen. Ich hatte mich mit ihnen so sehr identifiziert, dass ich nicht konsequent genug war: Sie kamen zu jeder Tages- und Nachtzeit, überließen mir die ganze Plackerei der Hausarbeit und kamen nicht zu der Reife, die ich erhofft hatte. Da ich selber fast die ganze Nacht außer Haus war, konnte ich kaum kontrollieren, was sie taten. Ich fing an zu beten, dass Gott jemanden schicken möge, der das Haus verwalten könnte, sodass ich frei würde, wieder auf die Straßen zu gehen.

Schließlich bat ich zwei chinesische, junge, christliche Männer, zu uns zu kommen und mir bei der Hausverwaltung zu helfen, um mich zu entlasten. Das war ein Schlag ins Wasser. Sie wollten als „Lehrer" angesprochen werden; zuletzt meinten sie, alle Hausarbeit sei unter ihrer Würde, sie seien ja Gemeindearbeiter. Wenn ich am Morgen aufstand, fragte ich, ob sie die Jungen schon geweckt hätten und ob das Frühstück bereitet sei. Sie erwiderten, dass sie doch ihre Stille Zeit machen müssten, d. h. Beten und Bibellesen. Ihre Vorstellung von der Aufgabe eines Lehrers war, Bibelstunden für die Jungen zu halten und sie anderthalb Stunden lang anzupredigen. Ich stellte fest, dass ihnen beigebracht worden war, so sei die Arbeit eines Reichsgottesarbeiters zu verstehen. Man hält Versammlungen ab, führt einen Titel und predigt, so dachten sie. Sie hatten noch nichts davon gelernt, dass Jesus seinen Jüngern die Füße gewaschen hat.

Um sowohl mir als den Jungen zu helfen, nahm ich sie oft zu den Versammlungen bei den Willans mit, wo es ihnen sehr gut gefiel. Dort wurde alles ins Chinesische übersetzt, sodass sie leicht folgen konnten, und dort trafen sie Christen aus anderen Ländern und Kulturen. Viele Leute beteten für uns, aber leider wollte sich niemand praktisch für uns einsetzen. Eines Tages sprach Jean Willans energisch mit mir: „Wenn du mit diesen Jungen arbeiten musst, in Ordnung, Jackie. Aber du musst doch nicht mit ihnen zusammen wohnen. Irgendeinen Platz musst du doch schließlich haben, wo du dich zurückziehen kannst, um in Ruhe neue Kraft zu schöpfen."

Diese Ansicht verstand ich nicht. Ich konnte einfach nicht verstehen, warum nicht die ganze Welt in der Vermauerten Stadt arbeiten wollte. Wenn mir jemand sagte, er bete dafür, Arbeit zu bekommen, dachte ich immer: „Du brauchst nicht weiterzubeten. Siehst du nicht die Vermauerte Stadt? Dort ist doch Arbeit!" Ich wollte nirgendwo anders hin. Ich verteidigte meine Arbeit. Ja, ich war erschöpft. Aber ich brachte es nicht über mich, meine „mütterlichen" Verpflichtungen abzugeben.

Trotz des Durcheinanders in meinem unordentlichen Heim erlebte ich, wie Gott oft junge Neubekehrte benutzte, um mich und die anderen zu ermutigen. Alle, die Christen wurden, erhielten gleichzeitig mit der Bekehrung die Kraft des Heiligen Geistes, wie es bei Winson und Ah Ming geschehen war. Wir ermutigten sie, uns allen mit ihren geistlichen Gaben zu dienen, wenn wir zusammenkamen. So erkannten sie, dass sie sich auf diese Gaben nichts einzubilden hatten, sondern dass sie dadurch eine Möglichkeit bekamen, anderen zu helfen. Als wir eines Abends beteten, hatte einer der Jungen eine Weissagung. Er sagte, Gott habe ihm die Worte gegeben, dass er sie ausspreche. Ich verstand: „Geh, schneide die Kohlköpfe ab und sieh zu, dass du den nächsten Bus noch erwischst." Das klang ja nun wirklich ein bisschen eigenartig. Es lag an mir; mein Kantonesisch war immer noch lückenhaft, und es dauerte ein paar Minuten, bis ich mit Hilfe des Wörterbuchs die richtige Übersetzung herausgefunden hatte. „Die Ernte ist reif; geh hinaus und bring sie ein." So gingen wir denn in die Straßen und sprachen mit den Straßenschläfern in unserer Umgebung. Einer war so beeindruckt, als er Leute seiner eigenen Art und Herkunft sah, die verändert worden waren und ein neues Leben angefangen hatten, dass er mit uns betete und später drogenfrei in unser Haus kam.

Ein andermal waren die Jungen für mich persönlich von großem Segen. Ich kam ganz erschöpft heim und machte mir große Sorgen über die Zustände im Hause. Mary hatte uns verlassen; die zwei jungen Mitarbeiter waren gegangen. Ich fühlte mich einfach außerstande, die vielen Neubekehrten zu betreuen, zusammen mit immer mehr Jungen, die uns vom Gefängnis übergeben wurden. Ich hatte echte Zweifel, ob Christen in anderen Ländern wohl solche Probleme mit Neubekehrten haben, wie ich sie hatte. Jedenfalls hatte ich noch nichts darüber gelesen.

„Bitte, sucht mir einen schönen, ermutigenden Bibelvers heraus", bat ich die Jungen. Ich fühlte mich zu müde, ihnen eine Bibelstunde zu geben. Nachdem sie eine Weile geblättert hatten, lasen sie mir einen deprimierenden Text aus der Offenbarung vor. „Genug damit", entschied ich. „Wir wollen beten."

Als wir beteten, hatte ich eine Botschaft in Zungen, und einer der Jungen legte sie sofort aus. Er war in seinem Leben nur ein paar Jahre zur Schule gegangen, konnte die Bibel nicht lesen und glaubte erst seit einigen Tagen an Jesus. Aber seine Auslegung war ein klares, korrektes Zitat aus den Psalmen:

> „Die mit Tränen säen, werden mit Freuden ernten.
> Sie gehen hin und weinen und streuen ihren Samen
> und kommen mit Freuden und bringen ihre Garben.
> Wenn der Herr nicht das Haus baut,
> so arbeiten umsonst, die daran bauen.
> Es ist umsonst, dass ihr früh aufsteht und hernach lange sitzet
> und esset euer Brot mit Sorgen;
> denn seinen Freunden gibt er es im Schlaf."
>
> (Ps. 126,5-6; Ps. 127,1-2)

Diese geistlichen Babys waren durch das Wirken des Heiligen Geistes in der Lage, mir genau die richtigen Worte zu sagen, die ich brauchte. Weil ich so gesegnet wurde, kann ich denen nicht zustimmen, die die Geistesgaben bloß als fromme Nebensache oder gar als gefährlich ansehen. Kein Wunder, dass Paulus uns ermuntert, nach den Gaben des Geistes zu streben; denn sie sollen uns auferbauen und auf diese Weise Gott verherrlichen.

Ich wusste genau und rechnete damit, dass Gott mich versorgen wird; dennoch versetzte es mich in Erstaunen, als ich sah, dass unser Einkommen immer größer wurde, je mehr die Familie in Lung-Kong sich vergrößerte. Seit ich meine Vollzeittätigkeit aufgegeben hatte, bekam ich immer alles, was ich brauchte. Ich konnte die Miete bezahlen, den Jugendclubraum und meine Sprachstunden. Manchmal lag ein Scheck zwischen der Post. Manchmal gab ein Freund genau den Betrag, für den ich gebetet hatte. Als ich ein Schlauchboot für einen Ausflug mit den Jungen kaufen wollte, schickte mir eine Freundin aus England genau die richtige Summe, ohne zu wissen, was wir brauchten. Wir hatten zwar nie genug Geld, um für die nächste Woche Essen und Miete zu bezahlen, aber wir hatten für jeden Tag genug. Das machte den Jungen Spaß, sahen sie doch, dass sie einen sichtbaren Teil an Gottes Wirken hatten, wenn sie jeden Morgen für ihr tägliches Brot beteten. Manchmal stand ein Sack voll Reis vor der Tür; einmal war es ein Kaffeetisch.

Nach der Versammlung an jedem Sonntagmorgen luden wir viele Leute zum Mittagessen zu uns in die Lung-Kong-Straße ein. Eine ganze Reihe der Gäste benötigten dringend eine gute Mahlzeit. So stimmte es uns traurig, als ich eines Sonntags den Jungen sagen musste, dass wir für dieses Mittagessen nicht genug Geld hätten.

„Ach, wir machen es so", sagte ich. „Ihr kocht einfach Reis; und für das, was dazukommt, beten wir eben." Das taten wir. Zehn Minuten später kam ein schnaufender und schwitzender Besucher an und brachte Lebensmitteldosen und frische Bohnensprossen. Seine Bibelklasse in Kowloon hatte spontan eine Kollekte für uns gesammelt und ihn mit den Gaben geschickt. Der junge Mann freute sich außerordentlich darüber, dass er eine Gebetserhörung war; und wir dreißig freuten uns genauso, als wir zehn Minuten später die üppige Mahlzeit genossen. Wir führten in der Tat ein abenteuerliches Leben.

Doch ich machte auch manche Dummheit in dieser Zeit. Gott aber honorierte die Motive, aus denen heraus ich sie tat. Eines Tages bekam ich die Grippe und saß ganz benommen zu Hause, als Geui Jai hereinkam Er war ein berüchtigter Kung-fu-Kämpfer gewesen, der Champion, der berühmte Meister unter den 14K-Brüdern in der Vermauerten Stadt. Er zählte zu den wenigen, die überhaupt etwas Schulbildung hatten, war klug und sprach gut Englisch. Jetzt allerdings war er das Wrack eines Süchtigen, sowohl im Ansehen als auch in der Brauchbarkeit für die Bande abgefallen. Ich sah ihn oft auf der Straße schlafen und auf Stufen in der Nähe unseres Hauses, denn sowohl seine Eltern als auch seine Triaden-Brüder hatten ihn rausgeschmissen.

„Würden Sie mir bitte Ihre Schreibmaschine leihen, Miss Puun?", fragte er mich ernst. „Ich kann nämlich ein bisschen Geld verdienen, wenn ich jemandem bei der Übersetzung ins Chinesische helfe oder ihm einen Brief schreibe. Dann kriege ich genug Geld für mein tägliches Heroin. Ich will es nicht stehlen müssen oder jemanden damit belästigen."

Ich wusste, dass er den Wunsch hatte, von den Drogen loszukommen, aber die Grippe muss mein Urteilsvermögen geschwächt haben. Ich überließ ihm die Schreibmaschine unter der Bedingung, dass er sie mir am gleichen Abend zurückbringe.

Am späten Abend rief er an: „Miss Puun, es tut mir leid, aber ich kann die Maschine jetzt noch nicht zurückbringen, weil man mich gebeten hat, noch etwas darauf zu arbeiten. Das ist doch toll! Ich muss 200 Einladungen tippen für eine Mondscheinparty. Wie schreibt man übrigens ‚Mond'?"

Das klang zunächst alles ganz glaubwürdig, bis ich den Hörer auflegte und nachdachte. Wie lächerlich! Kein Mensch in Hongkong tippt einen Brief zweihundertmal. Man kann alles so schnell und leicht drucken lassen. Natürlich hatte er die Maschine versetzt, und ich sah sie nicht wieder.

Als einige der anderen Jungen aus der Vermauerten Stadt erfuhren, was Geui Jai getan hatte, wurden sie sehr böse. Sie drohten, ihn zusammenzuschlagen und zu verfolgen, obwohl ich ihnen sagte: „Na schön, was tut denn das? Er hat mich zum Narren gehalten, und ich habe meine Schreibmaschine verloren. Was ist das schon? Jesus gab sein Leben hin. Dagegen ist meine Schreibmaschine gar nichts. Ich bin das Risiko eingegangen, weil ich ihm helfen wollte. Es ist mein Fehler, nicht seiner. Vergessen wir's." Dann hörte ich, dass er einige Zeit fliehen musste und dass alle Gangster wütend auf ihn waren.

Drei Monate später schenkte Gott doch noch ein positives Ergebnis dieses Geschehens. Meine Schreibmaschine stand plötzlich im Bücherregal in meiner Wohnung. Ich wusste nicht, wie sie dahin gekommen war, und fragte Ah Ping danach. Nach anfänglichem Zögern rückte er mit der Sprache heraus. Goko hatte gehört, was Geui Jai getan hatte, und hatte ihm seine Leute nachgejagt. Sie hatten ihn gefunden und ihm den Pfandschein abverlangt. Danach ging Goko persönlich zur Pfandleihe und löste mit seinem eigenen Geld die Schreibmaschine aus, worauf er sie mir ohne Kommentar zuschickte.

Ich schrieb sofort einen Brief an Goko mit der dringenden Bitte um Rücksprache, denn ich wollte ihm dafür danken. Wir trafen uns wieder zum Tee. Eine eigenartige Szene! Da sprach ich zu dem mächtigen Bandenchef, der mit der einen Hand illegale Geschäfte betrieb und mit der anderen eine Missionarin beschützte.

„Ich danke Ihnen vielmals für die Schreibmaschine", sagte ich und vermied es, ihn anzureden; denn mir schien es höchst unpassend, ihn als „meinen Bruder" zu bezeichnen, was sein Name bedeutet.

„*Moe ye, moe ye.* Das ist nichts, überhaupt nichts", erwiderte er mit einiger Verlegenheit.

„Sie haben mein Herz tief bewegt", fuhr ich fort, „darum möchte ich Ihnen etwas erklären."

Goko paffte Zigaretten wie wild. Er zündete die eine an, ehe er die andere aufgeraucht hatte, und drückte sie nach ein paar Zügen wieder aus. „Geui Jai ist ein böser Junge – das hätte er Ihnen nicht antun sollen", sagte er.

„Aber Sie hatten doch gar keine Veranlassung, meine Schreibmaschine auf Ihre Kosten auszulösen", bemerkte ich. „Ich bin nicht Ihr Freund, ich bin gegen Sie; und ich bin hierher gekommen, weil ich das zerstören will, was Sie aufgebaut haben." Dann erzählte ich ihm, was Jesus getan hatte, als er uns mit seinem eigenen Blut „auslöste" und unser Leben zurückkaufte, obwohl wir noch seine Feinde waren. Goko hörte zu und wirkte fast schüchtern. Er vermied es, mir in die Augen zu sehen, bezahlte die Rechnung mit einer 500-Hongkong-Dollar-Note und floh. Aber er hatte die Geschichte von der Erlösung gehört.

Eine weitere positive Folge des Schreibmaschinen-Diebstahls war, dass Geui Jais Schuldbewusstsein ihn verwundbar machte. Als ich wieder einmal auf meinem Streifzug war, stolperte ich fast über den heruntergekommenen Kämpfer, der auf dem Pflaster und auf den Stiegen schlief. Er hatte die Veränderung von Winson und Ah Ming gesehen, und er war neidisch. Der Wunsch, ein neuer Mensch zu werden, wurde immer stärker in ihm, bis er mit uns betete, in Pastor Chans Zentrum ging und seine Spritze in ein Kreuz umtauschte.

Es konnte auch den Gangstern, die Geui Jai gejagt hatten, nicht verborgen bleiben, was mit ihm geschah. Er wurde nicht nur von den Drogen frei. Er ging anschließend einige Jahre zur Bibelschule und wurde später Pastor.

Dennoch blicke ich mit gemischten Gefühlen auf die Erlebnisse aus den Jahren in der Lung-Kong-Straße zurück. Es war eine Lehr- und Reifezeit: Manchmal wusste ich nicht mehr, wo rechts und links war. Am besten kann man meine damaligen Gefühle mit den Worten des Apostels Johannes beschreiben: „Eine Frau, wenn sie gebiert, so hat sie Traurigkeit, denn ihre Stunde ist gekommen. Wenn sie aber das Kind geboren hat, denkt sie nicht mehr an die Angst um der Freude willen, dass ein Mensch zur Welt gekommen ist."

Die Schmerzen jener Zeit kann ich vergessen, denn damals haben viele Kinder neues Leben gefunden. Auch entstand damals eine Partnerschaft mit den Willans. Beides brachte mir große Freude.

Kapitel 10

„Versuch's mit Jesus"

„Jean Willans ist eine charmante und temperamentvolle Dame. Sie hat die Gabe des ‚Zungenredens', und sie hat soeben das fröhlichste, unterhaltsamste Buch über Religion herausgegeben, das je geschrieben wurde. Es heißt ‚The Acts of the Little Green Apples' und beschreibt die Abenteuer der Familie Willans – das ist sie selbst, ihr Gatte Rick und Tochter Susan – die sie erlebt haben, seit sie in den Fernen Osten kamen. Frau Willans praktiziert Religion nicht, sie lebt sie. Es scheint, als habe sie einen Weg der Kommunikation mit Gott gefunden. Sie meint, jeder andere könne das auch haben, wenn er wolle. Manche machen sich das zunutze, andere nicht. Jean Stone Willans ist der Überzeugung, wenn Gott etwas von ihr verlangt, dann gibt er ihr auch die Fähigkeiten dazu. So hat sie es immer und immer wieder erlebt."

Das ist ein Zitat aus dem *Hong Kong Standard* vom Juli 1973, der Jeans erfrischendes Buch beschreibt. Ich war auch davon begeistert. Damals waren Jean und Rick meine besten Freunde und geistlichen Ratgeber. Sie lehrten mich, dass man Gottes gute Gaben genießen solle. Das war für mich etwas Neues. Mir hatte man immer beigebracht, dass Missionare stets so wenig wie möglich haben dürften, ja, dass es für sie ehrenvoll sei, in Lumpen zu gehen. Die Willans hatten auch Zeiten großer Armut durchgemacht; aber sie erwarteten nicht, dass Gott das ihr ganzes Leben lang von ihnen forderte. Wenn sie etwas Schönes besaßen, so hatten sie echte Freude daran. Sie waren jedoch auch bereit, alles wegzugeben, wenn Gott es von ihnen verlangte. Vielleicht war das der Grund, weshalb man sich bei ihnen so wohlfühlte, sie waren immer mit ihren Umständen zufrieden. Sie waren auch die einzigen, bei denen ich mich wie zu Hause fühlte. Ich konnte einfach dasitzen oder die ganze Nacht beten, fernsehen, etwas trinken, spielen oder zum Abendessen ausgehen. Bei anderen Bekannten war das nicht so möglich.

Wir hatten mittlerweile entdeckt, dass wir auf ganz ähnliche Art und Weise nach Hongkong gekommen waren. Jean und Rick waren nämlich auch durch einen Traum und eine Prophetie in den Fernen Osten gerufen worden. Zwar war ihre Arbeit in Hongkong zunächst völlig anders geartet als meine; aber als sie einige meiner Jungen kennenlernten, änderte sich das.

Eines Tages wohnte ich einer Gerichtsverhandlung bei und sah David auf der Anklagebank sitzen. Ich hatte ihn im Jahr zuvor bei Winsons Taufe am Strand kennengelernt; er war ein Freund von Ah Ming. David wollte abstreiten, was ihm zur Last gelegt wurde; doch als er mich sah, schlug ihm auf einmal das Gewissen. Er begann zu beten und bekannte sich schuldig. Nach der Verhandlung des Falles lautete das richterliche Urteil auf Freispruch. Er konnte es selbst nicht fassen und kam wie benommen aus dem Gerichtssaal. „Kaffee?", schlug ich vor, als wir miteinander hinausgingen. Meinem Wunsche entsprechend ließen er und seine Kumpel die Hühnerbeine, Innereien und anderen Delikatessen links liegen, die in den Fenstern der Restaurants ausgestellt waren, und folgten mir in die Kaffeestube. David erklärte, ab jetzt werde er Jesus kompromisslos nachfolgen. Da ich aber sein seelisches Durcheinander während der Verhandlung gesehen hatte, dachte ich, wir sollten seinen Bandenführer informieren, damit er von den Triaden freikomme. Es wäre doch viel besser für ihn, wenn er keinen Umgang mit Verbrechern mehr hätte.

„Wer ist dein *Daih-Lo*, David?", fragte ich. Er erschrak und rutschte auf seinem Plastikstuhl hin und her.

„Der will nichts mit dir zu tun haben."

„Wie heißt er denn?" Ich blieb fest.

„Sein Spitzname ist ‚Jesus'", flüsterte David in der Hoffnung, die anderen würden nicht verstehen, was er da ausplauderte. „Aber der will nichts von dir wissen."

„Frag ihn doch mal! Du bist jetzt ein Christ, und du kannst nicht zwei verschiedenen Anführern folgen, die Jesus heißen. Du musst dich für einen entscheiden."

„Okay", sagte David, „ich will sehen, ob ich ihn finde." Damit stand er auf und ging ans Telefon. Während wir warteten, schleckten Davids Freunde ein rosa Eis, und ich trank noch zwei Tassen Kaffee. Schließlich kam er ganz überrascht wieder.

„Er will dich sprechen. Du sollst in die Kaiwan-Siedlung, Block 20, kommen, heute um Mitternacht. Dort ist eine Imbissstube, an der wird jemand sein und dich zu ‚Jesus' bringen. Aber du musst hundert Dollar mitnehmen."

„Wozu denn hundert Dollar?", fragte ich neugierig.

„Weil dich niemand in Kaiwan kennt, Miss Puun", erwiderte David. „In der Vermauerten Stadt ist das nicht so schlimm, dort wirst du beschützt. Aber Kaiwan ist nachts ein sehr gefährliches Pflaster, und du könntest überfallen werden. Wenn du hundert Dollar hast, dann kannst du dich damit freikaufen; aber wenn du nichts hast, werden die Kerle böse und schlagen dich zusammen."

„Sei doch nicht albern!", widersprach ich ihm. „Ich besitze nicht mal zehn Dollar, geschweige denn hundert. Ich brauche kein Geld. Wenn ich für Gott unterwegs bin, dann wird er sich um mich kümmern. Und wenn es dir dazu verhilft zu begreifen, wie sehr Gott dich liebt, dann macht es mir auch nichts aus zu sterben. Ich habe nichts zu verlieren."

David sah mich einen Augenblick ungläubig an und sagte dann: „Du spinnst! Du bist verrückt!" Er warf einen flüchtigen Blick auf seine Freunde und fuhr fort: „Das haben wir noch nicht erlebt, dass jemand für uns sterben wollte."

Um 22.30 Uhr fuhr ich also mit einem Minibus nach Kaiwan und sah mich ein bisschen um, während ich wartete. Dieses riesige Gebiet an dem einen Ende der Hongkong-Insel bestand aus Siedlungsblocks, in die Zehntausende durch das Wohnungsamt eingewiesen worden waren. Jede Familie hatte nur einen Wohnraum zum Essen und Schlafen. Am Ende jedes Korridors befanden sich Gemeinschaftstoiletten und -duschen. Auf den Bürgersteigen herrschte reges Treiben, Hunderte von Menschen saßen auf Faltstühlen und verspeisten ihren *siu Ye* (Nachtimbiss) an den Buden und den fahrbaren Verkaufskarren, von denen es wimmelte.

Mitternacht rückte heran; ich wartete an der Imbissbude beim Block 20. Es war ein enger, dunkler Korridor. Man hatte Küchenabfälle in den Rinnstein gekippt, und ein Rinnsal von kleinen, grauen Nudeln kam auf meine Sandalen zu. Ich war so mit diesem Nudelwettschwimmen beschäftigt, dass ich meinen Führer nicht kommen sah.

„Was willst du?" Der gelockte Kantonese räkelte an der Wand und nuschelte seine Worte vor sich hin, die Zigarette zwischen den Zähnen.

„Bring mich zu deinem Boss!", erwiderte ich und drückte meine große Bibel an mich.

„Wen willst du sprechen?" Er testete mich.

„Ich will ‚Jesus' sprechen!"

„Warum willst du ihn sprechen?"

„Ich will ihm von meinem Jesus erzählen."

Der Mann lachte amüsiert in sich hinein. „Bist du dir *ganz* sicher, dass du Jesus sprechen willst?" Das sollte drohend klingen, aber mir kam die ganze Sache vor wie eine Szene in einem schlechten Krimi.

„Ganz sicher."

„Worüber willst du mit ihm sprechen?"

Noch einmal: „Ich will ihm von meinem Jesus erzählen."

Der Bursche verlagerte das Gewicht auf das andere Bein, schloss die Augen, und mit einer typischen Westlergeste zeigte er mit dem Daumen auf sich, schnitt eine Grimasse und sagte: „Du sprichst bereits mit ihm." – Das war miesester Kintopp.

„Jesus" und ich setzten uns in ein Café, wo ich meine große Bibel öffnete und ihm von meinem Jesus erzählte. Während wir so dasaßen, ging etwas in ihm vor. Er verstand, was ich sagte. Er verstand einfach alles. Es war fast, als ob Gott an unseren Blechtisch heruntergekommen wäre. „Jesus" saß da, und die Tränen liefen ihm über die Wangen. Er hatte seine Umgebung, sogar die hübsche Kellnerin, völlig vergessen. Er betete, bat Jesus, in sein Leben zu kommen, und empfing den Heiligen Geist, dort zwischen den Kaffeetassen.

Gegen drei Uhr morgens verließ ich Kaiwan, bemühte mich, ein Taxi nach Kowloon-City zu bekommen, um in meine vernachlässigte Wohnung zu fahren. Kurz bevor das Auto losfuhr, fiel mir ein, was ich den jungen Christen immer beibrachte.

Ich rief meinem neubekehrten Freund nach: „Ach übrigens, du musst wenigstens einer Person sagen, dass du jetzt an Christus glaubst." Dann vereinbarte ich schnell noch ein weiteres Treffen mit ihm für den nächsten Tag.

Als ich ihn am nächsten Nachmittag im Apartment einer Freundin wiedersah, erkannte ich den alten „Jesus" kaum wieder. Er sah froh und unternehmungslustig aus und hatte nichts mehr von dem elenden Schuft aus einem Krimi an sich wie gestern noch.

„Hast du schon einem anderen erzählt, dass du gestern Nacht gläubig geworden bist?", fragte ich voller Eifer.

„Nein", erwiderte er. Ich war bitter enttäuscht. Aber er fuhr fort: „Ich habe es meiner ganzen Bande erzählt. Wir waren bis 6 Uhr morgens auf und studierten die Verse, die du in der Bibel unterstrichen hast, und jetzt wollen sie alle auch gläubig werden."

Die Prostituierte küsste Jesus die Füße und goss das wertvolle Salböl darauf. Der dämonenbesessene Mann saß nach seiner Befreiung ordentlich gekleidet zu Jesu Füßen. Die Frau, die zwölf Jahre lang den Blutfluss gehabt hatte, rührte den Saum seines Kleides an; und als es bekannt wurde, dass der Blutfluss aufgehört hatte, fiel sie zitternd zu Jesu Füßen. Es gibt so viele verschiedene Arten, Jesus zu begegnen, wie es Christen gibt. Aber wer diese Begegnung selbst noch nicht gehabt hat, wird das Wunder nie verstehen. Am liebsten wäre ich gesprungen, hätte gesungen und getanzt und das große Fest mitgefeiert, das jetzt im Himmel vor den Engeln Gottes stattfand. Welch eine Musik zum Lob Gottes muss dort erklungen sein!

Aber ich war ja noch in Hongkong, mit beiden Füßen auf der Erde, und vor mir stand der strahlende Triade und erwartete etwas. Er hatte einen *Sai Lo* mit Namen Sai Keung mitgebracht, der bei dieser Diskussion in der Morgendämmerung dabei gewesen war. Sai Keung wollte nicht mehr diskutieren; er wollte wissen, wie er die Kraft Jesu bekommen könnte, so wie sein *Daih Lo*. So empfing auch er Jesus. Ich sagte den Jungen immer, wenn sie an Jesus gläubig werden, würde er ihnen wahrscheinlich die Gabe einer neuen Sprache geben, um ihnen beim Beten zu helfen. Allerdings erwartete ich nicht, dass es jedes Mal automatisch geschah, so wie es bei Winson der Fall gewesen war. Diese jungen Gläubigen begriffen sofort: Wenn sie einem starken, kraftvollen Gott folgten, so entspricht es durchaus seinem Wesen, dass er ihnen eine neue Sprache schenkte, damit sie kraftvoll mit ihm reden konnten. Jeder Einzelne erhielt diese Gabe, darum gab es auch gar keine Verwirrung, ob einer mehr oder weniger geistlich wäre als der andere. Um Problemen vorzubeugen, vermied ich es, wenn irgend möglich, einem jungen Mann selber die Hände aufzulegen. Stattdessen ermutigte ich die Jungen, die bereits gläubig geworden waren, das zu tun, damit sie merkten, dass die Gabe von Gott selbst kam und dass auch Neubekehrte schon mit anderen darum bitten dürfen.

Sai Keung strahlte über das ganze Gesicht. Er war ein kleiner, untersetzter Kerl, der keine langen Reden halten konnte; aber er machte mir Mut, wiederzukommen, um mit den anderen zu sprechen.

So ging ich also am nächsten Abend und noch an vielen weiteren Abenden nach Kaiwan. Wir trafen uns mal hinter einem Fotogeschäft, mal auf einem betonierten Parkplatz; und die Anzahl der Interessierten wuchs dramatisch. Wir hatten Bibelstunden in Imbissstuben, Gebetskreise in Fotogeschäften und Evangelisationen in Treppenhäusern. Einige Mitglieder der Kaiwan-Bande zogen zu uns in die Lung-Kong-Straße, und andere gingen zu den Versammlungen bei den Willans. Die Arbeit weitete sich über die Grenzen der Vermauerten Stadt hinweg aus und erreichte Menschen in anderen Gegenden.

Wie es meine Gewohnheit war, fragte ich auch „Jesus" (jetzt hieß er wieder Christian) nach seinem eigenen Großen Bruder. Ich bekam die übliche Antwort.

„Der will nicht mit dir sprechen. Er beherrscht viele Gebiete neben Kaiwan und hat Hunderte von Gefolgsleuten. Wenn wir mit dem sprechen wollen, wissen wir gar nicht, wo er zu finden ist. Manchmal sehen wir ihn wochenlang nicht. Der hat viel zu viel zu tun. Den kannst du ruhig vergessen!"

Ich erfuhr, dass dieser „Kaiser" unter den Bandenführern Ah Kei hieß. Ich war einverstanden, dass ich mich nicht um ein Treffen mit ihm bemühen würde, aber Christian bekam den Auftrag, für ihn zu beten, und auch Jean und Rick machten deswegen Überstunden. Wir alle hatten den Eindruck, dass er ein wichtiger Teil unseres Dienstes werden sollte. Ich schleppte immer einen ganzen Schwung Bibeln mit mir herum, um für den Ernstfall gewappnet zu sein.

Und der Ernstfall trat ein.

Zeit: 0.15 Uhr

Ort: ein Straßenrestaurant in Kaiwan

Personen: Miss Puun, Christian, die Gläubigen von Kaiwan und Ah Kei.

Die Neonröhren warfen einen harten Lichtkegel in die Schwärze der Nacht, und in Kampfesstimmung tauchte Ah Kei aus dem Schatten auf.

„Puun Siu Je", forderte er mich heraus (kein Mensch hatte uns einander vorgestellt), „wenn du mich bekehren kannst, dann will ich dir tausend Gefolgsleute geben." Er hatte seine Freude daran, uns den Fehdehandschuh hinzuwerfen. Die Situation war tatsächlich so, als ob wir uns zum Duell vorbereiteten, wie er mit seinen schwarzen Lederhandschuhen dastand und höhnisch grinste.

„Ich kann dich nicht bekehren, Ah Kei", entgegnete ich. Es war ganz klar, mit wem ich sprach; man sah es an der ehrfürchtigen Reaktion unserer Sekundanten. „Ob du an Jesus glaubst, das ist deine eigene Entscheidung. Auch kannst du deinen *Sai Los* nicht befehlen, an Jesus zu glauben. Das müssen sie für sich selber entscheiden."

Das würde eine lange Nacht werden. Ah Kei hatte Gerüchte gehört, dass sich in Kaiwan allerlei zugetragen hatte. Wenn dort schon so etwas wie eine Erweckung ausbrechen sollte, dann wollte er sie wenigstens unter seiner Kontrolle haben. Als wir uns an den Tisch setzten, bestellte er für jeden ein teures Menü, dazu erlesene Getränke. Jeder sollte sehen, dass er alle Anwesenden zum Essen einlud. Damit wollte er demonstrieren, wie viele hundert Dollar er austeilte – wie großzügig er war. Er selbst aß gar nichts und scherte sich nicht darum, ob ich überhaupt Hunger hatte oder nicht. Das war seine Superschau.

Ich zeigte ihm Fotos von Ah Mo, wie er gut ernährt und gesund aussah, seit er frei von Drogen war. Ah Kei kannte ihn gut, sie hatten oft miteinander gehandelt. Er wurde ziemlich nachdenklich; und nach dem Essen lud er mich ein, ihn allein an einen geheimen Ort zu begleiten, wo er mir etwas zeigen wollte.

Wir gingen durch die Gassen des Slumviertels, dessen Lasterhöhlen ihm unterstanden. Er hatte seinen Regenmantel über die Schulter geworfen und drehte sich plötzlich zu mir um. „Puun Siu Je, verachtest du die Süchtigen?"

Das war eine schwierige Frage. Eigentlich kann sie nur ein echter Christ ohne Überheblichkeit beantworten.

„Nein, Ah Kei, das tu ich nicht, weil sie ja gerade die Leute sind, für die Jesus in die Welt gekommen ist."

„Würdest du einen Süchtigen zum Freund haben wollen?", fragte er, und wir wussten beide, auf wen sich das bezog.

„In der Tat werde ich in der Vermauerten Stadt deswegen kritisiert, weil ich lieber mit einem Süchtigen befreundet bin als mit einem, der meint, sein Leben sei in Ordnung", erwiderte ich.

Inzwischen waren wir in einen unbeleuchteten Gang gekommen, der durch die Baracken des Slums führte. Wir gingen schweigend durch, bis Ah Kei vor einer der Blechhütten stehen blieb. Die Dunkelheit draußen ließ nichts vermuten von der strahlenden Helligkeit drinnen. Und als Ah Kei den Verdunkelungsvorhang wegschob, stand ich da und starrte auf Dutzende von überraschten Spielern. Die Türhüter traten auf uns zu, offensichtlich ärgerlich über die Gegenwart einer fremden Ausländerin um drei Uhr morgens, selbst wenn es in einer von Ah Keis eigenen Spielhöllen war. Ah Kei erhob seine Hand und gebot Schweigen; es wurde still.

„Habt keine Angst", begann er. „Sie verachtet uns nicht, sie ist eine Christin und ist gekommen, euch etwas von Jesus zu erzählen." Dann übergab er mir seinen Platz und lud mich zum Predigen ein.

Nachher führte er mich in seine Opiumhöhle nebenan. In dieser Höhle bot sich ein schauriger Anblick: Kleine, alte Männer, grau und gelb, lagen auf der niedrigen Plattform voller Dreck und Schleim. Überall standen halbgeleerte Tassen mit grünem Tee und große Spucknäpfe, gefüllt mit ekligem Speichel und Auswurf. Die Männer lagen da wie riesige Insekten, mehr Skelett als Körper, und die Hälfte war bewusstlos. Der Aufpasser an der Tür war zu Tode erschrocken, bis Ah Kei den Mund öffnete. Er sagte wieder dasselbe. „Habt keine Angst. Sie verachtet uns nicht. Sie ist eine Christin und ist gekommen, um uns etwas von Jesus zu erzählen."

Alle, die noch bei Bewusstsein waren, hörten aufmerksam zu, was ich ihnen zu sagen hatte, und als ich ging, überließ ich ihnen einen Stoß meiner chinesischen Bibeln und einige Übersetzungen des Buches „Das Kreuz und die Messerhelden".

Dass ich in zwei solcher Höhlen von Jesus sprechen durfte, war schon ein Wunder; ein noch größeres Wunder aber war, dass Ah Kei jetzt als entschiedener Evangelist auftrat. Er bestand darauf, dass wir zusammen noch weitere Teile seines Reiches in der Unterwelt besuchten, Drogen- und Lasterhöhlen und Spielhöllen. Wir fuhren von Kaiwan nach Schaukiwan, besuchten später Lyemun, Kwun Tong und Ngautaukok. Überall stellte er mich als eine Christin vor, und jedes Mal wurde ich respektvoll angehört. Es war eine faszinierende Reise in das Land des Lasters. Überall verteilte ich chinesische Bibeln.

In einer dieser Höhlen brachten sie mir einen Mann, der sich vor Schmerzen krümmte, sein Gesicht war schmerzverzerrt.

„Puun Siu Je, sind Sie Ärztin – oder Schwester – haben Sie Geld – können Sie ihn ins Krankenhaus bringen? Er ist sterbenskrank." Die Leute dachten immer, jeder Westler sei entweder reich oder medizinisch ausgebildet.

„Nein, ich bin keine Ärztin, auch keine Krankenschwester. Geld habe ich auch keins – aber etwas kann ich tun. Ich kann für ihn beten", sagte ich. Sie kicherten darüber, waren aber einverstanden, dass wir nach hinten in einen kleinen Raum gingen, wo wir Ruhe hatten. Dann standen sie herum, warteten neugierig und wollten sehen, was ich machen würde.

„Ich bete für ihn unter einer Bedingung", kündigte ich an. „Keiner darf lachen; denn ich schicke mich an, mit dem lebendigen Gott zu sprechen."

Totenstille.

Ich legte dem Kranken die Hände auf und betete für ihn im Namen Jesu. Sein Magen beruhigte sich sofort, und mit einem überraschten Blick richtete er sich auf.

Er war vollkommen geheilt. Alle staunten; und einer fragte: „Ist das der lebendige Gott – der Eine, von dem Sie immer reden?" Sie fingen an zu glauben, sahen sie doch an den Werken seiner Kraft, wer Jesus war.

Am Ende dieser Nacht – es war fast Morgen – gab ich Ah Kei eine Bibel und schrieb hinein: „An Ah Kei, meinen Freund; ich bete dafür, dass er eines Tages mein Bruder wird." Er mag heimlich gelacht haben. ‚Hu – Bruder! Da ist kaum Hoffnung'; aber er dankte mir höflich und machte mir immer noch Komplimente. Er hatte nicht die Absicht, sie zu lesen. Es war in der Tat seltsam, dass ich ihm überhaupt eine Bibel gegeben hatte; ich weiß doch, wie so ein Mann das Lesen hasst.

In den nächsten drei Monaten folgte ich Ah Kei auf seinen Streifzügen. Er hatte Frau und Kinder, aber er schlief gewöhnlich, wo er sich spät nachts gerade aufhielt – oft in einem Treppenhaus. Eines Abends setzte er sich so stark unter Drogen, dass er zwei Tage lang immer abwechselnd je zwei Seiten las aus dem Buch „Das Kreuz und die Messerhelden", zwei Seiten aus „Flieh, Kleiner, flieh!" und zwei Seiten aus der Bibel. Allmählich gewann er Vertrauen zu mir und erzählte mir, wie sehr er bedauerte, dass er so früh geheiratet hatte – er hatte schon drei Kinder unter fünf Jahren. Ich bedauerte mehr seine Frau, die so eine junge Familie hatte und einen Mann, der nie nach Hause kam.

Manchmal schlief Ah Kei drei Tage hintereinander. Dann wieder schlief er tagelang überhaupt nicht. Während seiner Saufgelage verschwendete er eine Riesensumme Geldes. Er wurde die ganze Zeit von seinen Bandenmitgliedern mit Drogen versorgt. Gott zeigte mir immer, in welchem Treppenhaus Ah Kei gerade schlief. Ich fand ihn immer, und nach einiger Zeit hatte er jedes Mal, wenn ich ihn sah, einen gejagten Gesichtsausdruck. „Du schon wieder? Woher weißt du denn, dass ich hier bin?"

Inzwischen hatte ich ein ganzes Heer von Betern unter den Christen überall in Hongkong aufgefordert, für ihn zu beten. Das musste sich auswirken. Eines Tages, als ich ihn wieder erwischte, sagte er: „Gott hat zu mir gesprochen."

„Was soll das heißen, Gott hat zu dir gesprochen?", fragte ich mürrisch. Ich war ärgerlich, weil ich dachte, er mache sich wieder lustig.

„Ja, Gott hat zu mir gesprochen", beharrte er. „Ich habe in der Bibel gelesen; und dort heißt es, Gott gibt Menschen wie mir eine Extra-Gnade."

„Was meinst du mit ‚Extra-Gnade'?", fragte ich.

„Es heißt in der Bibel, dass denen am meisten vergeben wird, die am meisten gesündigt haben." Das sagte er wie ein Privilegierter, sodass ich fast neidisch wurde, aber es war ihm völlig ernst mit dieser Erkenntnis. Er war bereit, sich diese Extra-Gnade zu erbitten. Wir waren in einer Hütte neben der Spielhölle, in die er mich zuerst mitgenommen hatte. Ah Kei saß auf dem Fußboden, und ich setzte mich neben ihn, immer in der Furcht, die Küchenschaben könnten an mir hochkriechen. Es war das erste Mal, dass wir miteinander beteten, und Ah Kei übergab Jesus sein Leben und bat ihn, aus ihm einen neuen Menschen zu machen. Er glaubte, dass Jesus für ihn gestorben ist; aber er hatte damals kaum eine Vorstellung von Sünde und war eher stolz auf seine Vergangenheit.

Ich eilte über den Hafen nach Mei Foo, wo Jean und Rick wohnten. Ich wusste, sie würden sich freuen, dass Ah Kei zu ihnen kam, nachdem sie so lange für ihn gebetet hatten, und noch viel mehr würden sie sich darüber freuen, dass er Christ geworden war.

Wir machten ein Fest, eine große Feier zu Ah Keis erstem Geburtstag in seinem neuen Leben. Sarah, eine australische Freundin der Willans, und ihre Tochter Suzy feierten mit uns. Wir beteten auf diesem Fest, wie es unsere Gewohnheit war; und da Ah Kei noch keine Gabe des Heiligen Geistes empfangen hatte, erklärten wir ihm, er könne sie auch empfangen, so wie alle, die Jesus nachfolgen. Als nun Ah Kei alle Anwesenden im Geiste beten hörte, fiel er plötzlich mit einem lauten Plumps nach vorn auf seine Knie. Später erzählte er uns, als er die neuen Sprachen gehört habe, sei ihm plötzlich sein ganzes vergangenes Leben mit all den Schlechtigkeiten, Einbrüchen, mit dem Drogen- und Mädchenhandel voll bewusst geworden. Auf einmal habe er erkannt, wie schrecklich seine Sünde sei, und konnte vor Gott nicht mehr sitzen; er musste sich hinknien und sich demütigen. Da fing er an, selbst in Zungen zu reden. Es war ein geradezu unmöglicher Anblick: ein Triadboss auf den Knien! In der chinesischen Kultur bedeutet diese Stellung tiefste Demütigung, denn ein Bandenführer erniedrigt sich vor keinem Menschen.

In jener Nacht nahmen wir ein Taxi und fuhren an die Küste, und Rick taufte Ah Kei im Meer.

In den Wochen vor seiner Bekehrung hatten wir uns manchmal so gegen drei Uhr morgens in eine Holzhütte gesetzt und miteinander in der Bibel gelesen. Er hatte mir damals gesagt, so schnell könne er nicht an Jesus glauben. Wer ein Haus zu schnell baue, würde es sehr bald wieder einstürzen sehen. Aber in der Nacht, als er getauft wurde, begann er sofort, sein Leben in Ordnung zu bringen. Zum ersten Mal seit vielen Monaten ging er nach Hause zu seiner Frau. Sie sah ihn an, als ob sie es nicht fassen könnte, dass er sich geändert hatte. Sie hatte ein solch tief sitzendes Misstrauen ihrem Mann gegenüber, dass sie sofort befürchtete, das alles werde sich als Seifenblase erweisen.

Sie waren schon sieben Jahre verheiratet und hatten sich unter den ungünstigsten Bedingungen kennengelernt. Ah Kei sah Ah Bing das erste Mal auf einer Party und verführte sie, um sie als Prostituierte zu verkaufen. Dabei verliebte er sich in sie und beschloss, sie zu behalten. Aber das war für die junge Frau nur vorübergehend von Vorteil. Jahre der Vernachlässigung machten schließlich aus diesem einst hübschen Mädchen eine Schlampe, die ihr winziges Siedlungszimmer in einem fürchterlichen Zustand hielt.

Ah Bing hatte jetzt allen Grund, zynisch zu reagieren. Sie sah ja, welch hohen Preis es kostete, wenn Ah Kei jetzt einen christlichen Haushalt führen wollte. Er gab nicht nur sein großes illegales Einkommen preis, ohne andere Einnahmequelle zur Versorgung seiner Familie, er gab auch seine Herrschaft über andere Menschen auf. Auch musste er nun einen Entzug durchmachen, um von Opium und Heroin loszukommen

Doch von den Drogen kam er nicht los. Ich wusste mir keinen Rat. Manche Christen waren sofort bei ihrer Bekehrung von Drogen frei, andere unterzogen sich dem Entzug in Pastor Chans Zentrum, wo sie eine längere Nachbehandlung bekamen. Ah Kei bewarb sich bei diesem Zentrum, konnte aber nicht sofort aufgenommen werden, weil kein Platz frei war. Was sollte ich ihm raten? Sollte ich ihm sagen: „Bete, Ah Kei, dass du durch ein Wunder von den Drogen freikommst"? Ich hatte ja erlebt, wie Gott das tat, und verstand eigentlich nicht, warum er nicht immer so handelte. Ich hätte Ah Kei sagen können: „Bete, vielleicht nimmst du nach und nach weniger", das wäre ein Kompromiss gewesen. Ich war drauf und dran zu sagen: „Bete, vielleicht gibt Gott dir Geld für dein Heroin", aber Gott würde die Drogensucht doch bestimmt nicht unterstützen.

Auch konnte ich Ah Kei nicht in mein Haus aufnehmen. Wir waren schon überfüllt mit Jungen, von denen wir annahmen, sie hätten mit Heroin aufgehört, und mit solchen, die offiziell drogenfrei aus dem Gefängnis kamen. Es war mir zwar manchmal unklar, was so in diesem Haus passierte – manche der Bewohner benahmen sich sehr seltsam –, jedenfalls konnte ich auf keinen Fall einen „offensichtlich Drogenabhängigen" mit den anderen zusammenbringen. So machte ich Ah Kei mit einem schwachen Satz Mut und sagte: „Gott wird es schon regeln." Ich hoffte, dass er früher oder später in ein Entzugszentrum kommen würde.

Kurz vor Weihnachten wurde ich um halb fünf Uhr früh durch einen Telefonanruf geweckt. Dass ich mitten in der Nacht angerufen wurde, war ich schon gewöhnt, und da ich nicht so verschlafen wirken wollte, räusperte ich mich und bemühte mich, deutlich und freundlich zu sagen: „Guten Morgen! Guten Morgen!" Meine Stimme sollte, wenn ich den Hörer abnahm, klingen wie das Gezwitscher der Vögel bei Sonnenaufgang.

Aber der Anrufer – es war Ah Kei – hatte keinen Sinn für eine frohe Morgenbegrüßung. Er rief an, um Adieu zu sagen.

„Ich danke dir, Puun Siu Je, für all die Gespräche über Jesus in den letzten neun Monaten, für deine Fürsorge und Liebe. Aber meine Bandenbrüder hatten schon recht. Ich bin nicht zu retten."

„Doch! Du bist zu retten, Ah Kei! Alles ist möglich bei Gott." Ich meinte es ernst, aber meine Worte klangen in meinen eigenen Ohren schwach.

„Das geht nicht gut. Ich kann kein Christ mehr sein."

„Wie meinst du das: Du kannst kein Christ mehr sein?"

„Ich kann mir das nicht leisten. Ich habe meine Banden aufgegeben. Ich halte keine Mädchen mehr. Ich habe das Spielen aufgegeben und den Drogenhandel. Jetzt habe ich nichts mehr zum Leben. Ich kann es mir nicht leisten, ein Christ zu sein. Ich danke dir sehr, Miss Puun, für alles, was du getan hast; ich werde das nie vergessen, aber ich möchte dich nicht wiedersehen. Es geht eben nicht."

Ich versuchte nach Kräften, ruhig mit ihm zu reden, und zog alle Argumente heran, die mir einfielen – krampfhaft suchte ich nach passenden Texten. Wir durften ihn nicht verlieren. Wenn ich das Gespräch hinziehen konnte, gingen vielleicht indessen seine Schwierigkeiten vorüber. Er wirkte weitaus kälter, als er war, bevor er Christ wurde. Zuletzt fing er an, grausam und verbittert zu sprechen. Ich konnte hören, wie er gleichzeitig auf die Argumente von jemand anderem reagierte. Schließlich sagte er, er werde jetzt losgehen und Ah Cheung umbringen.

„Ah Kei, du darfst keinen Menschen töten! Du bist doch ein Christ!" Er hörte schon lange nicht mehr auf meine beschwörenden Worte. Er stand stark unter Heroin. Wütend rief er mir zu, dass er bald gezwungen sein werde, eine ganze Reihe Einbrüche zu machen, um endlich zu Geld zu kommen. Dann legte er auf.

Wie versteinert starrte ich auf das Telefon. Ich wollte die Tatsache nicht akzeptieren, dass jemand, der an Christus geglaubt hatte, auch nur an Mord denken konnte. Ich rief sofort Jean und Rick an. Sie wussten, dass sowohl Ah Kei als auch ich ein Talent hatten, Dinge zu dramatisieren; aber bald hörten sie sehr konzentriert zu.

„Ihr müsst sofort aufstehen und beten. Ich glaube, Ah Kei ist dabei, jemanden umzubringen, und außerdem plant er eine Reihe von Einbrüchen." Es gibt nicht viele Leute, von denen ich zu dieser frühen Stunde so etwas verlangen konnte. Aber die Willans beteten.

Die ganze Weihnachtszeit über betete ich inbrünstig und weinte jedes Mal bei den Weihnachtsliedern. „Große Freude allen Menschen?", grübelte ich trübsinnig. „Für mich sieht es nicht sehr freudevoll aus", und in meinem großen Kummer über Ah Kei wurde ich sogar ein bisschen ärgerlich auf Gott.

„Herr, ich habe wirklich geglaubt, du erhörst Gebete. Wie ist es nur möglich, dass Ah Kei, der dich doch kannte, jetzt nichts mehr von dir wissen will? Er glaubte an dich wie andere auch, und sieh sie dir jetzt an! Haufenweise liegen die Süchtigen und geistlichen Krüppel auf den Straßen herum als eine Anklage gegen Christus. Die Leute sehen sie und spotten: ‚Was für ein Gott! Er hat ein Wunder getan, aber es hat nicht lange gehalten. Wie begonnen, so zerronnen.'"

Ich suchte mit Eifer nach Christen, die mir meinen Glauben stärken konnten, der Herr Jesus werde dennoch jedes gute Werk zu Ende führen, das er einmal angefangen hat. Für mich war das absolute Wahrheit, aber es sah nicht danach aus, dass Gott danach handelte.

Ein paar Tage später erschien Ah Kei an meiner Tür. „Ich weiß nicht, warum ich reinkomme – ich kam grade vorbei – na denn, auf Wiedersehen!"

„Augenblick mal!", sagte ich. „Was ist denn nun mit den Einbrüchen?"

„Ach so", sagte Ah Kei und wirkte dabei ziemlich dämlich, „meine Frau hatte die Kissenbezüge fertig, die wir über den Kopf ziehen wollten, und sie hatte Schlitze reingeschnitten, sodass man durchgucken konnte. Als wir dann endlich alle zusammen waren, stellte sich heraus, dass einer meiner eigenen Bande unseren Plan verraten hatte. So konnten wir's nicht ausführen. Beim zweiten Anlauf saßen wir schon fertig im Wagen mit unseren Messern und wollten abfahren, da war mir selber nicht mehr danach, grade an diesem Tag den Einbruch zu machen. So sind wir wieder nicht gefahren."

Er hatte auch Ah Cheung in jener Nacht, als er mit mir telefonierte, nicht finden können. Jetzt war es für uns an der Zeit, einmal etwas Positives für Ah Keis Zukunft zu tun.

„Schön", sagte ich. „Dann gehen wir jetzt zu den Willans, und du musst ihnen alles erzählen. Es wird höchste Zeit, dass mal einer energisch mit dir spricht."

Wir gingen aus dem Haus, und unterwegs kaufte Ah Kei ein paar Apfelsinen als Geschenk, verpackt in rosa Papier. Die überreichte er Jean und Rick; und dann aßen wir zusammen Abendbrot. Wie immer war Jean äußerst gastfreundlich, aber ich merkte schon, dass ihr die ganze Sache mit Ah Kei allmählich zu lange dauerte. Warum sollte ein echter Gläubiger nicht von Drogen frei werden?

„Hast du irgendwelche Probleme?", fragte sie, und ich übersetzte.

„Nein, nein, habe ich nicht", antwortete er leichtfertig und fügte dann hinzu: „Nur eins: Ich hänge immer noch am Heroin."

„So bitte doch Jesus um Befreiung", sagte Jean energisch. „Als wir in Indonesien waren und kein Geld hatten, haben wir gebetet, und das Geld kam einfach zu uns. Wenn du wirklich ganze Sache mit Jesus machst, dann gibt er dir alles, worum du ihn bittest."

„Ich will ganze Sache mit ihm machen", nickte Ah Kei.

„Gut, möchtest du gleich hier bleiben zum Entzug?", fragte Jean. Ich war platt. Das hatte ich gehofft und ersehnt, aber nicht auszusprechen gewagt, weil ich wusste, wie wichtig für Jean der Hausfrieden war. Sie hatte es selber nicht vorschlagen wollen; aber Ah Kei lag ihr am Herzen, und der Heilige Geist wirkte an ihr, so entstand diese Einladung, über die sie selber staunte.

„Einverstanden", sagte Ah Kei. Er öffnete seine Jacke, nahm einige rot-verpackte Heroinpäckchen heraus und spülte sie den Ausguss hinunter.

Jetzt wurde es dramatisch. Zuerst gingen wir in seine Wohnung zurück, wo Ah Kei die Götzenbilder seiner Mutter zerschlug und aus dem Zimmer warf. Dann langte er unter das Bett und zog einen Karton hervor, der Heroinvorrat für mehrere Wochen enthielt. Er spülte alles im Ausguss weg, und wir sahen zu. Zuletzt brachten wir ihn zurück in die Wohnung der Willans im Mei-Foo-Bezirk und steckten ihn ins Bett.

Jean rief einen Arzt an, der Christ war, und fragte, was beim Entzug zu erwarten sei für einen, der zehn Jahre süchtig war und täglich für hundert Dollar Heroin brauchte. Der Arzt erklärte, so einer werde ohne Medikamente sterbenskrank werden, er werde Schüttelfrost, Fieber, Erbrechen, Durchfall und schwere Magenkrämpfe bekommen, sich auf dem Boden wälzen vor Schmerzen und schließlich gewalttätig werden und seine Helfer angreifen. Der Arzt riet ihr davon ab – aber falls Jean das Unternehmen wagen wolle, würde er kommen und mit einer Ersatzdroge helfen, mit Methadon.

„Wir versuchen's lieber mit Jesus", entgegnete Jean und lehnte sein Angebot ab. So begann das Experiment.

Ich verbrachte drei schlaflose Nächte am Bett von Ah Kei und erwartete alle vorhergesagten Entzugserscheinungen; aber er schlief wie ein Kind. Nach den drei Tagen war ich abgezehrt, zerzaust und vollkommen fertig – und er sah blendend aus. Immer wenn er aufwachte und das geringste Anzeichen von Schmerz merken ließ, forderten wir ihn dringend auf, in Zungen zu beten, und der Schmerz verschwand schlagartig. Für uns war das der endgültige Beweis dafür, dass das Beten im Geist, zumindest für unsere Arbeit, das Mittel für einen schmerzfreien Entzug von Heroin war. Ah Kei hatte auch guten Appetit und bat um Käsebrote, die er gierig verschlang.

Nach vier Tagen kam Ah Keis Frau, um nach ihm zu sehen. Als sie erkannte, dass er geheilt war, wollte sie ihn gleich mitnehmen. Das lehnten wir jedoch strikt ab; er brauchte noch Pflege und eine drogenfreie Umwelt. Glücklicherweise bekam er in ihrer Gegenwart auf einmal schwere Entzugserscheinungen, Kälte- und Hitzeanfälle im Wechsel. Weil Ah Kei schon einmal in China ohne Erfolg versucht hatte, von Heroin freizukommen, wusste er, wie schrecklich die Schmerzen sein konnten. Wir alle beteten um Erleichterung für ihn, und während wir Gott in unseren neuen Sprachen anbeteten, vergingen Ah Keis Schmerzen. Wieder hatte Gott ihm geholfen. Am fünften Tag wusste Ah Kei, dass er endgültig frei war vom Heroin; aber er verlangte sehnlichst nach Zigaretten. Das Rauchen wollte er nicht aufgeben. Rick versicherte ihm, wenn er nicht auch seine Abhängigkeit vom Tabak aufgebe, sei er nicht wirklich frei, und alles könne umsonst gewesen sein. Darüber war Ah Kei so unglücklich, dass er am siebten Tage das buddhistische Dienstmädchen der Willans überredete, sie möge ihm ein paar Filterzigaretten geben. Fast augenblicklich bekam er Entzugsschmerzen, wie er sie vom Heroinentzug her kannte. Wir verdoppelten alle unsere Gebetskraft. Als er endlich Ricks Rat annahm und auf Zigaretten verzichtete, waren die Schmerzen weg.

Während dieser Entzugszeit und noch einige Monate danach pendelte ich immer zwischen meinem Haus und Mei Foo hin und her, weil sich das Wunder der Heilung auch noch an anderen vollzog. Jean hatte Ah Kei zum Friseur mitgenommen, um sein Haar schneiden zu lassen. Dort lief er seinem Freund Wahchai in die Arme, den er Jahre zuvor in die Verbrecherszene eingeführt hatte. Er ermunterte ihn, auch in die Wohnung der Willans zu kommen, wo wir dann eine Vorbesprechung hatten. Während dieses Treffens beteten wir, und ich bekam eine Botschaft in Zungen, aber keiner legte sie aus. Weil Paulus sagt, dass jedes Zungenreden ausgelegt werden muss, warteten und warteten wir, doch niemand ergriff das Wort. Schließlich gab Wahchai zu, dass er eine Auslegung gehabt habe, aber er habe sich nicht getraut, sie auszusprechen. Er konnte nicht glauben, dass Gott gerade ihn gebrauchen wollte, weil er doch noch süchtig war, obgleich er sich kürzlich bekehrt hatte. Als er uns die Auslegung meiner Botschaft sagte, fing er bitterlich zu weinen an. Danach brauchten wir uns nur noch eine Weile zu ihm zu setzen, bis der Entzug ohne Schmerzen vorüber war. Es war genauso wie bei Ah Kei: Sobald er Schmerzen bekam, brauchte er nur in Zungen zu beten, und schon fühlte er sich wohler.

Bei unserem Treffen am folgenden Donnerstagabend betete ein anderer neubekehrter Junge um die Kraft Christi, um von den Drogen wegzukommen. Nach dem Gebetskreis sagte ich zu ihm, sein Wunsch könne noch am gleichen Abend erfüllt werden. Dazu müssten wir ihn allerdings dabehalten. Weil bei Willans kein Platz mehr war, mieteten wir in einem der benachbarten Apartmenthäusern, die gewöhnlich als Bordell dienten, ein Zimmer für ihn, und ich saß die ganze Nacht bei ihm und betete. An den folgenden vier Tagen setzten sich einige Jungen aus unserer Gruppe zu ihm und beteten so lange, bis er vollständig frei war. Wir machten Zweistundenschichten, Tag und Nacht, und gaben den Eigentümern dieses „Hotels", die eine ganz andere Kundschaft gewöhnt waren, große Rätsel auf über unser Vorhaben. Als der Junge dann frei war, verbrachte er noch eine Woche in Willans' Wohnung bis zu seiner vollkommenen Rehabilitation.

Kurz danach entschloss sich Ah Kei, eine Woche in sein Heimatdorf nach China zu fahren. Einige von uns begleiteten ihn zum Bahnhof, um ihn zu verabschieden. Als er an der chinesischen Grenze ankam, wollten die Grenzbeamten wissen, wer die Leute gewesen seien, die ihn auf dem Kowloonbahnhof verabschiedet hätten. Er erwiderte, es seien ein Amerikaner (Rick), ein englisches Mädchen (ich) und chinesische Freunde gewesen. „Wer waren diese Westler?", fragten sie.

„Ach, das sind Leute, die mir von Jesus Christus erzählt haben", antwortete er fröhlich.

„Ach so. – Jetzt beantworten Sie uns eine Frage", sagten die Grenzbeamten. „Wer ist besser, die Chinesen oder die Westler?"

Ah Kei erwiderte: „Nun, als Chinese denke ich natürlich, die Chinesen sind besser; aber diese Westler da sind Christen, und deshalb sind sie sehr gut. Ich habe sie wirklich gern." Die Beamten – es handelte sich wohl um eine Staatssicherheitstruppe – kannten Ah Kei und sagten, sie wüssten, dass er oft versucht habe, Drogen über die Grenze zu schmuggeln, und dass er ein Bandenführer bei den Triaden sei.

„Warum wollen Sie denn diesmal keine Drogen schmuggeln?", fragten sie. „Was haben Sie mit denen zu schaffen?" Es war ein hartes und schonungsloses Verhör.

Ah Kei nahm kein Blatt vor den Mund. Er erklärte, dass er vom Heroin freigekommen sei, weil die Westler ihm von Jesus erzählt und mit ihm gebetet hatten. Er erzählte auch, dass er nicht mehr zu seiner Triad-Bande gehöre und alle verbrecherischen Aktivitäten aufgegeben habe. Stattdessen wolle er im März anfangen, in einem Büro zu arbeiten.

Das glaubten ihm die Beamten nicht. Ihrer Meinung nach konnte er niemals von Drogen frei sein, denn die chinesischen Opiumkriege hätten doch bewiesen, dass niemand von der Sucht loskommen kann. Aber Ah Kei blieb fest. Er war ja schon sechs Wochen drogenfrei. Da er jetzt an Jesus Christus glaube, sei er ein neuer Mensch. Die Grenzbeamten fragten, ob er das mit Medikamenten erreicht habe. Er erklärte, dass er gar keine Medikamente gebraucht habe; die ganze Heilung sei durch Jesus und sein Wort geschehen. Das hielten die Beamten für einen Scherz und wurden sehr böse. Sie bezeichneten das Ganze als Spinnerei; es sei doch klar, dass diese Westler ihm einen Bären aufgebunden hätten, um ihn auszubeuten. Jetzt aber ergriff Ah Kei die Gelegenheit, ein ausführliches Zeugnis darüber zu geben, was Jesus für ihn getan hatte. Er redete fast eine Stunde lang. Zuletzt wurden die Beamten freundlicher, hörten aufmerksam zu und ließen ihn schließlich mit seiner Bibel über die Grenze. Als er in seinem Dorf ankam, traf er dort ein christliches Mädchen, das nicht viel von der Schrift kannte, denn es hatte nie eine Bibel besessen. So schenkte Ah Kei diesem Mädchen seine Bibel; und das Wort breitete sich aus.

Nach und nach erzählte Ah Kei seiner ganzen Verwandtschaft von seiner Bekehrung. Und einer nach dem andern nahm Jesus an. Besonders freute sich Ah Bings Vater über die Veränderung, die in seinem Schwiegersohn vorgegangen war. Auch er empfing den Heiligen Geist und wurde Christ. Das Essen, das er gab, um dieses Ereignis zu feiern, lohnt sich aufzuschreiben: Wachteleier mit Streifen von Hühnerbrust, Rindfleisch mit Pilzen, gefüllte Ente, Maissuppe, geschmorte Entenbeine mit einer anderen Sorte von Pilzen, Schweinebraten in süßer Sojasoße, gedämpfter Fisch, süße Erdnusssuppe und Törtchen. Nach diesem Essen stand der Vater auf und verkündete: „Ich war jung und bin alt geworden; aber ich habe bis jetzt noch nie erlebt, dass ein schlechter Mensch ein guter Mensch wird, wie es hier geschehen ist."

Kapitel 11

Die Stephanushäuser

Dies ist Daniels Zeugnis, das er in meinem Haus in der Lung-Kong-Straße schrieb:

> Ehe ich mich vorstelle, danke ich dem Herrn Jesus dafür, dass er mich von meiner Vergangenheit gelöst und mir ein wunderbares neues Leben gegeben hat. Mein chinesischer Name ist Ah Lam, auf Englisch heiße ich Daniel.
> Ich war ein ganz schlechter Mensch; deshalb habe ich den Dank an den Herrn Jesus so betont. Vor zehn Jahren, als ich 14 Jahre alt war, verließ ich die Schule und schloss mich den Triaden an. Ich wollte mir Respekt verschaffen, berühmt und gefürchtet sein; und als Triade, so glaubte ich, würde ich das alles bekommen. So stieg ich aus dem normalen Leben aus und ging in den Untergrund. Ein Jahr danach wurde ich wegen bewaffneten Raubüberfalls verhaftet und für dieses Delikt zu neun Monaten und für ein anderes zu drei Jahren Jugendstraflager verurteilt.
> Damals tat mir alles, was ich getan hatte, wirklich leid. Ich kam mir schuftig vor und wollte mich ernstlich ändern, wollte ganz neu anfangen und wieder anständig leben, sobald ich aus dem Gefängnis kam. Stattdessen wurde es nach meiner Entlassung trotz aller guten Vorsätze schlimmer als zuvor. Ich rutschte immer tiefer ins Verbrechen hinein, kam wieder unter den Einfluss meiner alten Freunde und ging

in die gleiche Umgebung zurück. Ich fühlte in mir eine tiefe Leere; und um alles zu vergessen, griff ich zum Heroin. Ich wurde schwer süchtig. Ein paar Mal versuchte ich dann, von den Drogen wieder freizukommen. Es klappte nie. Soll ich nun sagen, es war Glück oder ein gutes Schicksal, dass ich Jesus kennenlernte, mich bekehrte und ihn als meinen Herrn und Heiland annahm? Ich weiß nicht, wie ich es erklären soll: Auf einmal war alles ganz anders. Worte können nicht sagen, wie schön das war. Es war, als würde eine große Last von mir genommen. Ich war frei. Herrlich! Es war ein echt wunderbares Erlebnis, das ich nie vergessen werde, ich kann wahrheitsgemäß sagen: Ich habe nie zurückgeschaut. Seit diesem Tage sah ich gar keine Veranlassung mehr zurückzuschauen. Jesus hat mir so viel gegeben, ich lernte Geduld, Demut, Liebe; und jeden Tag lerne ich mehr dazu. Es ist ein spannendes Leben. Ich bin Jesus sehr dankbar, dass er das alles möglich machte. Ich hoffe und bete dafür, dass Sie dasselbe erleben. Erst dann werden Sie diesen Bericht voll verstehen.
Gott segne Sie.
Ah Lam

Das hat einer der Straffälligen geschrieben, die in Scharen zu mir kamen, nachdem sie gehört hatten, was mit Ah Kei geschehen war. Die Nachricht verbreitete sich sehr schnell in der Drogenszene: Wer bereit ist, an Jesus zu glauben, bekommt eine gewisse Kraft, mit der er ohne Schmerzen durch den Entzug kommt. Die Süchtigen standen Schlange, um in Jeans und Ricks Haus aufgenommen zu werden.

In die Lung-Kong-Straße wollte ich sie nicht bringen. Das Haus lag so nahe an der Vermauerten Stadt, dass sich ein verzweifelter Süchtiger im Handumdrehen Heroin oder Opium in unbegrenzter Menge hätte verschaffen können. Es war auch möglich, über unser Dach in die Wohnung des Nachbarhauses zu springen, und dies war für viele der Junkies eine große Versuchung. In der Wohnung von Jean und Rick dagegen gab es keine Möglichkeit zur Flucht. An der Tür hing ein doppeltes Sicherheitsschloss, die Fenster waren vergittert, und 24 Stunden lang war wenigstens eine Aufsichtsperson im Dienst.

Ein Pastor brachte mir einmal einen jungen Mann ins Haus, der Folgendes erklärte: „Ich habe gesehen, was mit den Süchtigen geschieht, die

DIE STEPHANUSHÄUSER / 163

zu Miss Pullinger kommen. Ich möchte das für mich auch ganz gern; aber die Sache mit dem Jesus passt mir nicht."

Da sagte der Pastor zu ihm: „Mach dir darüber keine Gedanken! Jackie wird das nicht so genau nehmen."

Diese Antwort war grundfalsch. Wenn wir Jesus nicht genau nehmen, hätten wir den Junkies nicht das Geringste zu bieten. Wenn sie nicht beten wollten, würden sie unter heftigsten Entzugsschmerzen zu leiden haben. Medikamente zögern die Schmerzen nur hinaus. Bei ‚Kleine Katze' zum Beispiel hatte ich es erlebt, dass sechs starke Jungen auf ihm saßen, als er aus eigener Kraft drogenfrei werden wollte. Er war ein kleiner Bursche. Aber sobald das Verlangen nach der Droge über ihn kam, wuchsen seine Kräfte ins Unermessliche, sodass er die sechs überwältigte und halb wahnsinnig davonrannte.

Die Jungen, die zu uns kamen, wollten alle an Jesus glauben. Wer dazu nicht bereit war, kam gar nicht erst. Denn unsere Methode war bekannt. Es kamen so viele, dass Jeans und Ricks Haus brechend voll wurde. Mehrere Male musste ich ein Zimmer in einem Bordell mieten mit Waschgelegenheit, Schlössern an den Türen und genügend Versorgung mit chinesischem Tee. Natürlich brachte das Probleme. Schon bei der Registrierung ging es los ...

Wir brauchten unbedingt einen Ort, wo die Süchtigen ihren Entzug machen und sich danach als Christen entwickeln konnten. Die meisten von ihnen waren, bevor sie süchtig wurden, schwer verhaltensgestört. Sie brauchten jetzt ständige Aufmerksamkeit und verlangten sie auch.

Unser Engagement für Ah Kit, einem von Ah Keis Verwandten, trieb schließlich unsere Raumnot auf die Spitze. Kaum war er einige Tage drogenfrei, da beschloss er, sein Leben wieder selbst in die Hand zu nehmen, und verließ das Haus der Willans. Wir beteten alle, dass er in einer Umgebung landen möge, in der er nicht in sein altes Leben zurückfallen würde, sondern zu Jesus zurückfinden konnte. Dieses Gebet wurde auf außergewöhnlich eindrucksvolle Weise erhört – er wurde verhaftet und kam hinter Gitter. Dort machte er eine grundlegende Herzensänderung durch und eine echte Bekehrung. Er fing an zu beten und mit den Mitgefangenen über Jesus zu sprechen, während er auf seinen Prozess wartete. Er war wegen bewaffneten Raubüberfalls angeklagt.

Der Richter kommentierte in der Verhandlung, Ah Kit habe eine so erschreckend lange Liste von Verbrechen, dass er ein hartes Urteil verdiene. Anschließend hörte der Richter jedoch Jeans Bericht über Ah Kits Veränderung und sah ihre Bereitwilligkeit, für den Jungen zu sorgen. So entließ er ihn für 18 Monate auf Bewährung in unsere Obhut.

Der Gerichtsschreiber, die Wachposten und das gesamte Gefängnispersonal waren fassungslos. Was der Richter getan hatte, nämlich einen Mann mit solchen Anklagen freizulassen, war juristisch einfach unmöglich. Wir aber wussten, wie es möglich geworden war. Wir hatten zwei Reihen Beter im Gerichtssaal sitzen.

So nahmen wir Ah Kit zu uns nach Mei Foo. Als wir den Saal verließen, hörten wir einen Gefängniswärter zu dem andern sagen, es sei doch eigentlich vorteilhafter, statt eines Rechtsanwaltes Gott auf seiner Seite zu haben ...

Ah Kit machte als Christ sehr langsame Fortschritte. Er war gern bei den Willans, aber er forderte 24 Stunden lang unsere Aufmerksamkeit. Nachdem er ein Leben lang vernachlässigt worden war, sehnte er sich nach Liebe. Immer musste sich jemand mit ihm befassen, ja, er beanspruchte die gleiche Zuwendung wie Suzy, die Tochter des Hauses. Sobald Jean mit jemand anderem sprach oder sich hinsetzte, um Briefe zu schreiben, fühlte er sich vernachlässigt. Er war für die Familie eine solche Belastung, dass Jean eines Tages dazukam, als ihre 17-jährige Tochter Suzy ihre Sachen packte.

„Entweder die Junkies gehen oder ich", erklärte sie, und es war ihr ernst damit. Sie war eine gute Christin, aber keine Familie kann solche Strapazen über einen längeren Zeitraum hinweg verkraften.

Es war einfach Zeit, dass wir neue Räumlichkeiten fanden mit einer häuslichen Atmosphäre, viel Liebe und 24-stündiger Aufsicht durch Leute, die sich ausschließlich um die Süchtigen kümmerten.

Ich war gerade auf Heimaturlaub in England, als das Telegramm von den Willans kam. Sie hatten etwas gefunden! Jemand hatte Jeans Buch gelesen und war so begeistert, dass er einen Betrag zur Verfügung stellte, mit dem wir eine Wohnung mieten konnten. Dort konnten die Süchtigen, die ein neues Leben mit Jesus anfangen wollten, versorgt werden.

Der Gebetskreis der Willans in Hongkong nannte das Programm „Society of Stephen". Unter diesem Namen veröffentlichten sie Literatur, und dieser Name wurde später in den USA als Missionswerk eingetragen und auf Landes- und Bundesebene anerkannt. Da durch unsere Bemühungen immer mehr Straffälligen geholfen werden konnte, brauchten wir eine offizielle Körperschaft, in deren Namen wir verhandeln konnten, sei es in mietrechtlichen Angelegenheiten, Prozessen oder anderen Amtsgeschäften. So wurden wir überall in der Drogenszene unter dem Namen „Stephanus" bekannt; in der übrigen Welt kannte man uns als ‚SOS'. Wir nannten die neue Wohnung „Stephanushaus 3", meins war „Stephanushaus 1" und Mei Foo „Stephanushaus 2".

Die erste vollzeitige Mitarbeiterin war Diana Edwards, eine Amerikanerin aus Hawaii. Sie war ehemalige Nonne des Maryknoll-Ordens, war schon fünf Jahre in Hongkong und sprach fließend Kantonesisch. Sie war vor einigen Jahren während einer Gebetsversammlung bei den Willans vom Heiligen Geist ergriffen worden. Wir schickten ihr ein Telegramm nach Hawaii:

„BITTE KOMM ***STOP*** HILF IM NEUEN DROGENZENTRUM ***STOP*** HABEN DICH LIEB"

Sie wusste genau, dass sie kein Gehalt bekommen würde, dass wir aber alles, was wir hatten, mit ihr teilen würden. So kam Diana binnen einer Woche nach Hongkong zurück.

Wir fingen mit einem Bewohner an, aber innerhalb weniger Wochen wurden es sechs, und weitere baten um Aufnahme. Als sich die Arbeit immer mehr ausweitete, zogen Ah Kei und seine Familie ein und halfen Diana bei der Hausverwaltung.

In der Weihnachtszeit wohnten 17 Personen in der kleinen Wohnung, vier Jungen schliefen auf dem Korridor. Wir beteten, dass wir mit Beginn des neuen Jahres neue Räume, ein viertes Haus, bekämen, um die aufzunehmen, die auf der Warteliste standen. Es war so schwer, die Bewerber abzuweisen, wussten wir doch, wie einfach es ist, durch die Kraft Jesu von den Drogen loszukommen.

Die Samstags-Versammlungen im Haus der Willans wuchsen derart, dass sie eine größere Wohnung mieteten und auf die Hongkonginsel in die Nähe unseres dritten Hauses zogen. Manchmal versammelten sich 150 Personen, einschließlich Pastoren, Professoren, Prediger und Nonnen, zusammen mit unseren ehemaligen Triaden und Ex-Junkies. Während der Silvesterversammlung beteten wir im Glauben, dass Gott uns zum Neujahrstag ein neues Haus geben möge, und dankten ihm im Voraus dafür. Wir hatten während des Gebets keinen blassen Schimmer, wie das wohl verwirklicht werden könnte.

Als die Versammlung um 22.30 Uhr zu Ende war, wandte sich ein englischer Freund mit der Frage an mich, warum wir überhaupt noch beteten, wir könnten doch das Haus schon längst gemietet haben.

„Ja", erklärte ich ihm, „dazu brauchen wir jemanden, der uns die Miete zahlt oder uns eine Wohnung schenkt, es sei denn, Gott gibt uns die Gewissheit, dass wir im Glauben einen Mietvertrag abschließen können, ohne das nötige Geld zu haben."

Da eröffnete er uns: „Ich habe schon vor zwei Wochen das Geld für euch auf ein Sonderkonto umschreiben lassen."

Wir schickten sofort eine Gruppe Jungen los, die sich nach einer Wohnung umsehen sollten. Kurz danach kamen sie wieder und hatten in unmittelbarer Nähe eine freie Wohnung entdeckt. Um 23.30 Uhr hatten wir bereits mit dem Hausverwalter die Mietverhandlung abgeschlossen. Und das in Hongkong, wo der Wohnraum so knapp ist wie kaum an einem anderen Ort der Welt! Am Neujahrsmorgen machten wir mit einem Gebetskreis in dem neuen Haus den Handel perfekt. Das war die denkwürdigste Silvesternacht meines Lebens.

Durch das Beten mit Ah Kei und den anderen Abhängigen wusste ich jetzt, dass man nicht warten musste, dass Gott Süchtige „zufällig" befreite. Ich erkannte, dass jeder, der willig war, durch die Kraft, die Jesus ihm beim Beten in den Worten seines Geistes gab, freigesetzt werden konnte. Wir zwangen den Abhängigen nicht zu beten, wenn er den Entzug durchmachte; man kann niemanden zum Beten zwingen. Wir reduzierten einfach nur die Alternativen auf nichts bzw. auf die eine Alternative: zu leiden.

Ein berühmtes Mitglied eines Verbrechersyndikats wurde auf das Gebet des Glaubens hin mit dem Heiligen Geist erfüllt, kurz bevor er in eines unserer Häuser kam. Als nun seine Entzugsschmerzen einsetzten, weigerte er sich plötzlich zu beten. Am zweiten Tage packte er seine Sachen und wollte gehen. Das erlaubte ich nicht, denn ich wusste genau, dass es ihm ernst gewesen war, als er erklärte, er wolle Christus nachfolgen und von den Drogen frei werden. Jetzt sprach nur das Heroin aus ihm.

„Du kannst mich nicht hier einsperren. Dazu hast du kein Recht", hielt mir dieser Triadenführer vor. Er war keinen Widerspruch gewöhnt.

„Doch, das kann ich", erwiderte ich. „Du hast uns um Hilfe gebeten, um ein neues Leben anzufangen; eben diesen Wunsch wollen wir dir jetzt erfüllen. Wir würden dir einen schlechten Dienst erweisen, wenn wir dich beim ersten Schmerzanfall gehen ließen."

„Ich gehe aber doch." Er blieb eisern und kam auf die Tür zu, wo ich stand.

„Wenn du betest, fühlst du dich gleich wohler."

„Ich habe mich aber nun doch entschlossen, Jesus nicht nachzufolgen. Du kannst mich nicht aufhalten. Ich gehe!"

„Schön, dann kannst du eine von vier Möglichkeiten aussuchen", sagte ich und zählte sie an den Fingern ab. „Erstens: Du kannst mich niederschlagen und mir die Schlüssel entreißen. Zweitens: Du kannst vom Dach springen. Drittens: Du kannst hierbleiben und leiden. Die vierte Möglichkeit ist, hierzubleiben und zu beten. Aber ohne meine Erlaubnis darfst du nicht gehen, es sei denn, du steigst über mich hinweg."

Ich sah, wie er diese Alternativen gegeneinander abwog. Ein kräftiger Mann wie er vergriff sich nicht an einer Frau, das war unter seiner Würde. Der Sprung vom Dach hätte ihn getötet. So blieb er und ging voller Wut auf sein Bett zu. Heftige Schmerzen trieben ihn unter seine Bettdecke, bis er schließlich so verzweifelt war, dass er betete. Kaum hatte er begonnen, hörten die Schmerzen auf; und er schlief friedlich ein. Ein paar Tage lang war er zu stolz, uns einzugestehen, dass es funktionierte. Als er den Entzug überstanden hatte, rang er sich endlich zu dem Bekenntnis durch, dass er für sich in Zungen gebetet hatte. Jetzt war er auch bereit, dies mit anderen gemeinsam zu tun.

Wenige Junkies neben denen der Vermauerten Stadt hatten je etwas vom Christentum gehört. Das war aber keineswegs ein Hindernis für sie, im Gegenteil, es half ihnen. Sie kamen zu uns und sagten etwa: „Ich habe gehört, dass Ah Kei (oder irgendein anderer Freund) sich geändert hat. Jesus soll das getan haben. Ah Kei war der gemeinste Süchtige, den ich kenne. Wenn Jesus den ändern konnte, dann kann er auch mich ändern."

Ihr Glaube hing nicht vom Verständnis irgendwelcher theologischer Lehrsätze ab; sie glaubten, weil sie sahen, wie Jesus an anderen wirkte. Sie glaubten dadurch, dass sie bereit waren, ihn auch in ihrem Leben wirken zu lassen. Jedes ihrer Gebete wurde erhört, und ihr Glaube wuchs mit ihrer Heilung.

Wer dieses außerordentliche geistliche Geschehen als „Sieg des Verstandes" hinstellen wollte, der war den Tatsachen gegenüber einfach blind.

Wenn ein Drogenabhängiger in den Entzug geht, hat er durch den beständigen Drogenmissbrauch seinen Verstand schon halb verloren. Außerdem steckt er voller Angst vor Schmerzen. Die meisten unserer Jungen haben Jesus erst, nachdem sie seine Kraft an ihrem Leben und Körper erfahren hatten, mit dem Verstand aufgenommen. Das Verständnis für den Heiland, das Kreuz, Vergebung und Erlösung kam erst später, als sie die Segnungen dieser Wahrheiten bereits erlebt hatten.

Jetzt hatten wir vier Häuser; außerdem betrieben wir den Jugendclub in der Vermauerten Stadt und hatten die Versammlungen in Kaiwan. So brauchten wir immer mehr vollzeitliche Mitarbeiter. Doreen Cadney, eine englische Krankenschwester, kam zu uns, und Gail Castle kehrte aus den Staaten zurück. Einige Freiwillige aus Hongkong und England halfen zwischenzeitlich, und schließlich gab Sarah Searcy ihren gut bezahlten Beruf auf, um die Verwaltung über alle Häuser zu übernehmen.

Andererseits wurde die Arbeit immer leichter, denn die Jungen, die frei geworden waren, wurden nun ihrerseits gute Helfer für die „Neuen". Sie kochten gern, halfen im Haus und hatten eine endlose Geduld, bei Neuankömmlingen zu sitzen, sie zum Beten zu ermuntern und mit ihnen zu beten. Sie hatten die frische Erinnerung an ihren eigenen Sieg über die Droge, und ihr Glaube war groß. Man hörte ihnen voller Respekt zu, wenn sie erklärten: „Es funktioniert! Sobald du zu beten beginnst, hören die Schmerzen auf. Du brauchst bloß Jesus zu bitten."

Es war eine verrückte Zeit. Fast täglich kamen Süchtige, die frei werden wollten. Durch die Veränderung, die an ihnen festzustellen war, kamen auch viele „anständige" Leute. Sie waren so beeindruckt, dass auch sie zu glauben begannen. Ein hoher Richter spendete uns sogar unser Weihnachtsessen, nachdem er die Jungen kennengelernt hatte, die Christen geworden waren.

Zu jeder Tages- und Nachtzeit kamen Leute in meine Wohnung, die Probleme hatten, und sie gingen als Christen, die mit dem Heiligen Geist erfüllt worden waren. Wir hatten sonntagmorgens in der Lung-Kong-Straße Versammlungen, die überfüllt waren mit Studenten, Jungen aus der Vermauerten Stadt, Ex-Fixern und Besuchern, die Heilung oder Seelsorge suchten. Es war manchmal nicht möglich für mich, bis sechs Uhr abends mit allen zu sprechen, sodass ich andere Christen bitten musste, die Seelsorge zu übernehmen und mit den Einzelnen zu beten.

Die Stephanushäuser / 169

Viele Jahre lang hatte ich mich bemüht, alle Aufgaben selbst zu erledigen, weil ich keine Hilfe fand; aber jetzt entwickelten wir ein System der Arbeitsteilung. Zum ersten Mal verstand ich, was „Leib Christi" bedeutet, wo jeder in einem riesigen Aufgabengebiet eine bestimmte Funktion übernimmt, zu der er sich berufen fühlt. Ich sah, dass ich unter den jetzigen Umständen nicht mehr unabkömmlich war, besonders nicht in der Hausverwaltung. Die übernahm Jean mit ihrem besonderen geistlichen Scharfblick, ihrem Sinn für Gerechtigkeit und einer guten Portion Humor.

Wir lernten, dass es eine langwierige Arbeit war, aus einem Süchtigen ein brauchbares Glied der Gesellschaft zu machen. In meinem Experiment in der Lung-Kong-Straße hatte ich versucht, den Jungen so schnell wie möglich Arbeit oder einen Platz in einer Schule zu beschaffen. Stets hörte ich von Besuchern die gleiche Frage: „Gehen die Jungen jetzt arbeiten?" Die Erfahrung lehrte, selbst wenn die Jungen körperlich fit waren, mussten sie zunächst noch viel lernen, bevor sie selbstständig wurden.

Viele hatten jahrelang auf den Straßen herumgelungert. Sie waren gewöhnt, in schwierigen Situationen zu lügen und zu betrügen. Deshalb wollten wir sie in eine möglichst enge Verbindung zu einer christlichen Familie bringen, wo viel Liebe und strenge Disziplin herrschte, bis sie sich ein christliches Verhalten angewöhnt hatten. Zuerst dachten wir, drei Monate mit geregeltem Tageslauf und Erziehung würden genügen. Später erkannten wir, sie brauchten mindestens sechs Monate, um ihre Denkweise zu ändern, bis sie tatsächlich ihre früheren Gewohnheiten, zu stehlen, zu lügen und zu erpressen, abgelegt hatten. Noch später empfahlen wir einen Mindestaufenthalt von einem Jahr in einem unserer Häuser, besser noch zwei Jahre. Wir schickten keinen der Jungen fort, die Jesus nachfolgen wollten. Alle, die von Drogen frei werden wollten, bekamen von Anfang an gesagt, wenn sie eine freie Entscheidung für Jesus fällen und zu uns kommen wollten, würden wir sie nicht vor zehn Tagen wieder entlassen. Wenn sie dann völlig frei wären, könnten sie sich nach dieser Zeit entscheiden, ob sie gehen oder in einem unserer Häuser bleiben wollten, um noch mehr über Jesus zu erfahren. Es war nicht etwa so, dass wir sie zu einem zehntägigen Aufenthalt überredeten – nein, wenn wir erkannten, dass ein Süchtiger nicht völlig bereit war, bei uns zu bleiben, schlugen wir ihm vor, er solle es sich noch einmal überlegen, ob er überhaupt zu uns kommen wolle. Die Nachfolge Jesu ist eine lebenslange Entscheidung; und wenn der Neubekehrte nicht eine grundlegende Hingabe an Jesus vollzog, konnte Jesus ihn nicht verändern.

So entwickelte sich allmählich eine Routine, aber sie war nie starr. Die Jungen fühlten sich darin geborgen und gewöhnten sich daran. Wenn sie es einmal erfasst hatten, dass wir sie ohne die Begleitung eines unserer Helfer weder nach Hause in ihre alte Umgebung noch irgendwo anders hin gehen ließen, gaben sie sich damit zufrieden und fanden an dem geordneten Leben sogar Gefallen. Jeden Tag beteten sie miteinander und auch allein, gingen zum Markt einkaufen, kochten und machten Hausarbeiten. Es gab Bibelstunden und Nachhilfeunterricht in Chinesisch und Englisch durch kirchliche Mitarbeiter. Fast jeden Tag trieben sie Sport, meist Fußball, und benutzten solche Gelegenheiten, um anderen etwas von Jesus zu erzählen. Der Fußballplatz war gleich neben einem Zentrum, wo Süchtige von der Regierung Ersatzdrogen bekamen. Unsere Mannschaft voll starker, gesunder Jungen fiel so auf, dass viele Süchtige, die dort an den Zäunen herumlungerten, auf uns zukamen, um zu erfahren, wie Jesus von der Abhängigkeit befreien kann.

Bei den Leuten auf dem Markt fielen unsere Jungen auch auf, sodass einige der Händler zu unseren Sonntagsgottesdiensten kamen, um diesen Jesus kennenzulernen, der es fertigbrachte, dass die Junkies sich mehr für den Preis von Bohnenquark als den für Heroin interessierten.

Uns wurde eine professionelle Reinigungsmaschine geschenkt, sie war der Grundstock für unsere „Stephanus-Gebäudereinigung", und die Jungen gingen in Kolonnen zum Putzen und Bohnern in die Wohnungen. Das war eine gute Gelegenheit, durch Wort und Tat das Evangelium zu verbreiten. Auf diese Weise konnten wir auch sehen, wie ein Junge arbeitete.

Der beste Organisator für diese Putzkolonnen war Tony. In sauberem Tennisweiß gekleidet, beaufsichtigte er die Arbeiter und organisierte dieses Gewerbe geradezu militärisch. Schließlich war er ja an Macht gewöhnt ...

Diesen Tony hatte ich einige Jahre zuvor kennengelernt. Ich war gerade dabei, an einem Straßenkiosk in der Lung-Kong-Straße Fischklößchen in Nudelsuppe zu verspeisen. Er kam dazu und wunderte sich, warum wohl eine Westlerin mitten in der Nacht an einer Garküche aß, eine Gruppe Schwerverbrecher zu ihren Füßen. Einer seiner Freunde stellte ihn mir vor, und er kam mit in unser Haus. Die Atmosphäre dort beeindruckte ihn mächtig. Später ging er zu einer anderen Gemeinde und erzählte dort, dass ihm das Leben bei uns sehr zusage, aber es komme ihm alles wie ein Märchen vor, das er nicht ganz glauben könne. Er war während des Zweiten Weltkrieges in Havanna auf Kuba als ältester Sohn der Familie geboren. Im Alter von acht Jahren schickte ihn sein Vater nach China, um seine kinderlose erste Frau zu unterstützen. Bei dieser seiner ‚Großen Mutter' in Peking ging es ihm schlecht, bis die Stadt in die Hände der Kommunisten fiel. ‚Kleine Mutter', seine richtige Mutter, schrieb aus Havanna und bat ihn flehentlich zurückzukommen, aber für einen mittellosen Jungen ohne Freunde war das unmöglich. Er wurde für eine Ausbildung bei den Roten Garden gemustert; man glaubte, er werde einmal einen guten Spion abgeben, weil er so ausländisch aussah. Als er 14 Jahre alt war, floh er schließlich von seiner Großen Mutter und reiste unter Anwendung vieler Tricks durch ganz China bis an die Grenze von Hongkong. Auf dem Fluchtweg ertrank sein Freund, aber Tony kam durch und überquerte die Grenze nach Hongkong.

Als er ankam, hatte er kein Geld, um das Schulgeld zu bezahlen. So putzte er Schuhe und trug Taschen, um seinen Lebensunterhalt zu verdienen. Es war nicht zu vermeiden, dass er zu den Triaden stieß, die ihn für Raubüberfälle ausbildeten. Mit 16 Jahren nahm er Heroin und ging bald vom „Drachenjagen" dazu über, die Droge direkt in die Vene zu spritzen. Heroin sei alles für ihn, sagte er: Ehefrau, Freundschaft, Leben. Er fühlte sich völlig verlassen, und durch die traumatischen Erlebnisse seiner Kindheit bildete er eine harte Schale von Bitterkeit um sich, sodass nichts ihn rühren oder verletzen konnte. Seine Bandenbrüder nannten ihn deshalb „Einsamer Wolf". Sie fürchteten sich vor diesem erbarmungslosen Kerl, der so viel Macht erlangte, dass er und zwei Brüder einen neuen Zweig der 14K gründeten. Er war in Erpressungen verwickelt, in Gewalt und Mord, alles nur, um zu überleben und seinen Machteinfluss in bestimmten Gegenden aufrechtzuerhalten.

Eines Abends rief mich Ah Kei an, ich solle mich unbedingt um Tony kümmern, der in größten Schwierigkeiten stecke. Es war um das chinesische Neujahrsfest herum, die kälteste Zeit in China. So knöpfte ich mich von oben bis unten zu, um für die Übernachtung im Dorfe Diamond gerüstet zu sein. Dort war das Hauptquartier seines Territoriums.

Er saß in einer Teestube, den Mantelkragen hochgeschlagen, und zitterte vor Kälte. Neben ihm saßen zwei seiner Handlanger, offenbar auch süchtig, man sah es ihren abgemagerten Gestalten an. Aber als ich in Tonys Gesicht schaute, schockierte mich nicht so sehr der durch Drogen verursachte Verfall, sondern ein eigentümlicher Gesamteindruck. Er war todunglücklich, bereit, alles aufzugeben und zu sterben.

Ich wusste noch nicht, wie er es anstellen wollte, aber es war erschreckend zu erkennen, dass er es vorhatte. Er versuchte mir zu erklären, was los war, und während ich zuhörte, fiel mein Blick auf die zugefrorenen Spucknäpfe in der Teestube. Die Szene spiegelte das ganze Grauen eines Reiches wider, das er sich anschickte zu verlassen.

Er erzählte von unzähligen Kämpfen und unerledigten Bandenaffären. Er sei aus dem Gefängnis gekommen und habe entdecken müssen, dass die rivalisierende Bande versucht habe, sein Territorium zu übernehmen. Sie hätten alles gestohlen, was er besaß, und da sie seine Vorliebe für Musik kannten, hätten sie auch seine Gitarre zerbrochen und im Dreck liegen lassen. Es war ein Akt, der Rache forderte, und Tony wusste, was jetzt an Grässlichem auf ihn zukam.

Er war einfach kampfmüde, und doch blieb ihm keine Wahl. Er musste den Racheplan schmieden. Aber tief in seinem Inneren war eine schwache Vorstellung von etwas Schönerem, die an ihm nagte, und schließlich entschied er sich, dieser Erinnerung nachzugeben. Er wollte seine Sechs-Quadratmeter-Hütte verkaufen und den Erlös der Stephanusgesellschaft spenden.

Es überraschte ihn nicht, als ich in seinem Dorf auftauchte, denn er hatte nach mir geschickt, um diese großzügige Geste zu vollziehen. Aber ehe ich ankam, hatte die andere Bande seine Hütte niedergebrannt und vorher Stück für Stück seines Besitzes durch den Dreck gezogen. Er zeigte mir den Ort, und ich sah die Saiten seiner Gitarre über den Boden verteilt.

„Miss Puun, ich möchte der Kirche wenigstens das Grundstück übertragen", offerierte er.

„Wir wollen nicht dein Grundstück, Tony, wir wollen dein Leben", antwortete ich.

„Ich werde die Grundbuch-Eintragung regeln, damit Sie auf dieses Land eine Kirche bauen können", fuhr er fort.

„Wir wollen keine Kirche bauen, Tony, wir wollen dir helfen, dein Leben aufzubauen."

Wir gingen auf dem dunklen Pfad, der sich durch die Dorfhütten schlängelte, und ich sah, wie ihn die Dorfbewohner beobachteten. Er war der König des Dorfes, der gefürchtet und respektiert wurde. Sie alle wussten von dem Brandanschlag und rechneten mit seiner Rache. Das erwartete man einfach von ihm. Nie wieder könnte er sich auf diesen Straßen als ihr Führer sehen lassen, wenn kein Gegenschlag erfolgte. So hatte er beschlossen, zu töten oder getötet zu werden. Auf die eine oder andere Art würde er schließlich sterben, und der Tod bedeutete seiner müden Seele wenig.

Er murmelte immer noch etwas von Grundstücksurkunden, als ich sagte: „Gott hat dich ausgesucht, Tony. Komm mit!" Er weigerte sich. So wiederholte ich: „Gott hat dich ausgesucht. Er will dich retten, er will dich haben. Komm mit!"

Ich hielt ein Taxi an und war schon halb drin, als ich sagte: „Gott will dein Leben heute noch, Tony. Komm mit!" Endlich stieg er ein und setzte sich neben mich. Er wusste nicht, was er tat. Es war für mehrere Jahre das letzte Mal, dass er sein Dorf sah. Er sagte seinen Bandenbrüdern nicht Adieu und ging nicht zurück, um irgendetwas zu holen.

In meiner Wohnung in der Lung-Kong-Straße waren indes die Jungen noch wach und bereit, Tony zu empfangen. Sie fragten ihn, ob er auch Jesus annehmen wolle. Doch er fürchtete sich vor Gott. Aber dann fiel ihm ein, dass er gehört hatte: „Gott hat dich ausgesucht; Gott hat dich ausgesucht." So nickte er, als sie ihm erklärten, wie er Vergebung und ein neues Leben empfangen könne. Später schrieb er sein Zeugnis:

> „Sie beteten für mich, und ich nahm Jesus als meinen Herrn an und wurde mit dem Heiligen Geist erfüllt. Vorher hatte ich so sehr gefroren. Als ich nun mit dem Heiligen Geist erfüllt wurde, passierte etwas Eigenartiges – ich fühlte ein Brennen in meinem Herzen, und mein ganzer Körper wurde warm; und ich fing an zu weinen. Seit meiner Kindheit hatte ich nicht mehr geweint. Jetzt schämte ich mich nicht, dass ich vor anderen weinte. Ich wusste, dass ich wirklich ‚wiedergeboren' war.
> Zum Entzug brachte man mich ins Stephanushaus 3. Viele Male hatte ich schon versucht, vom Heroin freizukommen Die Schmerzen waren immer zu groß gewesen. Als ich das erste Mal ins Gefängnis kam, musste ich einen ‚cold turkey'

> durchmachen. Das war so schrecklich, dass ich ausbrach aus dem Gefängnis und in den Stacheldraht hineinraste, wovon ich immer noch die Narben trage. Seitdem trug ich immer Heroin bei mir, damit ich nie mehr ohne Stoff gefangen genommen werden konnte. Was jetzt aber passierte, war anders. Meine Brüder im Herrn Jesus beteten für mich in Zungen, und die Schmerzen ließen nach. Zwei Monate später zog ich zu Herrn und Frau Willans. Meine eigenen Eltern sind nicht mehr auffindbar. Aber Herr und Frau Willans wurden jetzt meine Eltern.
> Seit dieser Zeit habe ich Gottes Handeln in meinem Leben auf vielerlei Weise gesehen. Ich ging mit meinen neuen Eltern nach China, 1976 kam ich sogar nach Amerika und England mit ihnen, und wir sprachen in einer Reihe von Gemeinden, auch im Radio und Fernsehen. Wie wunderbar war das alles für mich, einen ehemaligen Rotgardisten, einen 14K-Triaden, ehemaligen Zuchthäusler und Heroinsüchtigen, dass es mir durch ein besonderes Opfer vergönnt gewesen ist, die Vereinigten Staaten von Amerika zu besuchen. Der Innenminister selbst bezahlte meine Reise nach England, nachdem jeder erklärt hatte, das sei unmöglich. Ich bekam dann eine erstklassige Ausbildung als Friseur. Jetzt arbeite ich in einem führenden Salon in Hongkong und wohne in einer schönen Wohnung. Es ist wirklich kaum fassbar und zeigt, wie mächtig mein Herr, Jesus Christus, ist. Aber das Größte, was er für mich getan hat: Er hat mein Herz verändert, und ich gehe jetzt nicht mehr der Sünde nach, sondern ich folge ihm."

Idealerweise hätte jeder Junge in eine solche Familie aufgenommen werden müssen, wo er umsorgt und geliebt wurde. Tonys ungewöhnliche Herkunft machte ihn jedoch zu einem Sonderfall, und es war wunderbar zu beobachten, wie er sich veränderte. Er hatte sein Leben verloren und ein neues gefunden.

Die übrigen Jungen im Haus machten auch Fortschritte, wenn auch manche leider weggingen, bevor wir sie für reif genug hielten, das Leben draußen in der Welt zu meistern. Den stärksten Einfluss übten ihre Eltern auf sie aus. Wenn sie ihren Sohn für drogenfrei hielten, fingen sie sofort an, über Geld und Familienverantwortung zu jammern. Für einen Jungen, der zwölf Jahre auf der Straße herumgelungert hatte, war jedoch die Last zu groß, plötzlich eine Familie versorgen zu müssen, nachdem er kaum ein paar Wochen „clean" war. Er erkannte bald die Notwendigkeit, fest in Gottes Familie eingegliedert zu sein. Manche wurden erneut süchtig und bettelten dann, dass wir sie wieder aufnehmen sollten. Wir nahmen sie auch wieder, vorausgesetzt, wir sahen, dass sie ernstlich die Absicht hatten, sich nun endgültig zu ändern.

Siu Ming hatte keine Last mit seinen Eltern. Er war Halbwaise und deshalb von einer habgierigen, erpresserischen Mutter verschont geblieben. Seine Mutter war gestorben, als er sieben Jahre alt war, und er wohnte mit seiner jüngeren Schwester und seinem Vater, einem Spieler, in einer kleinen Hütte am Berge. Diese Hütte war dunkel und voller Ratten, Schaben und Schlangen. Das einzige Licht kam durch ein von einem Brett abgedecktes Loch in der Wand. Das Brett wurde mit einem Stock abgestützt. Sie schliefen alle in einem Bett, wie es viele Familien in Hongkong taten, hatten keine Küche, kein Bad, keinen Strom und keine Wasserleitung. Sie benutzten Öllampen und offenes Feuer zum Kochen.

Siu Ming saß gewöhnlich mit seiner Schwester auf einem Stein vor der Hüttentür und wartete auf seinen Vater. Wenn dieser etwas mitbrachte, wussten sie, dass er gewonnen hatte und dass sie ein Abendessen bekamen. Kam er mit leeren Händen, dann hatte er verloren, und es gab nichts zu essen. Sie waren zu arm, um in die Schule zu gehen, und Siu Ming verdiente sich seinen Lebensunterhalt als Zeitungsverkäufer. Lesen und Schreiben hatte er nicht gelernt.

Mit 15 Jahren schloss er sich den Triaden an. Sein Vater war wütend und schimpfte immerzu, sodass der Junge schließlich weglief. Ein Jahr später fand ihn seine Schwester und erzählte ihm, dass ihr Vater gestorben sei. Jetzt hatten sie niemanden mehr; und Siu Ming fing in seiner Not an, Heroin zu nehmen. Seine Schwester versuchte, es ihm auszureden, aber er war schon gebunden, und statt auf sie zu hören, schlug er sie. Dann zog er wieder fort, diesmal für immer.

Da sein Zeitungsverkauf nicht genug Geld einbrachte, um Heroin zu kaufen, musste er stehlen. Zweimal wurde er erwischt, und beim zweiten Mal kam er in ein Rehabilitationszentrum. Nach fünf Monaten lief er dort weg und wurde wieder süchtig. Sie holten ihn zurück ins Zentrum; aber als er einmal Urlaub bekam, wurde er wieder verhaftet. Diesmal kam er ins Gefängnis. Als er entlassen wurde, war er voller Bitterkeit gegen die Welt und griff sofort wieder zum Heroin.

Siu Mings Bewährungshelfer erklärte ihn zu einem hoffnungslosen Fall. Der Junge hielt die Bewährungsvorschriften nicht ein und kam schließlich hinter Gitter. Da der Bewährungshelfer aber wusste, dass dieser Strafvollzug nur den Teufelskreis von Verhaftungen fortsetzen würde, gab er Siu Ming eine letzte Chance, indem er ihn an die Stephanushäuser verwies. Er schrieb meinen Namen und meine Adresse auf Chinesisch auf einen Zettel, und so machte sich Siu Ming auf in dem Glauben, er komme zu einer Chinesin. Er hatte auch keine Ahnung, dass wir etwas mit der Kirche zu tun hatten. Es war ihm sowieso alles gleichgültig, Hauptsache, er bekam irgendeine Hilfe. Mit diesem Gedanken bemühte er sich, über den Hafen zu kommen und die Lung-Kong-Straße zu finden.

Er staunte nicht schlecht, als er vor einer westlichen Frau stand. Als ich ihm erklärte, dass Jesus ihn wirklich liebt, wurde er unsicher, ob er das annehmen könne. Schließlich meinte er: „Entweder Gefängnis oder Jesus; dann nehme ich doch lieber Jesus." Einige der ehemaligen Bandenführer, die bei uns wohnten, beteten mit ihm, und er begann ganz leise mitzubeten. Dann fuhren wir zurück über den Hafen zu unserem Haus 3, wo der Entzug vom Heroin eingeleitet wurde.

Manche Jungen, die zum Entzug kamen, waren sofort bereit und beteten ohne jedes Zögern. Andere – wie Siu Ming – warteten, bis sie in höchsten Nöten waren, bevor sie lernten, dass Gott ihnen die Schmerzen ersparen wollte. Siu Ming weigerte sich zu beten. Wir verstanden ihn, hatte er doch keinerlei Erfahrung damit, außer der einen in meinem Hause vor ein paar Stunden. Er litt unter heftigsten Entzugsschmerzen und wusste nicht, wie er beten sollte, selbst wenn er es gewollt hätte.

Schließlich erklärte er, er könne es nicht mehr aushalten, und begann in seiner neuen Sprache zu beten. Da brauchte er nicht zu überlegen, welche Worte er sprechen sollte, Gott gab sie ihm. Auf einmal fühlte er sich wohl, und zehn Minuten später schlief er ein. Er schlief fast den ganzen Tag, und als er aufwachte, hatte er den festen Glauben, dass Jesus ihn liebte. Er lernte, im Geist zu beten, und wurde schmerzlos vom Heroin frei.

Siu Ming war so still und fiel so wenig auf, dass wir ihn während der ersten Monate, als er bei uns wohnte, kaum wahrnahmen. Auf unseren Ausflügen an die Küste oder zum Fußball war es für uns immer ein Alptraum, wenn wir hinterher die Köpfe zählten, es könnte sich einer der Jungen fortgestohlen haben, um auf der Toilette zu rauchen. Jedes Mal war Siu Ming derjenige, den wir beim Zählen übersahen. Man merkte ihn nicht. Aber im Laufe des Jahres entwickelte er sich zu einer freundlichen, arbeitsamen Person, und was am wichtigsten war, er wuchs geistlich. Durch das tägliche Bibelstudium lernte er auch lesen und schreiben, und wir fanden ihn oft beim Beten allein. Schließlich wurde es deutlich, zu welchem Dienst er berufen war. Er wurde Gemeindediakon und ein Helfer für all die neuen Jungen, die zu uns kamen.

Auch einige ältere Männer wohnten bei uns im Haus, was weitgehend unbekannt war, weil wir immer einfach von unseren „Jungen" sprachen. Ah Lun und Herr Wong kamen unabhängig voneinander, aber am gleichen Tage in die Lung-Kong-Straße. Beide hatten durch andere Süchtige von unseren Häusern gehört und wollten sofort aufgenommen werden. Ah Lun betrieb von seiner winzigen Bude aus eine kleine Heroinhöhle in einer Neusiedlung. Er war 18-mal im Gefängnis gewesen und existierte nur, um zu essen und Heroin zu nehmen. Herr Wong behauptete, in der Armee von Chiang Kai-shek General gewesen zu sein. (Das konnte stimmen, ich habe jedoch unzählige alte Nationalgardisten kennengelernt, die alle dasselbe behaupteten. So kam ich schließlich zu der Ansicht, dass diese Armee ausschließlich aus Generälen bestanden haben muss.) Herr Wong verriet uns auch, er sei schon bei vielen verschiedenen Gemeinden in Hongkong gewesen und unsere sei die erste, in der Jesus wirklich regierte.

Ich schickte die beiden Männer wieder fort. Ah Lun war fast sechzig und Herr Wong in den Fünfzigern. Es schien mir unpassend, sie mit unseren Jungen zusammenzubringen. Doch in den folgenden Wochen erschienen sie jeden Tag an meinen Steinstufen und wollten herein. Ich konnte sie nicht dort stehen lassen und ihnen die Chance versagen, Jesus anzunehmen. Auch konnte ich sie nicht in die Heroinhöhlen zurückschicken, wenn sie einmal Jesus angenommen hatten ...

Also wohnten die zwei alten Männer auch bei uns und fügten sich außerordentlich gut ein, durch sie wurde die Familie ausgewogener. Endlich schickte mir Gott auch Väter. Natürlich entstanden dadurch einige Probleme, zumal Ah Lun seine Sammelleidenschaft nicht lassen konnte und einen ungeheuren Vorrat an ausgefallenen Sachen unter, in und auf seinem Holzbett deponierte. Er hortete Toilettenpapier, englische Bücher, Kissen, eine ganze Reihe von Kleidungsstücken, zusätzlichen Matratzen und ausgesprochenem Trödel. Er sammelte auch eine Reihe Exemplare von Jeans Buch für sich selbst, obwohl er kein Wort Englisch konnte. Wenn jemand im Hause etwas Besonderes suchte, dann fand er es bestimmt bei ihm.

Herr Wong hielt sich für besser als die anderen wegen seiner Stellung. Er war nie ein Triade gewesen. Er war ein Offizier und hatte darauf gewartet, dass Taiwan das chinesische Festland wieder einnimmt. Als das nicht geschah, hatte er zu Drogen gegriffen und wurde genauso süchtig wie die andern. Wenn auch seine Rehabilitation leichter zu werden versprach als die von Ah Lun, so hatte er doch das gleiche Grundproblem wie alle Jungen: Stolz. Herr Wong sprach eine widerlich blumige christliche Sprache, die er in den anderen Gemeinden aufgelesen hatte. Er war ein Moralprediger, selbstgerecht und leicht gereizt, streitsüchtig und ein Stein des Anstoßes.

Als er drogenfrei war, dachte Herr Wong, er brauche Jesu Hilfe nicht mehr, und hörte auf zu beten. Sarah, die Hausverwalterin, hatte das bemerkt. Sie sagte ihm, er solle jeden Morgen und jeden Abend beten, außerdem wenigstens eine halbe Stunde in seiner persönlichen Stillen Zeit. Das tat er, und sofort begann sich sein Verhalten zu ändern. Später bemerkte er: „Mein steinernes Herz schmilzt, und Gott gibt mir ein fleischernes." Sein Stil änderte sich aber nicht.

Viele der Jungen wurden gleichzeitig von anderen Leiden geheilt, wenn sie um Befreiung vom Heroin beteten. Einer litt an chronischem Asthma und Tbc, als er aufgenommen wurde, und die anderen hatten Angst, mit ihm im selben Zimmer zu schlafen. Aber schon nach zwei Tagen war das Asthma völlig weg, und die Schirmbildaufnahme seiner Lungen war in Ordnung. Wir bestanden allerdings darauf, dass er weiter in medizinischer Behandlung blieb. Ah Lun hatte eine stark vergrößerte Leber, als er ankam. Auch er wurde geheilt und blieb gesund.

Solange die Jungen süchtig waren, wussten sie gar nicht, dass sie andere Krankheiten hatten, aber nach der Entzugsperiode entdeckten wir das bald. Die Zähne waren das häufigste Problem. Keiner von uns schien den Mut zu haben, für Zähne zu beten. So gaben wir ein kleines Vermögen aus für Zahnarztrechnungen und Zahnersatz. Herr Wong musste sich alle Zähne ziehen lassen; das Heroin hatte sein ganzes Gebiss verdorben.

Freundlicherweise übernahm die britische Armee die schwierigsten Extraktionen für uns unentgeltlich. So kam auch Herr Wong in das Militärhospital, um sich alle Zähne ziehen zu lassen.

Während seines Krankenhausaufenthaltes war er wohlgelaunt und hatte keine Schmerzen, was er dem britischen Doktor mit dem Heiligen Geist zu

Die Stephanushäuser / 179

erklären suchte. Die Armee spendete uns sogar noch ihre Einnahmen aus einem Wohltätigkeitskonzert, sodass wir für Herrn Wong ein komplettes Gebiss kaufen konnten.

Das war nicht das erste Mal, dass die Armee den Stephanushäusern half. Sie hatten mir bei meinem ersten Haus schon geholfen, indem sie uns oft die Plätze für unser Sommerlager und die Transportmittel zur Verfügung stellten. Davon profitierten wir gegenseitig, denn viele Freunde aus der Armee wurden durch diese Kontakte zu Christen. Wenn dies tatsächlich geschah, war es gewiss nicht der Verdienst unserer Jungen, die in ihrem begeisterten Englisch einen Soldaten in Verlegenheit brachten, indem sie ihn unvermittelt fragten: „Glauben Sie an Jesus?" Und ehe er eine höfliche Abweisung formulieren konnte, boten sie ihm schon Hilfe an: „Wenn Sie wollen, können wir gleich miteinander beten."

Einer dieser evangelistischen Heißsporne war der 33-jährige Ah Fung. Er kam nicht aus dem Armenmilieu wie die meisten unserer Jungen, sondern aus einer wohlhabenden Familie. Er hatte einige Jahre das Gymnasium besucht und hielt sich selbst für einen Denker. Sein Onkel, bei dem er aufgewachsen war, gehörte zu dem exklusiven Reitclub und erachtete die Mitgliedskarte, zusammen mit seinem amerikanischen Sozialausweis und seinem Mercedes Benz, für seinen wertvollsten Besitz.

Trotz dieser Vorteile war Ah Fung verwahrlost. Sein Vater war gestorben, und seine Mutter hatte ihn längst sich selbst überlassen. Er war stark heroinsüchtig und brauchte viel Geld, um sich Stoff zu besorgen. Das Geld, das er von seinem Onkel bekam, trieb ihn nur weiter in die Sucht hinein. Es reichte nicht lange. Er log, betrog, stahl und tat alles, nur um genug Geld für Drogen zu bekommen. Er lernte bald, dass es für Sittlichkeitsvergehen geringere Gefängnisstrafen gab, und so wurde er Zuhälter.

Als der Onkel die Sucht seines Neffen bemerkte, verordnete er ihm zwei Monate Hausarrest unter strengster Aufsicht. Ah Fung fügte sich freiwillig in diese Gefangenschaft, aber er bestand darauf, dass er nachts nicht beaufsichtigt wurde. Er behauptete, wenn er einmal wach gemacht werde, könne er nicht mehr einschlafen. Nun war er sicher, dass er nicht gestört wurde, bastelte eine Puppe für sein Bett und entkam jede Nacht unbemerkt aus dem Hause. Sobald er sich seinen nächtlichen Schuss besorgt hatte, schlüpfte er wieder ins Haus zurück.

Nach zwei Monaten dämmerte es schließlich der Familie, dass Ah Fung immer noch süchtig war, und sie warfen ihn raus. Ah Fung hatte nicht nur seinen Onkel, er hatte auch sich selbst betrogen, denn tatsächlich wollte er gern von den Drogen frei werden. Er suchte fachmännische Behandlung; später stellte er die traurige Behauptung auf, dass er in jedem Drogenbehandlungszentrum von Hongkong gewesen sei. Er ging sogar nach Taiwan und Australien und versuchte zu leben und zu arbeiten, aber er blieb süchtig.

Als ich Ah Fung kennenlernte, war er sechsmal im Gefängnis gewesen, gab 180 Hongkong-Dollar täglich für Heroin aus und schien ein hoffnungsloser Fall. Er kam in meinen Clubraum in der Vermauerten Stadt. „Miss Pullinger, wie sind die Bedingungen für die Aufnahme in die Society of Stephen?", fragte er. Er erinnerte mich an die alte Frau, die nach einer Begräbnisstelle Ausschau gehalten hatte. „Wie lange muss ich warten, und wie viel kostet es?"

„So ist das nicht, Ah Fung", antwortete ich. „Wir sind kein Drogenbehandlungszentrum. Wir sind eine Gruppe Christen und daran interessiert, dass du dein ganzes Leben änderst. Wenn du nur drogenfrei werden willst, dann kann ich dir ein Zentrum empfehlen. Du wirst dort ein paar Monate behalten und dann entlassen – und wenn du willst, kannst du wieder Drogen nehmen. Aber wir nehmen dich nur auf, wenn es dir wirklich Ernst damit ist, dich zu ändern, und du bereit bist, wenigstens ein Jahr hierzubleiben."

Er nickte; er war mit allem einverstanden. Ein paar Jungen, die im Clubraum saßen, erzählten ihm begeistert von Jesus Christus, von seinem Leben, seinem Tod und seiner Auferstehung. Ah Fung nickte stumm und war bereit, mit sich beten zu lassen.

Am nächsten Tag nahmen wir ihn in unser Haus 3. Er kam im Vollrausch an, hatte das ganze „Entzugsgeld", das er von seiner Wirtin erschwindelt hatte, indem er ihr erzählte, wir nähmen Gebühren, verraucht. Am zweiten Tage fühlte er stechende Schmerzen, das Signal dafür, dass der Entzug einsetzte. Er weigerte sich zu beten und wollte gehen. Die Schmerzen wurden schlimmer, aber noch immer weigerte er sich zu beten.

Jean und Rick hatten sich gerade in ihrer Wohnung zum Essen an den Tisch gesetzt, als ein dringender Telefonanruf von einem der Helfer kam. Ah Fung sei noch immer widerspenstig, er schreie, schlage um sich und wolle fliehen. Rick ging sofort hinüber und sprach sehr streng mit Ah Fung, wie ein Vater. Er sagte ihm klipp und klar, was auch immer geschehe, er bekomme innerhalb von acht Tagen keine Erlaubnis zu gehen, und sein Verhalten sei eine Schande.

Die Stimme der Autorität besänftigte Ah Fung, und er betete mit Rick. Als Rick ihm die Hände auf den Kopf legte, sagte er, er fühle eine Hitzewelle über sich kommen, und seine Schmerzen ließen nach. Zusammen mit Rick betete er weiter im Geist, bis er einschlief.

Als er am nächsten Morgen aufwachte, fühlte er seine Schmerzen wiederkommen und erinnerte sich an sein Erlebnis vom Vortag.

Vielleicht funktioniert es wieder, dachte er, vergewisserte sich, dass ihn niemand beobachtete, und legte sich selbst die Hände auf den Kopf. Nichts geschah. Da entschloss er sich, stattdessen zu beten. Und durch dieses Gebet wurde er frei.

Dadurch erkannte Ah Fung, dass es nicht Rick war, der heilende Hände hatte, sondern Jesus. Er blieb nicht nur ein Jahr in unseren Häusern, sondern zwei, lernte Verantwortung zu übernehmen und wurde anderen Jungen eine große Hilfe. Er war nur einer der 75 Jungen, die wir innerhalb der ersten 20 Monate aufnahmen. Jeder hatte seine faszinierende Geschichte, und alle ohne Ausnahme kamen sie ohne Schmerzen und ohne Trauma vom Heroin los.

Alle hatten die Realität des lebendigen Gottes und die Kraft des Heiligen Geistes am eigenen Leib erfahren. Indem sie Jesus nachfolgten, wurden sie Zeugnis einer wunderbaren Umwandlung. Ah Fung war es, der das chinesische Sprichwort erwähnte: „Es ist leichter, die Konturen einer Landschaft zu verändern als seinen eigenen Charakter." Er kannte den Gott, der Berge versetzen kann.

Kapitel 12

Engel beherbergen

Sie hätten zwanzig Jahre alt sein können, vielleicht auch sechzig. So genau konnte man das nicht sagen. Sie hatten längst alle Versuche aufgegeben, hübsch und attraktiv auszusehen. Sie ließen den Kopf hängen, während sie so auf der Straße standen, lehnten sich gegen die Wand und warteten auf Kunden.

Die Prostituierte, die Maria als Baby gekauft hatte, wollte sich allmählich zurückziehen. So stand sie vor dem Pornokino und animierte die Vorübergehenden, einmal die blühende Jugend auszuprobieren, die man eine Treppe höher vorfinden würde. Oder sie saß neben den Kammern, wo sie die jungen Mädchen eingeschlossen hatte, und zählte ihr Geld.

Maria war 13 Jahre alt. Als nun ihre Stiefmutter von ihr verlangte, ihren Job in den Bordellen der Vermauerten Stadt aufzunehmen, rebellierte sie. Nicht etwa, weil sie es unmoralisch fand, mit verschiedenen Männern zu schlafen: In einem Bordell aufgewachsen, hielt sie diese Art „Arbeit" eben für ein Mittel, sich den Lebensunterhalt zu verdienen, und wusste die daraus entstehende gesellschaftliche Diskriminierung gar nicht einzuschätzen. Nur der Gedanke, dass sie für Geld mit alten Männern schlafen sollte, passte ihr nicht. Sie war ein attraktives, flottes Mädchen mit einer wunderbar reinen, olivenfarbenen Haut und ausdrucksvollen Augen, was sie sehr bald zu ihrem Vorteil auszuspielen verstand. Sie suchte Liebe und Anerkennung und flirtete gern mit den Jungen, die sie in unserem gerade entstehenden Jugendclub kennenlernte. Deshalb lief sie von ihrer Stiefmutter weg.

Maria wurde Animierdame in einem Tanzlokal in Kowloon. Für ein alleinstehendes chinesisches Mädchen gab es ja kaum eine Alternative. Animierdamen genossen wesentlich höheres Ansehen als Prostituierte. Maria hielt sich ganz und gar nicht für eine Prostituierte, sie bezeichnete sich als Hostess. Die Männer zahlten für jeden Tanz mit ihr; wenn ein Mann alle Tänze von ihr „kaufen" wollte, konnte er das; und nahm er sie für die Nacht mit nach Hause, so hatte er noch eine zusätzliche Gebühr zu zahlen. Jede Animierdame hatte einen Beschützer oder Zuhälter, der ihre Einnahmen kassierte. Falls das Mädchen den „Mann" wechseln wollte, hatte entweder das Mädchen oder der neue Zuhälter einige tausend Dollar Abfindung zu zahlen.

Ich wusste nicht, wo sie war; alles, was ich erfahren konnte, war, dass sie aus der Vermauerten Stadt weggelaufen war. Sie konnte in jedem von den Hunderten Tanzlokalen oder Bordellen in Hongkong und Kowloon gelandet sein ... Je länger sie ausblieb, um so größer wurden meine Sorgen. Nachdem ich für sie gebetet hatte, ging ich eines Sonntagnachmittags durch die Jordanstraße und bat Gott, mich zu ihr zu führen. „Geh geradeaus. Biege weder links noch rechts ab." – Das war das erste Mal, seit ich mit dem Heiligen Geist erfüllt war, dass ich eine neue Geistesgabe bekam: das Wort der Erkenntnis. Ich hörte keine Stimme und sah keine weiße Wolke, aber ich wusste ganz genau, wo Gott mich hinführte.

Ich ging weiter, überquerte die Hauptstraße und hörte plötzlich in mir die Worte: „Bleib stehen." Ich stand vor einem riesigen Wohnblock mit vielen kleinen Wohnungen, an deren Fenstern Schilder hingen wie „Massagesalon", „Musikkabinett" oder „Hotel". Als ich das sah, wies ich alle Erkenntnis, die ich von Gott erhalten hatte, von mir und sagte: „Herr, das ist ein albernes Spiel. Ich will kein geistlicher Detektiv mehr sein." Und ich ging heim.

Ein paar Tage danach träumte ich von Maria, und vor mir sah ich deutlich das Zimmer, in dem sie wohnte, und den Mann, mit dem sie zusammenlebte. Ich wachte weinend auf, denn ich wusste ja nicht, wo ich sie finden könnte, um ihr zu sagen, wie ich mich um sie sorgte. Die einzige Möglichkeit, etwas über sie zu erfahren, waren die Triadenverbindungen. Das Herrschaftsnetz der Triaden über die Verbrecherwelt ermöglichte ihnen normalerweise, vermisste Mädchen innerhalb von Tagen aufzufinden.

Aber ich brauchte diese „Beziehungen" gar nicht, denn nach ein paar Monaten rief mich Maria von sich aus an. Sie sagte, sie habe seit einer

Ewigkeit versucht, mit mir Kontakt aufzunehmen, aber sie habe sich nicht zurück in die Vermauerte Stadt gewagt, und meine Telefonnummer habe sie nicht gewusst. So beschrieb sie mir den Weg zu ihrer Wohnung, und ich machte mich auf, sie zu besuchen. Schließlich stand ich wieder vor dem gleichen Wohnblock wie an jenem Sonntagnachmittag vor ein paar Monaten. Es war der gleiche Raum, von dem ich geträumt hatte. Anders war nur, dass an den Wänden und an der Decke viele Spiegel hingen.

Von da ab besuchte ich sie jeden Sonntagnachmittag. Sie erzählte mir, wie sie ihren Freund liebe und dass sie ihrem Tanzlokal gegenüber verpflichtet sei. Animierdamen bekamen wunderschöne Kleider und Tanzunterricht; aber das Lokal zog die Kosten später vom Lohn ab. Wegen dieser Schulden konnte ein Animiermädchen das Lokal nicht verlassen, ohne eine ziemlich hohe Summe zu bezahlen. Maria saß in der Falle. Da sie meinte, der einzige Weg, dieser Bedrängnis zu entkommen, sei, schwanger zu werden, hatte sie sich von ihrem Zuhälter schwängern lassen, dann aber das Baby abgetrieben. Als sie ein zweites Mal schwanger war, zog sie zu der Mutter ihres Freundes und nahm nach der Geburt des Kindes einen Job in einer Fabrik an. Aber die Familie ihres Zuhälterfreundes, Bekannte und sogar der Zuhälter selbst verachteten sie jetzt, weil sie einmal Animierdame gewesen war. Zuletzt schloss sie aus all der Unfreundlichkeit, es lohne sich nicht, ein anständiges Mädchen zu sein, das hart in der Fabrik arbeitete, da könne sie genauso gut ins Tanzlokal zurückgehen; und das tat sie dann auch.

Ihre kleine Tochter blieb bei der Großmutter; sie hatten sie Jackyan genannt, nach mir. Ich legte ein Sparkonto für das Kind an, damit es später Schulgeld hatte; aber leider verbrauchten Maria und ihr Zuhälter das Geld für sich selber. Sie waren außerstande, an die Zukunft zu denken.

Schließlich fand Maria einen anderen „Beschützer", aber sie war nicht glücklich. Jede Nacht tanzte und tanzte sie; um immer fit zu sein, nahm sie Aufputschmittel. Wenn die Nacht dann zu Ende war, konnte sie nicht schlafen, weil sie viel zu aufgeregt war. Sie ging mit anderen Mädchen in die Spielhöllen, und das Unvermeidliche geschah: Sie geriet in Schulden und war gezwungen, sich von einem Wucherer Geld zu borgen. Viele Wucherer in Hongkong nehmen täglich 20% Zinsen; bald war sie hoffnungslos verschuldet. Schließlich verlangte der Wucherer, sie solle eine „Schlange" werden, d. h. für zwei Jahre seine Prostituierte. Während dieser Zeit wolle er all ihre Verdienste dazu verwenden, ihre Schulden zu tilgen.

In panischer Angst rief Maria mich an, ihre Stimme überschlug sich fast vor Aufregung. Als „Schlange" missbraucht zu werden, das bedeutete für sie den Gipfel der Demütigung. Selbst der Job einer Animierdame hatte ihr eine gewisse Unabhängigkeit gewährleistet; jetzt aber war sie die Gefangene eines skrupellosen Mannes, der ihr jeden Pfennig entziehen wollte, den sie verdiente. Sie bat und bettelte, ich solle 1500 Hongkong-Dollar auftreiben, um sie vor diesem Schicksal zu bewahren. Aber ich besaß ja nicht einmal 15 Dollar. Außerdem hegte ich größte Zweifel, ob es überhaupt stimmte, was sie sagte. Früher hatte sie einmal gebetet, dass Jesus in ihr Herz kommen möge, aber mit der Nachfolge war es ihr nicht ernst gewesen. Ich hatte nicht die Absicht, einem Mädchen, das sein Leben nicht wirklich ändern wollte, Geld zu geben; sie würde ja sowieso bald wieder in demselben Schlamassel stecken. Aber natürlich wollte ich hingehen und sie besuchen. Ich nahm Ah Ping mit; er kannte ihr Milieu und konnte am besten beurteilen, ob sie mich bloß ausbeuten wollte, und ich brauchte seinen „fachmännischen" Rat. Wir beteten miteinander über diese Sache. Was hatte ich denn für materielle Besitztümer? Das einzige meiner Güter, das einen finanziellen Wert darstellte, war meine geliebte Oboe. Ich hatte jahrelang im philharmonischen Orchester von Hongkong darauf gespielt, und wie alle Oboisten betrachtete ich mein Instrument als meinen persönlichen Freund – sorgsam gehütet und fast unersetzlich. Ah Ping wusste nichts von meinen geheimen Reichtümern, als er die Auslegung einer Botschaft in Zungen aussprach: „Der Herr Jesus gab seinen wertvollsten Besitz für dich, er gab sein Leben. Warum sammelst du Schätze auf Erden; sammle doch lieber einen Schatz im Himmel."

Jesus hatte sein Leben hingegeben – was bedeutete dagegen eine Oboe? Was sollte ich dazu sagen?

„Gut, Maria", seufzte ich. „Ich will das Geld aufbringen, aber unter zwei Bedingungen. Erstens möchte ich selbst das Geld übergeben; und zweitens musst du dein Leben ändern. Ich werde dir bei der Arbeitssuche helfen, auch bei der Zimmersuche und bei allem, was du sonst brauchst – aber wenn du hier bleibst, wirst du bald wieder in Schwierigkeiten sein."

„Die lassen sich doch nicht mit dir ein", argumentierte Maria. „Michael ist ein sehr genauer Geldverleiher und sehr eigen mit seinen Schuldnern." Aber ich ließ ihr keine Wahl; und so vereinbarte sie für mich einen Termin in einer Teestube in der Jordanstraße, und zwar in der übernächsten Nacht, eine halbe Stunde nach Mitternacht.

Schweren Herzens verkaufte ich meine Oboe und steckte fünfzehn 100-Dollar-Scheine in einen braunen Geschäftsumschlag. Ich kam zu dem Restaurant und suchte einen Tisch, wo ich dann mit Maria Kaffee trank. So warteten wir auf Michael, diesen gerissenen Wucherer.

Quietschende Reifen kündigten uns die Ankunft der Eintreiber an. Michael kam nicht persönlich, sondern sandte vier Männer, die in echtem Chikago-Stil lässig reinkamen, während sie draußen den Motor laufen ließen. Sie sahen uns bloß an und nahmen den Umschlag. Nachdem sie den Inhalt überprüft hatten, wie Spieler ihre Karten ansehen, verließen sie das Lokal, ohne ein Wort zu sagen.

Ich war bitter enttäuscht. Es war alles zu schnell gegangen. Ich rief ihnen nach, als sie gerade durch die Tür gingen: „He, wartet!" Einer sah sich um, zog die Augenbrauen hoch und sagte herablassend: „Was wollen Sie denn?"

„Ich will Michael sprechen", antwortete ich.

„Weshalb wollen Sie ihn denn sprechen, hä?" Er sagte es äußerst geringschätzig.

„Ich habe ihm etwas ganz Wichtiges zu sagen." „Das können Sie ja mir sagen."

„Nein, das muss ich ihm persönlich sagen."

„Was ist es denn?"

„Etwas ganz Persönliches. Ich muss es ihm selber sagen. Wo finde ich ihn?"

Zu meinem Erstaunen gaben sie mir bereitwillig seine Telefonnummer. Noch erstaunlicher war, dass Michael sofort zu einem Treffen mit mir bereit war, als ich ihn anrief. Ich wurde zu einem Wolkenkratzer in einem besseren Viertel von Kowloon bestellt. Michaels Nachtclub befand sich im 21. Stock. Dort ging es sehr exklusiv zu. Der Portier ließ mich schließlich mit einem goldenen Schlüssel von mindestens 90 cm Länge hinein, nachdem er mich durch ein Guckloch beäugt hatte. Ich wurde erwartet. Drinnen lagen dicke Teppiche, es herrschte dämmrige Beleuchtung, und überall saßen riesige Teddybären herum – auf der Bar, auf den Tischen und an den Wänden. Jeder Tisch hatte ein Telefon, verbunden mit den Schlafräumen im nächsthöheren Stockwerk. Die Clubmitglieder saßen unten bei ihren Getränken, und wenn sie ein Mädchen wünschten, läuteten sie nach oben. Das also war der Club, in dem Maria hätte arbeiten sollen, wenn das Geld nicht bezahlt worden wäre. Ich setzte mich an einen der Tische im unteren Stock und wartete und wartete.

Michael sandte verschiedene seiner Günstlinge, um mir Drinks anzubieten. Man kümmerte sich beflissen um mich. Endlich geruhte Michael persönlich zu erscheinen, um mir das Interview zu gewähren. Er war ein echter Charmeur und machte einen zuvorkommenden und sehr gepflegten Eindruck. Er setzte sich mir gegenüber und sprach mit leichtfertiger Beredsamkeit über die schrecklichen Lebensbedingungen in Hongkong, erzählte, wie er ohne seinen Geldverleih es sich nicht leisten könnte, seine elf Geschwister zur Schule zu schicken. So aber konnte er von seinem Einkommen seine ganze Familie einschließlich seiner Mutter versorgen. Er bildete sich in der Tat ein, einen Dienst für die Allgemeinheit zu tun. Wenn Eltern ihre Kinder verloren, baten sie oft Michael um Hilfe, und meist konnte er die vermissten Kinder binnen 24 Stunden finden – natürlich gegen eine Gebühr. Er kannte alle Clubs, Bars, Tanzsäle und konnte jede Spur durch seine Triadenkontakte ausmachen.

Nach dieser Selbstrechtfertigung ging er zum Angriff über.

„Sie sind eine Närrin. Sie haben Ihr Geld verloren. Vielleicht haben Sie gedacht, dass Sie etwas sehr Edles tun, indem Sie für dieses Mädchen zahlten. Aber ich kenne sie – die ändert sich nie. Sie wird wieder zurückfallen. Glauben Sie ja nicht, dass Sie Ihnen dankbar sein und ihr Leben in irgendeiner Weise ändern wird. Dieses Geld sehen Sie nie wieder. Man hat Sie betrogen. Dieser Akt der Wohltätigkeit ist rein umsonst!"

„Nun ja, das tut weiter nichts. Ich will Ihnen sagen, warum ich es machte. Haben Sie schon von Jesus gehört?" Er kannte einige biblische Geschichten.

Ich erklärte: „Jesus ist der Eine, der alle diese Wunder tat. Er war der einzige vollkommene Mensch, der je gelebt hat. Er tat nur Gutes, heilte die Leute und weckte sie von den Toten auf. Aber seine Feinde schlugen ihn ans Kreuz und töteten ihn. Er starb auch für mich. Aber er wartete nicht, bis ich gut war, bevor er das tat. Er sagte nicht, er werde nur unter der Bedingung für mich sterben, dass ich mich ändere. Während ich nichts von ihm wissen wollte, opferte er für mich sein Leben; und selbst noch im Sterben sagte er, dass er mir vergebe. Das tat Jesus für mich, und das möchte ich Maria klarmachen." Ich machte eine Pause – ich war nicht ganz sicher, ob er meinem Englisch folgen konnte, aber ich merkte, dass er zu stolz war, um Chinesisch zu sprechen.

„Die ändert sich nie. Sie wird wieder ihre alten Wege gehen; es ist hinausgeworfenes Geld!", wiederholte er.

„Nun, dann bin ich eben eine Närrin und habe mein Geld verloren. Was bedeutet das schon? Jesus verlor sein Leben. Ich möchte lieber eine Närrin sein, die ihr Geld verliert, als ein Zyniker, der ein Mädchen zur Hölle fahren lässt. Jetzt hat sie die Chance eines neuen Lebens. Ob sie es annimmt oder nicht, liegt bei ihr. Ich kann ihr Leben nicht ändern, aber sie hat die Gelegenheit dazu. Jesus schenkt ihr diese Gelegenheit."

Michael öffnete den Mund, um etwas zu sagen, aber er brachte nichts heraus. Er war sprachlos. Sein Mund öffnete sich und schloss sich wieder, und seine Lippen formten Worte, aber seine Kehle war wie gelähmt vor Ergriffenheit. So vergingen Minuten; er konnte immer noch nicht sprechen. Seine Augen füllten sich mit Tränen. Schließlich wandte er sich ab, krächzte: „Ich habe nichts zu sagen", und hüllte sich weiter in Schweigen.

Ich habe Michael nie wieder gesehen; aber einer der Clubangestellten folgte mir in den Lift. Er hatte von Michael die Genehmigung dazu bekommen.

„Darf ich Sie mal sprechen?", fragte er. Ich war überrascht und ein wenig nervös, wusste ich doch nicht, was er von mir wollte. „Ich möchte gern wissen, wie man ein Christ werden kann und wo man dazu hingehen könnte."

Es war drei Uhr morgens und keine Gelegenheit in der Nähe, wo wir hätten sprechen können, außer einer Bar. So setzten wir uns für den Rest der Nacht dort hinein, auf der einen Seite unsere Kaffeetassen und auf der anderen eine offene Bibel.

Damals fing ich gerade an, Jungen in mein Haus aufzunehmen, und konnte deshalb schlecht auch Maria einladen, bei mir zu wohnen, selbst wenn sie gewollt hätte. Wir hatten schon festgestellt, dass es schwieriger war, solchen Mädchen zu helfen als Jungen; denn nur wenige dieser Mädchen wollten wirklich ein neues Leben anfangen.

Viele waren sich gar nicht bewusst, dass sie etwas Schlechtes taten. Sie wussten zwar, dass die Gesellschaft ihren Beruf offiziell missbilligte; aber sie meinten, die Freiheit, die sie erlangten, mache dieses Stigma vielfach wett. Sie waren frei, sich zu amüsieren, Geld zu verdienen und der Plackerei und Anonymität einer chinesischen Hausfrau zu entgehen.

Die meisten jungen Mädchen blieben einige Jahre lang in ihren Illusionen. Sie liebten ihre Zuhälterfreunde auf romantische Weise und waren bereit, sie zu versorgen. Erst nach Jahren wurde ihnen bewusst, wie sie ausgebeutet wurden. Aber dann war es zu spät, ein anderes Leben anzufangen, und sie entdeckten, dass sie keineswegs die Freiheit gekauft hatten, sondern dass sie die eigentlichen Verlierer dieses Spiels waren. Es gab keine Heime für alte Prostituierte und schon gar keine Altersversorgung. Eine Frau musste hart werden, sich entweder an einen wohlhabenden Mann binden oder ihren Zuhälter beschwindeln, um sich Geld für die Jahre zur Seite zu legen, in denen sie nicht mehr dienstfähig und begehrenswert sein würde.

Selbst wenn ein Mädchen ihren Lebensstil ernsthaft ändern wollte, waren die Männer, die sie versorgte, natürlich dagegen; und unter Umständen gab es gleich sieben oder acht solcher Männer. Manche Mädchen wären gern ausgestiegen, aber sie hatten in dem Club, für den sie arbeiteten, Schulden und fürchteten sich vor ihren Zuhältern. Bei meinen Besuchen in Marias Tanzlokal fand ich viele solcher Mädchen. Lange bevor sie ihre Verzweiflung zugaben – auch sich selbst gegenüber –, schluckten sie in ihrem Aufenthaltsraum Pillen, während ich mich mit ihnen unterhielt.

Eines Abends rief mich Frederic in der Lung-Kong-Straße an, einer der Jungen aus dem Jugendclub in der Vermauerten Stadt.

„Puun Siu Je", sagte er sehr leise, „ich habe hier jemanden, der ist zusammengeschlagen worden bei dem Versuch, von den Triaden wegzukommen. Diese Person ist verzweifelt und weiß nicht, wohin. Können wir zu dir kommen?"

„Klar, Fred, wie wäre es morgen früh?", antwortete ich. Ich freute mich darüber, dass sie die Gemeinde als Zufluchtsstätte auffassten.

„Zu gefährlich", wandte er ein. „Wir können nicht riskieren, von den Banden gesehen zu werden. Wir kommen, wenn es dunkel ist."

Am nächsten Abend öffnete ich die Tür, um meinen durchgeschmuggelten Flüchtling zu empfangen, und musste zu meinem Schrecken feststellen, dass Fred mir ein Mädchen brachte. In der chinesischen Sprache gibt es bei Personalpronomen keinen Unterschied in den Geschlechtern, und ich musste natürlich annehmen, wenn einer von den Triaden wegläuft, dass das ein Junge ist. Tatsächlich sah sie eher wie eine Bohnenstange aus als wie ein Mädchen; sie war abgemagert, ihre Arme und Beine wirkten wie

Stöcke. Ihre dunklen Augen waren blaugeschlagen. Ich ließ sie schnell herein und versuchte, mit ihr zu reden, aber sie sagte den ganzen Abend kein einziges Wort. Nicken und Handzeichen waren das Einzige, was sie zur Unterhaltung beitrug. So ging das noch einige Tage. Sie hieß Angel.

Frederic erzählte mir, dass sie bei einer Bande in Mong Kok als Prostituierte angestellt war. Ihre Mutter hatte in dem Siedlungszimmer keinen Platz für sie gehabt; mehrere Familienmitglieder mussten schon im Hausflur schlafen. Darum hatte sie ihre Tochter Angel einem Mann gegeben, der das Mädchen haben wollte, angeblich in der Hoffnung, dass er sie heirate. Die Mutter wusste allerdings, dass er schon verheiratet war, aber sie redete sich ein, dass es vielleicht eines Tages doch noch möglich sein könnte oder dass wenigstens die Partnerschaft wirtschaftlich von Vorteil wäre.

Aber so ging das nicht. Statt dass der Mann für sie sorgte, musste Angel nicht nur ihn, sondern auch noch vier oder fünf andere versorgen. Jede Nacht wurde sie in ein Bordell geschickt, wo sie „arbeitete". Einige der Bordelle engagierten Jungen im Alter von etwa 14 Jahren, um die Mädchen zu „bewachen". Die Jungen saßen herum und spielten Karten, waren mit Fernsehen oder Essen beschäftigt. Sie waren dazu da, sicherzustellen, dass die Mädchen ihre Arbeitszeit einhielten und nicht vorzeitig wegliefen. Sie brauchten keine Gewalt anzuwenden. Eines Abends täuschte Angel vor, zur Arbeit zu gehen, ging aber nicht hin; und als sie nach Hause zurückkam, wurde sie von ihrem Freund geschlagen. Er erklärte ihr, er werde sie zu Tode prügeln, wenn sie noch ein einziges Mal nicht zur Arbeit ginge.

Aber Angel wollte nicht mehr geschlagen werden. Auch diese Arbeit wollte sie nicht mehr tun, doch sie wusste nicht, wohin sie sonst gehen sollte. Wenn sie nach Hause ging, würde sie der Freund dort finden; wenn sie ein Zimmer mietete, konnten sie die Triaden binnen 48 Stunden ausfindig machen. Sie hatte keine Freundinnen außer anderen Animierdamen, die auch an ihre „Männer" gebunden waren. Die einzige andere Person, die sie kannte, war Frederic. So ging sie zu ihm. Er wusste auch nicht, wo er sie verstecken sollte, und brachte sie zu uns.

Angel sah aus wie 17, war aber 25 und ziemlich begriffsstutzig. Nach ein paar Tagen hatte sie endlich so viel verstanden, dass Jesus ihr alle Sünden vergeben hatte und sie liebte, wie sie war, und nicht etwa, weil sie für ihn Geld verdiente. So wurde sie eine Christin, und es kam ein bisschen Leben in ihre leeren Augen.

Obwohl sie nun ein neues Leben angefangen hatte, konnten wir die arme Angel niemals frei in Hongkong herumlaufen lassen. Sie war nach der Triadensprache ein sogenannter „unerledigter Fall", und das Bandengesetz forderte eine Klärung. Hier musste eine *Gong-sou*, eine Aussprache, stattfinden, in der die Trennungsgebühr ausgehandelt wurde, bevor sie Angel offiziell freiließen. Wenn sie sonst auf der Straße gesehen worden wäre, hätte die Bande sie wieder ergreifen, sie verunstalten, sie mit Säure übergießen oder einen Bandenkrieg gegen uns starten können.

Um das zu klären, vereinbarte ich mit Angel, dass wir zunächst einmal ihren früheren Freund aufsuchen wollten. Ich rief ihn an und wählte als Treffpunkt das Café im Hongkong-Hotel, weil das mehrere Ausgänge hatte und wir nicht in eine Falle geraten konnten. Dort war auch genug Publikum, um Angels Bande daran zu hindern, sie zu entführen, ohne dass es auffiel. Ich verständigte auch die Polizei und sagte, welche Art Aussprache wir dort haben würden. Es wäre doch hilfreich, wenn ein Posten in der Nähe die Augen offen halten würde, falls es gerechtfertigt erschiene, polizeilich einzugreifen. Sie sagten freundlicherweise zu.

Einer der Lung-Kong-Jungen begleitete Angel und mich zu dem Hotel, wo wir einen ganzen Tisch voll Triaden vorfanden, die mit dem Freund zusammensaßen. Als die Diskussion in Gang kam, merkte ich allmählich, dass – im ganzen Café verstreut – noch einige weitere Tische mit Bandenbrüdern besetzt waren. Sie beobachteten uns und richteten fragende Blicke auf Angels Freund. Ich schätzte, dass mindestens ein Dutzend Männer gekommen waren. Sie dachten vermutlich, Angel sei zu einer anderen Bande geflohen. Meine Gegenwart schien nicht sehr viel Eindruck auf sie zu machen.

Ich ließ Angel reden, bis ich merkte, dass sie überhaupt nicht diskutierte, sondern mit allem einverstanden war, was ihr Zuhälterfreund sagte. So war sie es seit Jahren gewöhnt, und ich sah schon kommen, dass wir das Hotel verlassen, in verschiedene Taxis steigen und sie gefügig zurückgehen würde, um wieder eine Hure zu sein. So griff ich in die Konversation ein. Aber der Freund blieb unerbittlich; er wollte sie nicht freigeben. Zuletzt wurde er ganz rührselig – es wirkte abstoßend – und versuchte mich und sich selbst zu überzeugen, dass er Angel wirklich liebe und sie vermissen werde.

„Sie haben eine seltsame Art, Ihre Liebe zu zeigen", entgegnete ich scharf. „Sie zwingen sie zu diesem Job und erwarten, von ihr versorgt zu werden. Mir kommt es so vor, als ob es Ihnen nur leid tut, dass Sie Ihr Einkommen verlieren."

„Ich bin nicht bereit, sie herzugeben. Sie gehört mir zu Recht. Sie ist mir von ihren Eltern übergeben worden", beharrte er.

„Ach, reden Sie doch nicht! Angel hat ja gar keine Chance, mit Ihnen zu leben – Sie können sie ja nicht einmal heiraten", sagte ich. „Sie will sich jetzt von Ihnen trennen und ein neues Leben anfangen. Sie glaubt jetzt an Jesus." Das bedeutete für ihn gar nichts, und er befahl Angel, mit ihm zu kommen. Ich hängte mich ein in ihren Arm, damit er sie nicht zwingen konnte. Der Lung-Kong-Junge hängte sich in ihren anderen Arm. So gingen wir in einer ziemlich schwerfälligen Formation zur Tür hinaus und stiegen in ein Taxi. Wir atmeten auf, dass wir aus dieser Zwangslage heraus waren und Angel noch bei uns hatten. Doch plötzlich sprang der Freund auch in das Auto und setzte sich auf den Vordersitz. Er wollte nicht aussteigen. So dirigierte ich das Taxi auf eine falsche Fährte, damit er unsere Adresse nicht rauskriegen konnte. Ich musste verhindern, dass er Angel nachstellte.

Er schwang sich auf dem Vordersitz herum und blickte uns finster an. „Mein Boss wird enorm wütend sein. Er wird Angel nicht gehen lassen. Diese Sache muss geklärt werden. Ich brauche Ihre Telefonnummer."

Natürlich gab ich ihm die Nummer nicht. Ich erklärte ihm, ich würde wieder mit ihm Kontakt aufnehmen, und dann könnten wir weitersprechen. Endlich stieg er aus, und wir konnten nach Hause fahren.

Das war alles sehr unbefriedigend. Wir beschlossen, dass Angel zu dieser nächsten Besprechung nicht mitkommen sollte; sie hätten sie zu leicht entführen können. Ich rief ihn an und machte mit ihm einen neuen Termin aus. Er überließ es mir, den Ort zu bestimmen. Ich wählte das Diamant-Café gegenüber unserer Wohnung auf der Lung-Kong-Straße. Angels Freund ordnete an, dass dieses Mal nur Angel und ich kommen sollten, niemand sonst. Er würde auch allein kommen und niemanden mitbringen.

Ich traute ihm nicht. Auch fürchtete ich die Gewaltdrohung von anderer Seite. Die Jungen in der Lung-Kong-Straße machten sich zu Beschützern über Angel und über mich; und gerade das wollte ich nicht. Denn wenn trotz der Tatsache, dass wir Christen waren, irgendeine Unruhe oder Gewalttätigkeit entstünde, würden sie instinktiv kämpfen. Das wusste ich. Darum sollten sie in eine solche Situation erst gar nicht kommen. So studierten wir den ganzen Vormittag die Geschichten von Gideon und Josua im Alten Testament. Die Truppen, die vor unmöglichen Situationen standen, brauchten überhaupt nicht zu kämpfen; sie lobten und priesen nur Gott und bekamen von ihm den Sieg geschenkt. Ich wollte, dass unsere Jungen begriffen, dass wir nicht zu kämpfen brauchten. Um mich selbst sorgte ich mich nicht. Ich hatte zwar Angst und wollte nicht gerade, dass mich jemand erschlägt oder verprügelt. Ich wollte aber auch kein Messer ergreifen und es ihm in den Rücken stechen. Lieber wollte ich auf meine Knie fallen, beten und sterben. Von den Jungen war das allerdings zu viel verlangt.

Ein paar Stunden vor dem Treffen begann sich die Straße zu füllen. Angels ehemalige Freunde stellten sich an verschiedenen Punkten der Straße und in den Hinterhöfen auf. Ich ließ meine Jungen auf dem Dach Aufstellung nehmen, von wo aus sie in das Café sehen konnten, ohne selbst gesehen zu werden. Ich sagte ihnen: „Ihr habt zu beten. Wenn ihr seht, dass irgendwelche Gewalttätigkeiten losgehen, könnt ihr die Polizei rufen, aber ihr kommt auf keinen Fall, um mich etwa zu verteidigen oder so."

Sie waren sofort alle bereit, in die Vermauerte Stadt zu laufen und Goko zu rufen, dass er seine Leute schicke, um die andere Bande zu bekämpfen. Ich musste ihnen ganz streng erklären: „Als Christen dürft ihr das nicht tun. Auf diese Weise könnt ihr keinen geistlichen Kampf austragen. Ihr dürft nicht handgreiflich werden." Wir beteten inbrünstig dafür. Und dann ging ich mit einem Jungen zu der Verabredung. Angel ließ ich zu Hause.

Als ich ins Café kam, sah ich, dass Angels Freund diesmal gar nicht persönlich gekommen war; er hatte seinen Bandenchef geschickt, einen stämmigen, brutalen Burschen, der fünf oder sechs seiner Kumpels mitgebracht hatte. Und ich wusste, draußen waren noch mehr. Er war wütend. dass ich Angel nicht bei mir hatte; offensichtlich waren alle bereit, sie zu entführen.

„Denken Sie ja nicht, dass ich Ihretwegen sehr förmlich sein werde, bloß weil Sie eine Jesus-Dame sind oder zur Kirche gehören", begann er. Er wusste nicht, dass ich etwas mit der Vermauerten Stadt zu tun hatte, und ich beging die Dummheit, zu erwähnen, dass einige der Jungen jetzt Jesus nachfolgten, die einmal Gokos Bandenmitglieder gewesen waren. Daraus zog er voreilig den Schluss, ich hätte etwas mit 14K zu tun.

„So", sagte er, „das klärt die Sache. Wir werden uns mit Ihnen gar nicht lange aufhalten." Damit schlug er wütend mit der Faust auf den Tisch und stand brüllend auf, dass das ganze Café zusammenschreckte. „Sie haben dieses Mädchen zu stellen. Vorher werden wir Sie nicht gehen lassen."

Er tobte, während ich versuchte, ihm von Jesus zu erzählen. Er wollte nichts hören. Hier war ich auf den Leim gegangen. Ich dachte: „Ich hab versucht, ihm von Jesus zu erzählen. Er will nichts hören. Er will auch nicht vernünftig über das Mädchen sprechen. Was soll ich nur tun?" Allmählich bekam ich Angst.

„Entschuldigung, kann ich hier mal telefonieren?", fragte ich in weinerlichem Ton, und sie ließen mich zum Telefon. Ich telefonierte in meine Wohnung. Sie wussten ja noch nicht, dass sie gerade gegenüber lag. Ich sprach mit Willie, einem ehemaligen Etonschüler, der bei uns für ein Jahr Einsatz leistete.

„Schau dich jetzt nicht um. Vor dem Café stehen zwei Autos. Da sitzen Männer mit Messern drin", eröffnete er mir. Es klang so, als ob er bloß aus dem Mundwinkel flüsterte. „Die warten draußen."

Ich geriet in panische Angst und flüsterte ins Telefon: „Ruf die Polizei!" Danach ging ich zurück ins Café und verkündete, dass Angel nicht kommen werde. Sie müssten deshalb mit mir verhandeln. Ich sagte auch, dass Angel jetzt Jesus nachfolgen wolle. Sie verstanden überhaupt nicht, worüber ich sprach, und ich war ihnen ganz gewiss kein Ersatz für Angel.

Als die Polizeiautos ankamen, flohen die bewaffneten Wagen; und als die Polizisten das Café betraten, herrschte eitel Ruhe und Frieden. Alle die jungen Männer tranken gerade eine Tasse Kaffee mit einem europäischen Mädchen. Die jungen Männer hatten selbstverständlich keine Messer bei sich, und ich konnte nun kaum den Polizisten sagen: „Diese Männer bedrohen mich." Es war in der Tat nicht so. Ich ging nach hinten in den Waschraum; dort stand auch ein Polizist. Zu dem sagte ich: „Entschuldigen Sie, die Männer mit den Messern sind draußen in den Autos."

„Draußen steht gar kein Wagen. Wollen Sie, dass ich das Café durchsuche?", fragte er hilfsbereit.

„Ich glaube nicht, dass das weiterhilft", antwortete ich. „Sie würden nichts finden."

So zog sich die Polizei wieder zurück. Kaum war sie außer Sicht, da kamen die bewaffneten Wagen wieder. Ich saß immer noch in der Falle und wusste nicht, was ich machen sollte. Das Einzige, was ich in dieser Lage tun konnte, war beten. Aber ich war außerstande, englisch zu beten. Ich hatte zu viel Angst. Ich betete in Zungen, ganz leise, als ob ich atmete, sodass sie nichts hören konnten.

Meine Knie zitterten unter dem Tisch, und ich betete und betete. Ich hatte keine blasse Ahnung, was ich jetzt anfangen sollte, denn die ganze Bande wurde immer wütender. Wie sollte das enden? Schließlich stand ich unvermittelt auf und sagte: „Ich muss jetzt gehen. Ich habe für morgen noch etwas Gemüse einzukaufen."

An allen Gliedern zitternd, ging ich aus dem Café, und als ich heraustrat, sah ich, wie Männer aus den Autos stiegen, die dicht hintereinander draußen geparkt hatten. Sie kamen auf mich zu. Ich wusste nicht, was jetzt passieren würde, und hatte einen Mordsbammel, dass jetzt meine Jungen auf mich zulaufen könnten, um mich zu verteidigen. Glücklicherweise kam gerade ein Minibus vorbei. Obwohl ich nicht wusste, wo er hinfuhr, sprang ich auf und entkam. Ich begab mich sofort zur Polizei.

„Ich möchte etwas anzeigen. Ich fürchte, es wird bald ein Mord geschehen." Mit diesen Worten begann ich, ihnen die Zusammenhänge zwischen dem telefonischen Hilferuf und den bewaffneten Männern zu erklären, die hinter Angel her waren. „Sie gehen jetzt ganz bestimmt zur Wohnung von Angels Familie. Meine Anschrift kennen sie nicht; sie haben auch keine Möglichkeit, sie herauszukriegen. Aber sie gehen zu Angels Familie, und mir ist klar, dass sie dort den größten Terror machen werden", stieß ich atemlos und unzusammenhängend hervor.

Die Polizisten hörten sich das alles gelangweilt an und fragten: „Wo wohnt sie denn?"

„In Shek Kip Mei", erwiderte ich.

„Das ist nicht unser Revier." Die Sache war ihnen lästig. „Gehen Sie doch bitte zum Polizeirevier Shek Kip Mei."

„Aber könnten Sie nicht von hier aus anrufen?", bat ich. „Ich habe einfach Angst, dass ein Mord geschieht."

Ein Polizeiinspektor, der auch dabeisaß, drehte sich zu mir um und grinste. „Madam", sagte er zynisch, „es werden täglich Leute ermordet."

„Ja, das weiß ich", entgegnete ich ungeduldig. „Deshalb sage ich es Ihnen doch, bevor es geschieht, damit man diesen einen Mord verhütet." Ich machte solch einen Wirbel, dass sie sich schließlich bereit erklärten, mich in einem ihrer Polizeifahrzeuge zum Shek-Kip-Mei-Revier zu bringen. „Eigentlich ist das Sache der Stadt Kowloon, von wo der Notruf kam", warf man mir dort vor. „Was erwarten Sie, was wir in dieser Sache tun sollen?"

„Sehen Sie, hier ist die Adresse des Mädchens", erklärte ich. „Dort wohnt ihre Familie. Ich weiß genau, dass die Bande jetzt dorthin geht und Unruhe stiftet."

„Wir können da doch nicht einen ständigen Wachposten hinstellen. Wir haben doch noch anderes zu tun."

„Natürlich können Sie das nicht. Aber können Sie nicht den zuständigen Beamten bitten, diese Wohnung im Auge zu behalten?"

Das alles dauerte ungefähr sechs Stunden, und schließlich schrieb ein sehr hilfsbereiter Inspektor einen inoffiziellen Bericht. Offiziell ging es nicht, es war ja tatsächlich nichts geschehen.

Zwölf Stunden später rief eine Frau von Angels Familie verzweifelt bei mir an. Meine Adresse hatte ich ihnen wohlweislich nicht gegeben, weil das sonst die Bande aus ihnen herausgepresst hätte. „Ich bin beim Einkaufen, und ich kann nach oben zum Balkon unseres Siedlungsblocks sehen", sagte sie mit zittriger Stimme. „Da sitzen fünf Männer in unserer Wohnung, und sie wollen nicht weggehen. Außerdem sitzen noch andere Männer auf den Treppen mit Waffen, mit Eisenstangen."

Ich rief sofort die Polizei an. Das sechsstündige Gerangel mit ihnen am Abend zuvor erwies sich als wertvoll, weil sie schon informiert waren, und sie schickten ihre Beamten sehr schnell hin. Die meisten der Männer konnten entkommen, aber zwei oder drei wurden geschnappt. Der Polizei gelang es, ihnen Furcht einzuflößen. Die Polizisten brachten unmissverständlich zum Ausdruck, dass sie diese Bande in größte Schwierigkeiten bringen könnten, wenn sie wollten. Seitdem wurde Angel nie wieder belästigt.

Der tollste Teil der ganzen Geschichte kommt allerdings noch. Angels Familie berichtete mir später, wie sie in Schrecken versetzt worden waren, als die Bande kam und sich in ihrem Haus festsetzte. Sie wurden ausgefragt, wo ich wohnte und wo diese Kirche sei. Glücklicherweise wussten sie es nicht und konnten deshalb keine Auskunft geben.

„Aber wer ist denn nun diese Jesus-Dame, und wer sind diese Christen?", fragte einer aus der Bande. „Unsere Angel war immer so gefügig, sie las uns jeden Wunsch von den Lippen ab; und jetzt wagt sie es, uns zu widerstehen. Habt ihr einmal genau in die Augen dieser Jesus-Frau gesehen?", fragten sie Angels Familie. „Als wir dort in dem Café saßen, hat sie uns solche Angst eingejagt. Wir wagten nicht, ihr in die Augen zu sehen. In diesen Augen, da war so eine Macht ..." Das Wort, das sie gebrauchten, bedeutet so viel wie „übernatürliche Kraft". Als ich das hörte, hätte ich vor Freude weinen können. Denn gerade das, was ich in jenem Café erlebte, gehört zu den größten Schrecken meines Lebens. Ich war vor lauter Angst kaum noch Herr meiner Sinne; und jetzt hörte ich, dass die anderen mehr Angst hatten als ich und nicht wagten, mich anzurühren, weil sie eine geistliche Kraft oder Macht in mir spürten. Jesus ist in den Schwachen mächtig!

Als nun Angels Freiheit gesichert war, konnten wir das Mädchen nicht länger in der Lung-Kong-Straße behalten, mitten unter den Jungen, die gerade ein neues Leben anfangen wollten. Da nun Jean und Rick auf die Hongkong-Seite umgezogen waren, um bei den Samstagtreffen mehr Leute unterbringen zu können, stand ihre Mei-Foo-Wohnung für ein paar Monate leer, aber der Mietvertrag lief noch. Wir entschlossen uns, Angel dort einzuquartieren, zusammen mit zwei anderen Mädchen, die uns vom Gericht übergeben worden waren, und mit der Freundin eines Süchtigen, der in unseren Häusern den Entzug machte. Sarah blieb dort als Hausmutter, und so starteten wir ein Mädchenheim.

Was auch schwierig war bei der Rehabilitation von Mädchen: Niemand vergaß je ihre Vergangenheit. Verbrechen von Männern wurden immer mit einer Art Ruhm verbunden; ihnen wurde das Verbrechen verziehen, und selbst wenn es nicht in Vergessenheit geriet, warf man es ihnen wenigstens nicht mehr vor. Bei einem Mädchen war das anders: Auch wenn sie Christin wurde, vergaß niemand, was sie vorher gewesen war.

Der Mietvertrag lief bald ab, und wir konnten das Mädchenheim nicht weiterführen. Aber durch dieses Experiment hatten wir eine Menge gelernt. Angel, die nie im Leben zur Schule gegangen war, begann ein bisschen zu lesen. Sie wurde nicht mehr belästigt und heiratete später einen sehr netten jungen Christen, der einer regelmäßigen, legalen Arbeit nachging.

Es war ein Jahr später, als ein Bezirksrichter Jean anrief und fragte, ob eine Frau mittleren Alters in unseren Häusern untergebracht werden könnte. Diese Frau war am Kai-Tak-Flughafen mit viereinhalb Pfund Roh-Opium in ihrer Unterwäsche ertappt worden. Der Richter hatte das Gefühl, dass dies ein Ausrutscher in ihrem Leben war, und obgleich auf das Verbrechen eine Strafe von mehreren Jahren Gefängnis stand, wollte er das Urteil nicht vollstrecken lassen, es könnte sich für sie nicht positiv auswirken. Der Bericht über ihr Zuhause war jedoch so entmutigend, dass Bewährung abgelehnt werden müsste, wenn nicht eine Alternative gefunden wurde.

Jean beeilte sich, dem Richter mitzuteilen, dass wir gar kein Heim für weibliche Personen mehr hätten und sie es nicht in Betracht ziehen könne, eine Rauschgiftschmugglerin mit unseren Jungen zusammenzutun. Aber sie erklärte sich bereit, am nächsten Tag zum Gericht zu kommen, um mit der Frau zu sprechen.

Ich ging mit, um zu übersetzen, und als wir zu dem Richter kamen, der uns von Ah Kits Fall her kannte, unterbrach er die Verhandlung, damit wir mit der Frau sprechen konnten, so lange wir es für richtig hielten. Da saß eine kleine Chinesin, etwa Ende Vierzig, wie ein vor Angst erstarrtes Kaninchen auf der Anklagebank.

Wir wollten Ah Ying nicht einreden, ihre Zukunft hinge auch nur im Geringsten davon ab, wie sie auf unsere Botschaft reagierte, denn das hätte ihr eine wohlüberlegte Entscheidung abverlangt. Wir sagten nicht, woher wir kamen und wer wir waren. Wir erzählten ihr nur von Jesus und davon, wie er die Last der Sünde wegnehmen und ihr ein neues, kraftvolles Leben geben könne.

Sie erwiderte, sie habe versucht, im Gefängnis zu beten, und war überzeugt, dass wir die Antwort auf ihre Gebete seien. Sie lächelte, als sie erkannte, dass Jesus ihr vergeben hatte, und betete inbrünstig mit uns um die Kraft des Heiligen Geistes.

Jean sah mich an. Ich sah Jean an. Wir zuckten beide lächelnd mit den Achseln und sagten gleichzeitig: „Nun ja, am besten, wir gehen gleich zum Richter und erklären ihm, dass wir sie mitnehmen."

Ah Ying kam ins Haus 3. Wir richteten ihr eines der Helfer-Zimmer ein. Sie wirkte zuerst übertrieben fromm und liebte lange, blumige Gebete mit dauernden Wiederholungen. Auch war sie sehr zänkisch, und es war ziemlich schwierig, mit ihr auszukommen. Doch allmählich wurde sie zu einem ganz anderen Menschen. Wahrscheinlich hatte es etwas mit der Tatsache zu tun, dass sie immer in Zungen betete, wenn sie Wäsche für das Heim bügelte, und an manchen Tagen bügelte sie stundenlang …

„O Gott, ich kann ihnen nicht von Jesus erzählen. Wenn diese auch noch gläubig würden, wo sollten wir sie denn unterbringen?" Das war der Grund, weshalb ich die alten Prostituierten mied und mich immer beeilte, an ihnen vorbeizukommen. Ich war so weit, dass ich wusste, Christus kann die Macht der Drogensucht überwinden; aber ich wusste auch, dass die Neubekehrten ein sicheres, strenges Zuhause brauchten, damit sie sich entwickeln konnten. Für Mädchen gab es keinen Platz mehr, und mit den Jungen hatten wir Probleme genug. Was sollte ich also mit einer reumütigen Kupplerin anfangen? – Sollte ich sie auf der Straße lassen?

Dennoch konnte ich eines Abends nicht widerstehen, ein Gespräch anzufangen, als ich an so einem alten Frauchen vorbeiging, das in unmittelbarer Nachbarschaft unseres Lung-Kong-Hauses ihren Stand hatte und dort auf einer Apfelsinenkiste saß. Sie hatte keine Bleibe, wusste nicht, wo sie schlafen und ihre Habe lassen sollte. Für die Nacht ein Bett zu bekommen war für sie nur möglich, wenn ein Mann sie kaufte. Dann konnte sie die ganze Nacht in der Wohnung schlafen, die er mietete. Für ihre Kleider hatte sie keinen Schrank und bewahrte alles in einer Wäscherei auf. Wenn sie etwas brauchte, holte sie sich dort ihre gewaschenen Sachen ab und tauschte die schmutzigen dagegen ein.

Ah King war fast fünfzig. Sie ertrug ihr Prostituiertendasein nur noch dadurch, dass sie Heroin nahm. Es konnte auch sein, dass sie nur in die Prostitution gekommen war, um ihre Sucht zu finanzieren. Jedenfalls war beides unentwirrbar miteinander verknüpft – ein hoffnungsloser Fall. Sie wusste, wer ich war; ich war ja jahrelang an ihr vorbeigegangen.

Ich erzählte ihr von der Frau, die Jesus die Füße mit ihren Tränen gewaschen und mit ihrem Haar getrocknet hat. Ich erklärte ihr, dass diese Frau eine Prostituierte war und dass er, der Sohn Gottes, sie liebte und freundlich mit ihr sprach. Ich berichtete auch von den religiösen Leuten, von denen Jesus nicht so viel hielt, und wie sie sich aufregten, weil Jesus sich öffentlich von so einer Sünderin berühren ließ und zu ihr sagte: „Deine Sünden sind dir vergeben ... gehe hin in Frieden."

Ah King lauschte und glaubte. „Den Herrn möchte ich auch haben", schluchzte sie.

Ich zeigte ihr, wie sie diesen Herrn in ihr Herz aufnehmen konnte, und sie sprach ihr Hingabegebet auf Chinesisch, laut und ganz natürlich. Der alte Mann, der Straßenkuppler, stand dicht neben uns. Er war kein hochgestellter Zuhälter, eben einer, der von den älteren Straßendamen hin und wieder ein paar Dollar bekam.

Dieser Kuli beobachtete uns, wie wir mit geschlossenen Augen dasaßen und beteten, und schüttete sich vor Lachen bald aus. Sein Gespött störte Ah King in keiner Weise. Sie saß da und sprach mit dem Herrn, der die Prostituierten liebte.

„Dieser Herr will dir auch Kraft geben, um dir beim Beten zu helfen, und diese Kraft wird bei dir bleiben und dich alles lehren", erklärte ich ihr, worauf sie anfing, leise und klar in einer wunderbaren neuen Sprache zu beten, wie der Heilige Geist sie leitete.

Als sie etwa zehn Minuten gebetet hatte, blickte Ah King auf, und ihr Gesicht strahlte vor Glück. Jetzt kam der gefürchtete Augenblick.

Ich konnte ihr nichts geben. Ich hatte kein Heim für Prostituierte. Unser Korridor war schon mit Jungen belegt. Mein Geldbeutel war leer; ich hatte nicht einmal Fahrgeld. Sie blieb auf ihrer Kiste sitzen.

„Weißt du, Ah King, du darfst jetzt nicht mehr nach Männern ausschauen, um deine tägliche Reisration zu bekommen", sagte ich. „Du musst zu Gott aufschauen."

Sie lachte amüsiert auf. „Meinst du, dass der Reis jetzt vom Himmel fallen wird?"

„Kann sein", antwortete ich ernst. „Wenn Gott wirklich Gott ist, kann er dir leicht Reis vom Himmel senden. Aber so wie bisher kannst du nicht weiterleben."

Sie schien den Gedanken zu erfassen. „Ich will dir was sagen: Wenn ich dich wieder treffe, werde ich dir erzählen, wie es weitergegangen ist."

Ich ging und ließ sie auf ihrer Kiste sitzen. Das fiel mir zwar nicht leicht – es war kaum ein verheißungsvoller Anfang für ein neues Leben –, aber ich beschloss, sie vollständig in Gottes Hände zu übergeben.

Eine Woche später traf ich sie wieder.

„Ich habe einiges dazugelernt", berichtete sie. „Ich kann von Gott durchaus erwarten, dass er mir Geld für Reis gibt; aber für Heroin gibt er mir keins." Dies war das letzte Mal, dass ich sie sah. Als ich die anderen Prostituierten fragte, wo sie sei, erwiderten sie: „Sie macht das nicht mehr. Sie ist fort, irgendwo hingegangen zum Drogenentzug."

Es ist einer meiner Lieblingsgedanken, dass ich mir Ah King in einem wunderschönen Haus vorstelle, das Gott ihr gegeben hat, und dass er Reis auf sie herabregnen lässt.

Kapitel 13

Zeugen

An jenem Abend war es düster in der Vermauerten Stadt; nur die Lichter unseres kleinen Raums leuchteten tapfer in die schwüle Dunkelheit hinaus. Vier oder fünf Jungen hingen herum und verfolgten ein Tischtennisspiel. Eine erbarmungswürdige Gestalt schlüpfte ins Licht, sehr, sehr jung und sehr, sehr dünn und eindeutig heroinabhängig. Ich erkannte Bibi, Winsons jüngsten Bruder. Er wurde Bibi genannt, weil er das Nesthäkchen seiner Familie war. Gerade befand er sich auf der Flucht vor der Polizei; man hatte ihm einen Tag Ausgang vom Gefängnis gewährt und er war nicht zurückgegangen. Ich rief ihn, ließ ihn auf einer Holzbank in einiger Entfernung von dem Tischtennisspiel Platz nehmen und erzählte ihm von Jesus. Er schien ein bisschen zu verstehen, aber er blieb nicht länger als eine halbe Stunde: Jungen auf der Flucht können nie lange irgendwo bleiben. Er versprach mir, wiederzukommen, und ein paar Tage oder vielleicht auch Wochen später tauchte er tatsächlich wieder auf. Ich erzählte ihm mehr, damit er genug wusste, um sich für die Nachfolge Jesu entscheiden zu können, und machte ihn darauf aufmerksam, dass es jetzt an ihm selbst liege. „Ich kann dich nicht mehr treffen, weil ich das Gesetz breche, wenn ich dich auffordere, mich hier zu besuchen. Wenn ich nicht weiß, wo du wohnst, dann ist das eine Sache, aber wenn ich dich hier regelmäßig treffe, dann muss ich dich anzeigen. Ich bete für dich, und sobald du bereit bist, Jesus zu folgen, sag mir Bescheid. Dann komme ich mit dir zur Polizei und helfe dir, dich zu stellen. Ich werde dich in allem begleiten, denn ich weiß: Wenn du wirklich anfängst zu beten, dann kann dir geholfen werden."

Er stellte sich nicht der Polizei. Später wurde er festgenommen und wieder ins Gefängnis gesteckt. Ich ging ihn dort besuchen und wir unterhielten uns, aber als er freikam, nahm er wieder Drogen. In den folgenden paar Monaten kam er gelegentlich im Jugendclub vorbei, und dann hörte ich, dass er wegen zwei sehr schwerwiegender Verbrechen eingesperrt wurde: erstens wegen Verletzung eines Zeitungsverkäufers und Diebstahls seiner Armbanduhr; zweitens wegen eines Raubüberfalls mit Körperverletzung. Die Polizei berief sich auf Ausweispapiere und persönlichen Besitz der Opfer, die sie bei Bibi gefunden hatten, als sie ihn festnahmen. Als ich die Details erfuhr, wusste ich sofort, dass Bibi wenigstens einer der beiden Anklagen nicht schuldig sein konnte: Zu dem Zeitpunkt, an dem er den Zeitungsverkäufer ausgeraubt haben sollte, war er im Club gewesen und hatte sich mit mir unterhalten. Schnell fuhr ich zum Gefängnis, um mit ihm zu sprechen, und fand zu meinem Entsetzen heraus, dass er sich schuldig bekennen wollte, weil er zwar in genau diesen beiden Punkten nicht schuldig war, aber doch ungefähr zwanzig andere Raubüberfälle ganz woanders in Kowloon begangen hatte. Resigniert sagte er: „Bringen wir es einfach hinter uns! Ich plädiere auf schuldig."

„Das kannst du doch nicht machen", beharrte ich, „auf keinen Fall! Es entspricht nicht der Wahrheit! Sag dem Richter meinetwegen, dass du die anderen Dinge getan hast, aber sag die Wahrheit."

Bei seiner Verhandlung plädierte Bibi auf unschuldig, wurde aber trotz meiner Aussage für schuldig befunden. Das war das einzige Mal, dass ich je als Zeuge fungierte. In seiner Zusammenfassung sagte der Richter, er glaube, dass ich die Wahrheit gesagt hätte, aber er meinte, ein anderer Zeuge habe sich bezüglich dem Zeitpunkt des Vorfalls vertan. Und der Fall wurde abgeschlossen.

Ich hatte Tage im Gericht zugebracht und während des ganzen Prozesses gebetet, deshalb war es unvermeidlich, dass mich die Polizisten und die Gefängnisangestellten kannten. Als ich nach Abschluss der Verhandlung den Gerichtssaal verlassen wollte, sprach mich der Polizeiinspektor an.

„Wie kommt es, dass Sie sich mit diesem ganzen Fall befassen?", fragte er.

„Ich bin Christ."

„Warum treten Sie dann als Zeuge für einen Verbrecher auf?", hakte der Inspektor nach.

„Ich weiß, dass er ein Verbrecher ist; ich weiß, dass er drogensüchtig ist; ich weiß, dass er viele Raubüberfälle begangen hat, aber diesen hat er nicht begangen. Das weiß ich, weil ich sein Alibi bin."

„Oh", sagte der Polizist. „Also, ich bin auch Christ. Sehen Sie es doch einmal so wie ich: Wenn diese Leute Verbrechen begehen, wissen wir, wer die Schuldigen sind, aber wir erwischen sie nicht immer. Deshalb erheben wir irgendeine Anklage, mit der wir Erfolg haben werden. Das ist nicht ganz sauber, aber fair, und die Gesellschaft profitiert davon", schloss er.

Ich ging zum Angriff über: „Sie denken vielleicht, es sei schon in Ordnung, jemanden aufgrund einer falschen Anklage einzusperren, und vielleicht denkt er selber sogar genauso, weil er so oft nicht erwischt wurde. Aber auf lange Sicht sind die Auswirkungen auf die Gesellschaft schlecht. Es gibt keinen Respekt vor dem Gesetz oder der Polizei oder der Wahrheit. Kriminelle lernen zu denken, wie alle Kriminellen denken – dass Erwischtwerden nichts mit Schuld oder Unschuld zu tun hat, sondern einfach Pech ist. So lernen sie auf keinen Fall, zwischen Richtig und Falsch zu unterscheiden." Ich hatte da eine sehr feste Meinung.

„Na ja, aber wenigstens werden sie doch irgendwie für ihre Verbrechen bestraft", argumentierte der Inspektor.

„Aber sie haben nicht das Gefühl, für ihre schlechte Tat zu bezahlen", konterte ich. „Ich kenne Männer, die wegen Verbrechen im Gefängnis sitzen, die sie nicht begangen haben: Sie sind äußerst verbittert, weil sie wegen falscher Anschuldigungen eingesperrt sind. Das Erste, was sie nach ihrer Entlassung tun wollen, ist, das Verbrechen zu begehen, für das sie die Strafe bereits absitzen. An die anderen, die sie vorher begangen hatten, denken sie nicht. Ihrem Empfinden nach steht ihnen das Verbrechen zu, für das sie jetzt sitzen."

Meine Tirade hatte den Inspektor überrumpelt; lahm beendete er das Gespräch: „So habe ich das nie gesehen", und sah zu, dass er weg kam.

Ich traf Bibi nach seiner Entlassung aus dem Gefängnis. Er sah aus wie eine Ratte, die nie die Sonne zu sehen bekommt. Sein Gesicht war lila-grau, und unter den Augen hatte er dunkle Ränder. Er nahm sofort wieder Drogen. Er hatte versprochen, sich zu ändern, aber wie die meisten Süchtigen konnte er das nicht; am Tag seiner Entlassung feierte er ein Heroinfest, obwohl er sich das nicht vorgenommen hatte. Süchtige beschreiben ihr Gefühl beim Anblick der Drogenhöhle oft so: „Mein Herz hatte noch nicht entschieden, wohin ich wollte, aber meine Füße gingen von allein."

Um seine Sucht zu finanzieren, fand Bibi einen Job als Müllsammler in der Vermauerten Stadt. Er musste große Rattankörbe mit Exkrementen durch die Gassen schleifen; das war die niedrigste Arbeit überhaupt, aber so verdiente er ein bisschen Geld, um sich sein Heroin zu kaufen. Zusätzlich fing er auch wieder an, Leute auszurauben. Immer wenn er mich sah, lief er weg. Aber ich blieb an ihm dran, weil ich immer wieder von anderen über ihn hörte und durch die Straßen lief, und normalerweise wusste ich, wo er sich aufhielt. Als ein Fernsehteam kam, um einen Film über unsere Arbeit zu drehen, nahmen wir mit Bibi Kontakt auf und filmten ihn zu Hause. Die Droge hatte sich in sein Fleisch gefressen und ließ seine Knochen scharf hervorstehen; er zitterte unaufhörlich. Seine Familie machte aus der Geschichte die reinste Schnulze. Schluchzend rief seine Mutter: „Machen Sie meinen Sohn gut, Puun Siu Je, machen Sie ihn gut. Nehmen Sie ihn zu sich nach Hause und machen Sie ihn gut." Sein älterer Bruder stimmte jammernd mit ein: „Machen Sie ihn gut, Miss Puun, machen Sie ihn gut."

So konnte es natürlich nicht gehen. Bibi wusste die Wahrheit: Nur er allein musste die Entscheidung treffen, sich zu ändern, und kein Mensch konnte sie ihm abnehmen. Ich lernte, dass es eine Zeit für Begegnung und Gespräch gibt, aber auch eine Zeit, in der man sich nicht mehr treffen sollte. Für Bibi war es so weit, und ich sagte ihm, dass wir jetzt am Ende angelangt wären.

„Das ist das letzte Mal, dass ich zu dir komme. Ab jetzt werde ich dich nicht mehr besuchen, denn du kennst den Weg zu Jesus. Jetzt liegt es an dir. Du kannst aussuchen, ob du ihm folgst oder nicht. Du weißt von ihm und du weißt, dass du mir etwas bedeutest. Weil du mir etwas bedeutest, möchte ich dich nicht mehr wiedersehen. Ich möchte dich in diesem Zustand nicht mehr sehen; du brauchst so nicht zu sein. Wenn du bereit bist, dich zu ändern, dann musst du jetzt mich aufsuchen."

Eine Woche später kam Bibi.

„Jetzt bin ich so weit", sagte er. „Ich habe genug. Ich kann einfach nicht alleine von den Drogen loskommen. Meine Familie verachtet mich. Zu Hause kann ich nicht bleiben, weil ich mit Drogen dealen muss, um meine eigenen zu kaufen; ich muss auch in die Spielhöllen gehen, weil ich das Geld brauche. Bitte, bitte hilf mir."

Wir beteten lange zusammen. Bibi wurde mit dem Geist erfüllt und begann eine neue Sprache zu sprechen. Dann sah er mich an und sagte:

„Jetzt musst du mich in deinem Haus wohnen lassen." Er meinte, dass er in Haus 3 aufgenommen werden wollte. Ich holte tief Luft und erwiderte: „Es tut mir sehr leid, aber da ist kein Platz."

Bibi war außer sich und sehr wütend; für ihn bedeutete die Aufnahme in eins der Stephanushäuser den einzigen verbleibenden Ausweg. Er rief: „Aber du musst mich einziehen lassen: Jetzt will ich Jesus folgen, aber du kannst nicht von mir erwarten, dass ich auf der Straße lebe. Da werde ich wieder Heroin nehmen, und man kann nicht Christ sein und weiterhin Heroin nehmen."

Natürlich hatte er recht; und ich setzte mich bei den Willans und den Mitarbeitern in Haus 3 für ihn ein, aber sie verweigerten sich. „Wir können ihn nicht ins Haus aufnehmen, weil das Haus nicht in Ordnung ist", sagte Sarah.

„Ihr müsst einfach", argumentierte ich. „Nur dafür haben wir doch überhaupt Häuser: um uns um die Jungen zu kümmern, die zu Jesus kommen, damit sie in ein neues Leben hineinwachsen können. Und jetzt wollt ihr mich keine Jungen mehr anbringen lassen, weil ihr ein schönes, ordentliches Haus haben wollt."

Sie erwiderte fest: „Es hilft niemandem, einen Jungen in so ein Haus zu holen, wenn die Beziehungen nicht stark genug sind, um ihn zu unterstützen. Er muss warten, bis sich die, die schon da sind, eingewöhnt haben. Die Häuser sind wie eine Familie; es ist wichtig, dass die Beziehungen untereinander in Ordnung sind, bevor man weitere Leute aufnimmt." Auch sie hatte recht. Ich wollte unbedingt Leute in die Häuser bringen, sobald sie Christen waren, doch ihre Pflicht war es, die Familienmitglieder zu schützen. Wenn ich ohne Rücksicht auf Verluste Leute anschleppte, würde die ganze Situation ebenso chaotisch werden wie damals, bevor wir die Stephanushäuser hatten.

Als sie sich weigerten, Bibi aufzunehmen, musste ich zurückgehen und ihm sagen, dass es keinen Platz für ihn gab. Wir trafen uns bei Ah Wongs Nudelstand in der Lung-Kong-Straße – dort gab es wunderbare kleine *Wantan*-Klöße und Nudeln. Bibi wütete vor Verzweiflung, als er die Nachricht erfuhr, und ich musste darauf eingehen.

„Bibi, sieh mal nur einen Moment von dir selber weg. Vergiss, dass unser Haus deine Rettung ist. Guck mal zum Himmel hoch. In Kowloon ist der Himmel nicht besonders schön, aber sieh trotzdem mal hoch und stell dir den Einen vor, der diesen ganzen Himmel gemacht hat, den Himmel und die Erde und die See und die Vögel. Er ist es, der sogar Dinge wie Tropfen im Eimer macht. Und er breitet die Himmel aus wie ein Zelt und erschafft die Berge und die Tiere und die Blumen. Dieser Eine will tatsächlich, dass sein Geist in uns ist. Er entscheidet, dass sein Geist in uns wohnt, so verdorben wir auch sind. Warum? Weil Jesus alle seine Herrlichkeit verließ und durch die elende Vermauerte Stadt gegangen ist und verprügelt und getötet wurde und starb und wieder auferstand, damit wir seinen Geist haben könnten. Ist es nicht wunderbar und erstaunlich, dass der Geist des Gottes, der die ganze Welt erschaffen hat, tatsächlich kommt, um in uns zu wohnen? Denke einmal nicht daran, dass unsere Häuser dich retten; stell dir stattdessen die Wunder unseres Gottes vor."

Ich ließ ihn dort am Nudelstand betend zurück und sprach mit einem anderen Süchtigen, der auch unbedingt aufgenommen werden wollte. Als ich eine halbe Stunde später wiederkam, fand ich ihn mit geschlossenen Augen und einem warmen Lächeln im Gesicht vor. Ich sprach ihn an, aber er antwortete nicht. Ich rief lauter, bekam aber immer noch keine Antwort. Beim dritten Mal öffnete Bibi sehr zögerlich die Augen.

„Was hast du gesehen?", fragte ich ihn.

Er sagte mir, dass er Jesus gesehen habe, zumindest dachte er, es sei Jesus, mit einem langen, weißen Gewand bekleidet. Er war auf einem Berg gewesen, und Jesus kam mit ausgestreckter Hand auf ihn zu; er sagte zu Bibi: „Bibi, willst du mir folgen?"

Bibi erwiderte: „Ja, Herr, wem sonst?" Jesus hatte ihn an die Hand genommen und auf einem wunderschönen Weg geführt. „Ich kann es kaum beschreiben." Bibi suchte in seiner dürftigen Erfahrung nach Worten. „Es war so herrlich. Da waren wunderschöne Blumen und Vögel und es roch so gut. Es war der allerschönste Ort. Wir gingen diesen Weg entlang und ich hörte dich rufen, aber ich wollte nicht zurück. Ich hörte dich wieder und wollte immer noch nicht zurück."

Von da an glaubte er nicht mehr, dass unser Haus ihn nun, da er Christ war, retten würde, sondern erwartete das von seinem Schöpfer. Sein spitzes Gesicht strahlte. Nur einen Tag später gab es in unserem Haus 3 Platz für ihn, und er blieb zwei Jahre lang. Er wurde einer der besten Jungen, die wir hatten, und machte nie Schwierigkeiten, sogar beim Drogenentzug verspürte er noch nicht einmal Kopfweh. Er stand einfach auf und lebte normal während des ganzen Entzugsprozesses. Jean und Rick bekamen einen Anruf von Bibis Familie: Sein Vater lag im Sterben. Also besuchte ihn Bibi im Krankenhaus. Als er dort ankam, sagte sein Vater, der selbst vom Opium frei und gläubig geworden war, schlicht: „Jetzt hat Jesus meine Söhne gut gemacht und ich bin bereit, in den Himmel zu gehen." Er küsste seine beiden Söhne zärtlich zum Abschied; aber statt zu sterben wurde er geheilt, als seine Söhne für ihn beteten, und eine Woche später entlassen.

Nun, da ich mich nicht mehr um den Haushalt kümmern musste, weil mehrere von uns in den Stephanushäusern arbeiteten, war ich frei, wieder auf die Straßen zu gehen. So viele Süchtige redeten über uns, dass aus der ganzen Kolonie Leute kamen und um Hilfe baten. Ein bekehrter Polizist gab mir einen Funkrufempfänger, sodass ich jederzeit und überall erreichbar war, und ich bekam mehr und mehr mit den Gerichten und Gefängnissen zu tun, wo so viele der Jungen sich zutiefst erschreckt ihren Problemen stellen mussten. Eines Tages wohnte ich einer Gerichtsverhandlung in Causeway Bay bei. Als der Fall abgeschlossen war und ich hinausging, hörte ich hinter mir jemanden rufen.

„Puun Siu Je! Ich bin verleumdet worden! Helfen Sie mir, helfen Sie mir!"

Ich sah mich um und sah, wie der nächste Angeklagte auf die Anklagebank geführt wurde. Er war mir fremd. Ich konnte die Verzweiflung in seinem schmutzigen Gesicht erkennen. Die Klimaanlage sorgte für sehr kühle Temperaturen im Gerichtssaal, und er stand da in den Baumwollshorts und dem Unterhemd, in denen er festgenommen worden war. Der Junge gestikulierte immer noch wild in meine Richtung, als der Richter in den Saal kam, um mit der Verhandlung zu beginnen. Ich konnte nicht wissen, ob er die Wahrheit sagte oder nicht, und selbst wenn ich es gewusst hätte, hatte ich nicht das Recht, vor Gericht zu sprechen. Aber jetzt sollte dieser so wenig eindrucksvolle Junge ganz allein in die Schlacht ziehen, denn damals gab es in den Gerichtssälen keine Pflichtverteidiger. Da kam mir eine Eingebung und ich erhob mich. „Euer Ehren", sagte ich, „ich kenne den Angeklagten nicht, aber ich halte es für möglich, dass er nicht ausreichend Zugang zu rechtlicher Verteidigung erhalten hat. Könnten Sie diesen Fall vertagen, damit seinetwegen Erkundigungen eingezogen werden könnten?"

Der Richter zog die Augenbrauen hoch. Dies war eine ungewöhnliche Bitte von einem Laien. Er wandte sich an den Angeklagten, der auf der Bank zitterte. „Wünschen Sie eine Rechtsvertretung?", fragte er.

„Ja", erwiderte der Junge, „aber ich durfte keinen Anruf machen, seit ich festgenommen wurde, und deshalb weiß keiner aus meiner Familie, dass ich hier bin."

Der Richter vertagte den Fall um einen Tag, und ich ging zu den Polizeizellen unterhalb des Gerichts, um mit dem Jungen zu sprechen. In den zwei Minuten, die mir zugestanden wurden, erfuhr ich, dass sein Spitzname Sorchuen – „Verrückter Chuen" – war und dass er durch seine kaiwanesischen Brüder von mir wusste.

Er zitterte heftig und sein Schweiß roch muffig und sauer, er hatte rote, triefende Augen und schnupfte ständig. Mir blieb noch eine Minute.

„Hör zu. Ich habe keine Zeit, dir von Jesus zu erzählen, aber wenn du seinen Namen anrufst, wird er dich hören und dich retten. Er ist Gott." Unter den erstaunten Blicken des Gefängniswärters verschwanden seine Entzugserscheinungen sofort, und seine Züge entspannten sich. Als ich ihn am nächsten Tag wiedersah, steckte er immer noch in den schmutzigen Shorts und dem Unterhemd, aber sein Gesicht war klar und glücklich.

„Ich habe wirklich zu Jesus gerufen, und jetzt fühle ich mich ganz anders", sagte er.

Sorchuen wurde der ihm zur Last gelegten Verbrechen schuldig befunden und kam für kurze Zeit ins Gefängnis. Kurz nach seiner Entlassung wurde er wieder festgenommen, und diesmal rief er mich von der Polizeiwache aus an. Ich fuhr hin, um ihn zu sehen, gemeinsam mit einem ausgezeichneten jungen Rechtsanwalt, der uns manchmal half. Sorchuen war wegen versuchten Aufbruchs von mehreren Autos im Stadtteil Schaukiwan festgenommen worden. Nach seiner Aussage stimmte diese Geschichte hinten und vorne nicht. Er behauptete, mehrere Kilometer entfernt, in Wanchei, einen pornografischen Film namens „Legenden der Lust" angesehen zu haben. Als der Film zu Ende war, bestieg er einen Kleinbus nach Kaiwan, wurde aber auf dem Weg von zwei Detektiven angehalten, die ihn aufforderten, den Bus zu verlassen und sich mit ihnen zu „unterhalten". Sie baten ihn, ihnen beim Auffinden eines anderen Triaden mit dem Spitznamen Morgwai („Teufel") behilflich zu sein, und führen ihn in einem Privatauto zu einem Kino, wo sie den Triaden suchten. Sorchuen sah dort einen Freund, konnte aber „Teufel" nicht finden. Deshalb brachten die Detektive Sorchuen zur Polizeiwache und erhoben diese Anklage, für die sie ihn irgendeine belastende Äußerung im Notizbuch des Polizisten unterschreiben ließen.

Fast immer, wenn Sorchuen festgenommen wurde, schrie er „Verleumdung!" Wie viele andere Jungen behauptete er, man habe ihn zusammengeschlagen, um ein Geständnis zu erzwingen: Ich fand heraus, dass das zum großen Teil gar nicht stimmte. Sie waren aber so überzeugt von der Unausweichlichkeit einer solchen Behandlung, dass sie sich selbst überzeugten, es habe so gut wie stattgefunden, und Geständnisse unterschrieben, mit denen sie sich selbst belasteten. Ein großer Teil der Verteidigungsfälle enthielt eine Vorvernehmung von Geschworenen, eine Verhandlung innerhalb der Verhandlung, mit der festgestellt wurde, ob ein Geständnis als Beweis zulässig sei. Manch ein Angeklagter wurde nur aufgrund seines „Geständnisses" in einem Polizei-Notizbuch verurteilt, ohne Zeugen, Beweise oder bestätigende Aussagen.

Der Rechtsanwalt David und ich beschlossen, ein bisschen nachzuforschen. David war bereit, Sorchuen gebührenfrei zu verteidigen, wenn er von seiner Unschuld überzeugt wäre, deshalb schrieb er der Polizei und fragte nach den Nummernschildern der Autos, welche Sorchuen aufzubrechen versucht haben sollte. Ich ging los und suchte „Teufel", musste allerdings feststellen, dass man ihn auch gerade festgenommen hatte. Ich fand aber den Freund in Kaiwan, der vor dem Kino gewesen war, als Sorchuen mit den Detektiven angekommen war, um nach „Teufel" zu suchen. Er erinnerte sich an die Uhrzeit und das Datum; es war drei Stunden vor der Zeit, als Sorchuen offiziell in Schaukiwan festgenommen worden war. Während ich diese Nachforschungen betrieb, saß Sorchuen in Untersuchungshaft und hatte keine Möglichkeit, mit seinem Freund Kontakt aufzunehmen; ich war überzeugt, dass er die Wahrheit sprach, weil ihre Aussagen übereinstimmten.

Als wir die Registriernummern der Autos bekamen, nahmen wir ein Taxi nach Sheko, wo ein Junge wohnte, der eines der betreffenden Autos besaß. Er arbeitete in einer Knopffabrik in Wanchai. Wir rasten also zurück, fanden den Knopflochstecher und fragten, wo er normalerweise sein Auto parke. „Normalerweise", sagte er, „auf dem Parkplatz von Shaukiwan." Aber an dem Tag der Straftat war es nicht dort gewesen. Jetzt hatten wir einen Fall, jetzt hatten wir Zeugen.

Für solch einen unbedeutenden Fall wurde gewöhnlich nicht so viel Mühe aufgewendet, und das Büro des Generalstaatsanwaltes war auf der Hut. Sie stellten Beratung für die Abwicklung der Strafverfolgung zur Verfügung. Normalerweise wurde das im Amtsgericht von einem Polizeiinspektor erledigt.

Während einer Verhandlungspause bat mich der Berater um eine Unterredung. Ich hatte bemerkt, wie er immer gereizter wurde, als sich die Verhandlung den ganzen Morgen über hinzog. Er war äußerst verärgert über das detaillierte Kreuzverhör durch die Verteidigung und blickte immer wieder auf die Uhr.

„Warum geben Sie sich für so einen unbedeutenden Fall so viel Mühe?", fragte er. „Wir hätten schon längst damit fertig sein können. So wie es jetzt aussieht, zieht sich die Verhandlung bis in den Nachmittag; dabei ist es doch nur eine ganz alberne Geschichte."

Ich wusste, dass ich diesen Fall besser nicht diskutieren sollte, sagte aber: „Sollte man nicht bestmöglich im Interesse des Angeklagten vorgehen?"

„Schon, aber warum verschwenden Sie überhaupt Zeit für solch einen Fall?", entgegnete er, sehr verärgert, dass er seine kostbaren Stunden für so eine Belanglosigkeit hergeben musste.

„Weil ich glaube, dass der Angeklagte nicht schuldig ist", sagte ich.

Er sah mich höchst erstaunt an. „Dieser Mann ist ungefähr zwölfmal verurteilt worden! Wussten Sie das nicht?"

„Doch, das weiß ich. Aber jetzt reden wir über die Anklagen von heute. Ich bin sicher, dass er diese Straftat nicht begangen hat."

„Nun, meine Liebe" – er wurde gönnerhaft – „ich bin jetzt seit sechs Monaten in Hongkong …"

Dies war jedoch einer der wenigen Fälle, mit denen ich zu tun hatte, in denen der Angeklagte für nicht schuldig befunden wurde. Aber in einem Zusatz schmeichelte der Richter der Polizei, sie hätte ausgezeichnete Arbeit geleistet; die Tatsache, dass der Angeklagte freigesprochen worden war, schmälere den Wahrheitsgehalt ihrer Aussagen in keiner Weise.

Bei Sorchuen war ich auf Grund gelaufen. Das Beten in der Zelle nach unserer ersten Begegnung hatte ihm gezeigt, dass Jesus lebt, aber er musste noch lernen, dass er nicht sein Jünger sein konnte, indem er „Legenden der Lust" ansehen ging.

Nach diesem Fall unterstützte uns David bei mehreren weiteren und half, eine neue Rechtsform in Hongkong einzuführen. Es war bei der Gelegenheit, als zwei Jungen aus Kaiwan mit einigen weiteren festgenommen wurden, weil sie „behaupteten, zu einer Triade zu gehören". Der rechtliche Punkt war interessant: Man kann nicht dafür festgenommen werden, im Stillen Triadenmitglied zu sein, wohl aber, wenn man die Behauptung aufstellte. Deshalb brauchte die Polizei unterschriebene Geständnisse, um die Anklage aufrechtzuerhalten. Die beiden Jungen hatten auf der Polizeiwache vorgebliche Geständnisse unterschrieben, sagten aber später, man habe sie dazu gezwungen und ihnen gesagt, was sie schreiben sollten. Die anderen bekannten sich schuldig.

Fälle von MOTS (*Member of a Triad Society*; Mitglied einer Triade) wie man sie nannte, wurden normalerweise schnell durchgezogen, aber dieser gestaltete sich ausgesprochen kompliziert. Die beiden angeklagten Jungen waren ein Jahr zuvor Christen geworden; etliche von uns beteten, dass diese Verhandlung Gott auf irgendeine Weise verherrlichen würde. Es ging bei diesem Fall tatsächlich auch um einen geistlichen Aspekt; aktives Mitglied einer Triade zu werden und zu bleiben bedeutete eine Hingabe der eigenen Person, die mit dem Christsein nicht vereinbar ist. Für die Teilnahme an einer Triaden-Initiationszeremonie floss Blut, und es wurden Geister angerufen, was vor dem Gesetz als strafbare Handlung galt, somit als schlecht anerkannt wurde.

Die Polizei brachte ihren Sachverständigen bei, einen 426-Redpole-Kämpfer. Er stand vor Gericht auf und machte seine Aussage.

„Ich bin ein Amtsträger der 14K. Ich bezeuge, dass man gemäß der Triadengesetze immer Triadenmitglied bleibt – in Ewigkeit. Man kann die Triaden nicht verlassen. Auch wenn ich jetzt in Verhandlungen für die Polizei als Zeuge auftrete, bleibe ich dennoch Amtsträger in der 14K."

Die Verteidigung baute auf der genau entgegengesetzten Annahme auf. Wir behaupteten, dass unsere Jungen keine Triadenmitglieder mehr waren, weil sie ihre Triadenmitgliedschaft widerrufen hatten, als sie sich als Christen taufen ließen. Die Jungen sagten vor Gericht aus: „Ja, wir waren Triadenmitglieder, aber wir sind es nicht mehr." Unser Rechtsanwalt stellte einen anderen Sachverständigen vor, einen Gelehrten der chinesischen Sprache, der darauf hinwies, dass die Übersetzung „Ich bin Mitglied einer Triade" in dem Geständnis der Jungen infrage gestellt werden könne, weil es im Chinesischen keine Gegenwarts- und Vergangenheitsformen gibt. Wir stimmten zu, dass ihre Aussage bedeutete: „Ja, ich war ein Triadenmitglied; ja, ich hatte mich der Triadengesellschaft angeschlossen, aber jetzt bin ich nicht mehr aktiv dabei."

Dann zogen wir noch einen weiteren Sachverständigen hinzu, Ah Kei, der in der 14K-Triade denselben Rang bekleidet hatte wie der Experte der Polizei. Er erhob sich vor Gericht und sagte: „Auch ich bin ein 426-Redpole der 14K, aber ich bin Christ geworden. Ich habe mich von meiner gesamten Gang losgesagt; diese beiden angeklagten Jungen hier waren meine jüngeren Brüder gewesen. Da ich die Gang aufgegeben habe, sagte ich den Mitgliedern, dass ich nicht länger für sie verantwortlich bin; wenn sie Jesus folgen wollen, dann können sie das tun, andernfalls können sie ihre eigenen Wege gehen."

Damit war die Sache für den Richter klar. Er war gezwungen gewesen, Stunde um Stunde Geschichten von Taufen und Bekehrungen anzuhören, während normalerweise Fälle, bei denen es um die Triaden ging, sehr schnell abgeschlossen wurden, entweder lautete das Urteil schuldig oder nicht schuldig. Er verkündete dem Gericht: „Ich sehe keinen Grund, warum ein Mann für das ganze Leben gebrandmarkt sein sollte; wenn er sich ändern und Christ werden will, nun gut."

Dann wandte sich der Richter um und sagte: „Und nun, Miss Pullinger, ist es Ihre Verantwortung, darauf zu achten, dass sie weiter dem nachfolgen, was sie bekannt haben sollen. Klage abgewiesen."

Einer der Gründe, warum es nicht mehr Freisprüche gab, war die Tatsache, dass die Menschen in Hongkong sehr ungern als Zeuge vor Gericht erschienen. Es herrschte ein tiefes Misstrauen gegenüber Gerichtsverfahren und das Gefühl, jeder Fall wäre manipuliert. Ich glaubte fest an die Fairness des britischen Rechtssystems und versuchte die Angeklagten zu überzeugen, dass sie gewiss gerechtfertigt werden würden, wenn sie nur die Wahrheit über sich oder ihre Freunde sagen würden. Die Tatsache, dass so oft gegen sie entschieden wurde, war zum Großteil ihrer eigenen Apathie geschuldet; sie trugen zu den Ungerechtigkeiten des Systems bei, über die sie so sehr schimpften.

Weil ich so vielen Gerichtsverhandlungen beiwohnte, begann ich einige Typen zu bemerken, die mit bemerkenswerter Regelmäßigkeit aufzutauchen schienen. Es gab eine kleine Oma mit einem langen Zopf, der ihr den Rücken hinabhing, insgesamt zwei Zähnen und einem schönen, tief zerfurchten und verwitterten Gesicht. Sie hielt eine Art Einkaufsliste in der Hand, und sie saß jeden Morgen im Gericht und bekannte sich schuldig – in mindestens zwanzig verschiedenen Fällen mit allen möglichen Bezeichnungen, die alle mit fliegendem Handel zu tun hatten. Bei jedem Delikt, das aufgerufen wurde, hob sie die Hand und quiekte „*Yauh*" (Hier bin ich), und notierte sich dann auf ihrem Papier die Höhe der Strafzahlung. Ich entdeckte, dass das ihr Beruf war; sie stand nicht mehr mühselig in den Straßen und verkaufte ihre Waren, sondern vertrat für eine geringe Gebühr alle ihre Markthändlerfreunde vor Gericht, damit diese ihre kleinen Geschäfte weiterführen konnten.

Zu ihr gab es ein männliches Gegenstück, einen köstlichen Siebzigjährigen, der mit seinen Kumpeln vor dem Gerichtssaal hockte und Karten spielte. Er wusste ganz genau, wann er für seine Anhörung reingehen musste, und kam regelmäßig jede Woche. Die Anklagen wurden verlesen: „Rauchen von Opium und Besitz von dafür notwendigen Gerätschaften." Er nickte fröhlich. „Fünfundachtzig vorhergehende Verurteilungen für die gleichen Straftaten." Auch das bestätigte er strahlend. „Einhundert Dollar, oder fünfzig Dollar und ein Tag Gefängnis." Er sah aus, aus wollte er vor Freude aus der Haut fahren, und verließ den Saal mit breitem Lächeln. Ich sagte zu Ah Keung, der neben mir saß, was für ein Pech es war, dass immer er erwischt wurde.

„O nein, das ist kein Zufall", lachte Ah Keung, „er ist ein ‚Schauspieler'. Er wird von den Drogenhöhlenbesitzern für seine Festnahmen bezahlt." Ich erfuhr, dass die Betreiber der Drogenhöhlen ihr Lokal schlossen, wenn sie über eine Polizeirazzia informiert wurden, und nur einen alten Süchtigen zurückließen, der dann festgenommen und verklagt wurde. Wegen seines Alters und der Menge der Verurteilungen bekam er eine minimale Strafe. Die Drogenhöhle zahlte ihm hundertfünfzig Dollar dafür und versorgte ihn kostenlos mit Opium, sodass er seiner Sucht nachkommen konnte und auch nach Abzug der Strafe noch einen kleinen Profit machte. Die Polizei war zufrieden, die Betreiber waren zufrieden, der Schauspieler war glücklich und die Statistik über Festnahmen in Hongkong beeindruckend.

Ah Keungs Vater gehörte zu den Menschen, die nie im Leben mit dem Gericht zu tun haben wollten. Einmal bat er mich, seinem fünften Sohn Ah Pooi zu helfen, der festgenommen worden war, weil er einem älteren Mann vor der Vermauerten Stadt ein Radio gestohlen haben sollte. Genau zum Zeitpunkt des Diebstahls war er aber in der Vermauerten Stadt gewesen und hatte mit einer alten Frau geredet. Wegen ihres Jobs (sie fegte in einer Spielhölle) verweigerte die Frau eine Zeugenaussage. Sein Vater hatte auch gesehen, wie ihn zwei Detektive wegführten, aber er weigerte sich, für seinen eigenen Sohn als Zeuge aufzutreten.

„*Pa ma Fan*, damit will ich nichts zu tun haben, das bringt nur Ärger." Da er selbst mit illegalem Glücksspiel zu tun hatte, und die Spielhölle irgendwelche Abmachungen mit ein paar Polizisten getroffen hatte, meinte er, dass gute Beziehungen wichtiger wären, als Ah Pooi zu rechtfertigen. Dennoch hoffte er, dass ich seinem unschuldigen Sohn helfen würde. Ich erklärte, dass ich nichts tun könne, da er den wichtigsten Beweis zurückhielt. Er aber war unerschütterlich davon überzeugt, dass ich den Richter kennen würde und ihm im Gerichtssaal nur zuzwinkern müsste, um den Jungen freizubekommen. Wenn er den Richter kennen würde, dann würde er ihm zuzwinkern …

Das war hart. Ich musste aufpassen, dass mich der Ärger über die Ungerechtigkeit nicht auffraß, wenn Leute die Wahrheit verweigerten. Ich durfte mich auch nicht von Halunken, die sich überhaupt nicht ändern wollten, als eine Quelle für kostenlose Rechtshilfe ausnutzen lassen. Einmal kam ein junger Mann von einem Termin mit dem Rechtsanwalt zurück, den ich ihm empfohlen hatte, und klagte: „Der taugt nichts. Er hat mir noch nicht einmal gesagt, welche Geschichte ich vor Gericht erzählen soll. Was für eine Geldverschwendung!"

Aber die Zeit war doch gut investiert. Das Leben vieler Menschen wurde durch Gerichtsverhandlungen angerührt, und wenn es in irdischen Gerichtshöfen auch an Gerechtigkeit zu mangeln schien, verstanden immer mehr Menschen, dass sie vor dem himmlischen Gerichtshof gerechtfertigt werden könnten. Ein leuchtendes Beispiel dafür war Suenjai, ein ehemaliger Krimineller. Zehn Jahre lang hatte er nun schon ein ordentliches Leben geführt und sehr schwer gearbeitet, um seine Frau und vier kleine Kinder zu versorgen. Als er wegen eines Taschendiebstahls festgenommen und verurteilt wurde, war ich sicher, dass er es nicht getan haben konnte. Es war ein ganz besonders schwerer Schlag für ihn, dass er für ein Verbrechen eingesperrt wurde, das er gar nicht begangen hatte.

Suenjais Frau nahm Kontakt zu mir auf und ich besuchte ihn im Untersuchungsgefängnis. Er war zornig und verbittert. Er wollte über seine

Berufungsverhandlung sprechen: Ich wollte über Jesus sprechen. Er wollte nicht angepredigt werden und blieb aggressiv, deshalb betete ich. Dann hörte er auf, herumzuwüten, und wurde ruhig. Ich hatte keine Bibeln dabei, nur ein kleines Büchlein mit Auszügen aus der Bergpredigt. Ich fand das eigentlich eher unpassend, weil darin nicht viel von Gottes Liebe und Vergebung stand oder von der Möglichkeit, errettet zu werden; es war hauptsächlich eine Lehre über „gute Werke". Nun hatte ich aber nichts anderes dabei, deshalb ließ ich es ihm dennoch zum Lesen da.

Als ich das nächste Mal eine kleine Gruppe im Untersuchungsgefängnis besuchte, saß Suenjai unter ihnen. Ich frage sie: „Warum musste Jesus sterben?"

Er antwortete wie aus der Pistole geschossen in überaus gelehrter Weise. „Weil es heißt: ‚Denkt nicht, ich sei gekommen, das Gesetz und die Propheten aufzuheben; ich bin nicht gekommen, sie aufzuheben, sondern sie zu erfüllen. Ich sage euch die Wahrheit: Bevor Himmel und Erde vergehen, soll nicht der kleinste Buchstabe, nicht der kleinste Pinselstrich von dem Gesetz aufgehoben werden, bis es ganz erfüllt ist.'"

Suenjai war in seinem ganzen Leben noch nie in einer christlichen Versammlung gewesen und hatte nur vier Jahre Grundschulbildung genossen, aber sein Verständnis der Schrift war erstaunlich. Jesu Bergpredigt führte ihn zum Glauben. Er bat Jesus in sein Leben und empfing den Heiligen Geist.

Kurz vor seiner Berufungsverhandlung fragte ich Suenjai, wie er sich verteidigen wollte. Er antwortete, früher sei er sehr wütend gewesen und hätte viele gemeine Dinge sagen wollen; jetzt habe er aber entschieden, sich außer mit der Aussage „Nicht schuldig" gar nicht weiter zu verteidigen. Ich wollte ihm davon abraten, aber er unterbrach mich.

„In der Bibel heißt es: ‚Euer Ja sei ein Ja und euer Nein ein Nein; alles Weitere ist vom Teufel.'" Ich sagte nichts mehr.

Er wurde als schuldig verurteilt. Ich war überzeugt, dass er verleumdet worden war und fünfzehn Monate absaß für ein Verbrechen, das er gar nicht begangen hatte, dennoch blieb er fröhlich und hörte nicht auf, Gott zu loben. Ja, seine Nachbarn, die von seinem Auftreten bei der Verhandlung hörten, waren so beeindruckt, dass sie in einem Wohnblock für Umsiedler ein Treffen organisierten, zu dem sie mich und einige der Jungen einluden, um etwas über diesen Jesus zu erfahren, der das Herz eines harten Mannes verändern konnte.

Eines Tages sagte mir Suenjai, dass er zwölf Gefangene zu Jesus geführt habe. Ich hatte meine Zweifel, wusste ich doch, dass seine ganze Theologie nur auf drei Kapiteln aus dem Markusevangelium, ein paar Besuchen von mir und seiner eigenen Erfahrung basierte: Er hatte nie einen Klassiker der Evangelistenliteratur gelesen und nie einen Seelsorgekurs besucht. Deshalb hakte ich nach.

„Nun", erklärte er, „eines Nachts wachte einer meiner Zellennachbarn schreiend auf. Es war, als würde er am Hals gepackt, und er fing an, sich auf seiner Pritsche zu winden und zu würgen. Ich konnte sehen, dass ihn ein Geist ergriffen hatte und ihm die Luft abdrückte. Deshalb stand ich auf und sagte: ‚Satan, im Namen Jesu, fahre aus!' – nichts passierte. Da befahl ich: ‚Fahre aus, sage ich dir!' Ich tat so, als würde ich den Geist treten, und er verließ den Mann, der dann ganz entspannt und friedlich da lag. Inzwischen waren die elf anderen Zellennachbarn aufgestanden und fragten mich: ‚Was war das? Wie hast du das gemacht?' ‚Das war Jesus', antwortete ich, und sie sagten, sie wollten auch gläubig werden, deshalb erklärte ich ihnen, wie."

Drei Tage nach seiner Entlassung lief Suenjais Frau mit einem anderen Mann davon und prostituierte sich. Jetzt versorgte und betreute er acht Kinder, da sein verwitweter Bruder, ein Drogensüchtiger, vier Kinder hatte. Er blieb treu im Gebet, und bei späteren Begegnungen war seine Frau so beeindruckt von seinem Mitgefühl und seiner Vergebungsbereitschaft, dass sie schließlich zu ihm zurückkehrte. Seine Verwandten und Freunde verachteten ihn: Er würde ihr als Schwächling gegenübertreten. Besonders bemerkenswert war sein Verhalten im Blick auf die chinesische Kultur, die für eine untreue Ehefrau Scheidung oder schwere Prügel verlangt.

Noch eine Weile setzte er die Gebetsversammlungen in seinem 12-Quadratmeter-Zimmer im Wohnblock fort und lud dazu alle Nachbarn ein. Ein ehemaliger Gefangener, der daran teilnahm, erklärte: „Ich habe Jesus angenommen, weil ich sah, was mit meinem Freund passierte, als er an Jesus gläubig wurde. Ich musste einfach glauben."

Nicht nur im Herzen von Kriminellen wirkte Gott Wunder, sondern mehrmals berührte er auch andere an den Gerichtsverhandlungen Beteiligte. Als Ah Kits Fall zur Verhandlung kam, gingen Jean, ich und mehrere Mitglieder unserer Gruppe hin, um zuzuhören. Vorher beteten wir lange im Geist und auch leise im Gerichtssaal.

Nach der Urteilsverkündung – er wurde in unsere Obhut entlassen – kam der Polizeiinspektor, der ihn festgenommen hatte, zum Reden zu uns. Er war außerordentlich freundlich und interessierte sich für unsere Arbeit. Er schlug vor, wir sollten miteinander Mittag essen, damit wir uns weiter unterhalten könnten. Er redete gern, und erst mehrere Stunden später schaffte er zu sagen, was ihm wichtig war.

„Wissen Sie, es ist mir ja so peinlich", bekannte er mit seinem reizenden schottischen Akzent, „aber ich sah Sie, als Sie heute Morgen in den Gerichtssaal kamen, und – nun – wie auf diesen Weihnachtskarten ... Sie werden bestimmt lachen und ich fühle mich wirklich albern, wenn ich das so sage, aber – nun – über Ihrem Kopf war ein Heiligenschein." Ted war ein großer, starker Mann, ein Hongkonger Judo-Meister, er spielte in der Rugbymannschaft der Polizei und er meinte es offensichtlich ernst. Mir war kein bisschen nach Lachen zumute, ich musste vielmehr ein paar Mal schlucken.

Wir luden Ted zu unserem üblichen Gebetstreffen am Samstagabend ein, und er kam gern. Ich glaube nicht, dass ich je irgendwen gesehen habe, den ein Gebetstreffen mehr umgehauen hätte. Am Ende saß er da und schnappte nach Luft. Jean unterhielt sich mit ihm und gab ihm etwas zu trinken und ein paar Schnittchen. Eine Weile blieb er schweigend sitzen; dann sagte er:

„Das werden Sie mir nicht glauben, aber dieser Samstagabend ist das Merkwürdigste, was ich je im Leben erlebt habe. Normalerweise gehe ich jeden Samstagabend mit meinen Kumpeln zum Trinken weg. Heute Abend habe ich euch alle angesehen, wie ihr wirklich von etwas inspiriert seid, was ich nicht ganz verstehe."

Ich war erleichtert, ihn so positiv sprechen zu hören, denn während der Versammlung war ein Mädchen auf ihn zugekommen und hatte ihn geradeheraus gefragt, ob er gerettet wäre – ich hatte Sorge, er könne sich von dieser Direktheit abgestoßen fühlen. Das war eindeutig nicht der Fall; also schickten wir ihn mit einem Exemplar von Jeans Buch nach Hause.

Ted las das Buch den ganzen Sonntag über. Er war sehr aufgewühlt, weil er nicht widerlegen konnte, was darin stand. Schließlich ging er auf die Knie und betete. Dann rief er uns an und fragte, ob er vorbeikommen könne, weil er selbst die Taufe im Heiligen Geist empfangen wollte. Er sagte: „Ich konnte einfach nicht schlafen. Ich musste immer an gestern

Abend denken. Ich kam zu dem Schluss, dass entweder ihr alle völlig verrückt seid oder dass es stimmt, was ihr sagt. Ich habe mit eigenen Ohren gehört, wie Leute in Zungen beten: Ich habe selber erlebt, wie sich das Leben dieser Jungen ändert. Ich folgerte also, dass Jesus die Wahrheit sein müsse. Und wenn er die Wahrheit ist, dann muss das auch Auswirkungen auf mich haben, und heute Morgen bat ich ihn in mein Leben."

Am folgenden Sonntag wurde er im Meer getauft, zusammen mit einem ehemaligen Gangmitglied und seiner Frau.

Die Bekehrung des Kripo-Beamten wurde weithin bekannt. Seine Freunde konnten erkennen, dass sich sein Leben völlig änderte – im Großen, wie durch seine allgemeine Arbeitshaltung, und im Kleinen zum Beispiel dadurch, dass er im Rugby-Gedränge nicht mehr fluchte. Bei einem Turnier scherzte einer seiner Vorgesetzten: „Kein Zungenbeten im Gedränge, Ted, das gäbe dir einen unfairen Vorteil." Das war zwar als Witz gemeint, aber Teds Bekehrung hatte zweifellos einen großen Einfluss auf die Hongkonger Polizei.

Nicht viel später sagte einer seiner Kollegen bei der Kriminalpolizei, der gegen Teds Bekehrung eingestellt war: „Ich hoffe, du versuchst wenigstens nicht, mich zu verändern."

„Nein", erwiderte Ted. „Ich versuche nicht, dich zu verändern. Ich weiß, alles kommt in Ordnung mit dir, wenn du Buße tust, es bleibt also reichlich Zeit."

„Aber was ist, wenn ich vorher ins Gras beiße?", meinte der Spötter von der Kripo.

„Tja ...", sagte Ted.

Kapitel 14

Gefangene befreien

Eines Tages erhielt ich einen wunderschön verfassten Brief von einem taiwanesischen Mann im Untersuchungsgefängnis. Als ich ihn dort besuchte, fand ich einen Mann voll Bosheit und Gehässigkeit vor, mit einem weißen Streifen um seine Uniform, der auf seine Gefährlichkeit hinwies. Er hatte Krankheit vorgetäuscht und versucht, aus dem Krankenhaus auszubrechen, und dabei Wärter angegriffen. Er teilte eine Zelle mit einem Jungen aus der Vermauerten Stadt, der ihm von mir erzählt hatte.

Ich sprach zu Ah Lung über Jesus. Das war eine große Enttäuschung für ihn, er hatte nämlich gehofft, Ratschläge zu bekommen, wie er aus dem Gefängnis freikommen könne. Doch nachdem er mir zugehört hatte, sagte er, er würde gerne gläubig werden; ich sagte ihm, er solle bereit sein, seinen Gefängniswärtern zu vergeben und sich von seiner Bitterkeit abzukehren.

„Ha! Sie behandeln uns schlimmer als Tiere!", fauchte er. „Erwarten Sie das nicht von mir. Ich könnte sie niemals lieben. Sie verlangen das Allerschlimmste von mir." „Tut mir leid, Ah Lung", entschuldigte ich mich. „Natürlich können Sie ihnen nicht vergeben, bevor Sie verstehen, dass Ihnen selbst auch vergeben wurde." Ich erzählte ihm, dass Jesus ihn trotz allem, was er getan hatte, liebte und ihm die Sünden vergeben würde. Ich betete dann und fühlte mich gedrängt, in der Sprache des Geistes zu sprechen.

Ah Lung sah mich an. Er legte sehr sanft aus: „Gott hat zu mir gesprochen und mir gesagt, dass er mir nicht vergeben kann, wenn ich nicht anderen vergebe. Ich vergebe meinen Gefängniswärtern aus freien Stücken." Es war ihm ernst.

Ah Lung wurde ein Vorzeige-Gefangener, wie mir Mithäftlinge und Beamte sagten. Er änderte seine Haltung vor Gericht und plädierte nun auf schuldig, saß da und betete, was den Dolmetscher amüsierte und den Anwalt, der seine Verteidigung vorbereitet hatte, in Rage brachte.

„Aber", argumentierte er trocken, „ich musste zugeben, dass ich viele schlimme Sachen getan habe. Ich war ein sehr böser Mensch. Als ich Jesus zu mir reden hörte, habe ich zum ersten Mal im Leben zugegeben, dass ich etwas falsch gemacht habe."

Ah Lung sprach mit einem Neunzehnjährigen, der auf seine Verhandlung wegen Vergewaltigung wartete. Er kam zu uns, als ich eines Tages im Untersuchungsgefängnis eine Bibelstunde anbot.

„Ich habe meine Freunde hier im Gefängnis gesehen und ich habe einen sehr harten und einen sehr bitteren Mann gesehen und ich sah, was mit Ah Lung geschah, als er an Christus gläubig wurde. Was ist es, was aus diesem harten Mann einen weichherzigen gemacht hat? Ich möchte diesen Jesus kennenlernen." Ich sagte ihm, dass Jesus derjenige ist, der in die Welt gekommen und all die Wunder gewirkt hat; er ist der Sohn des allmächtigen Gottes und starb dennoch für Sünder.

„Glaubst du, dass er der Sohn Gottes ist?", fragte ich.

„Oh", sagte er, „ich verstehe das alles nicht richtig." Seine Augen hielt er fest auf den Gefängnistisch gerichtet.

„Na, egal – willst du glauben?"

„Okay." – Immer noch sah er nach unten.

„Glaubst du, dass er für deine Sünden gestorben ist?"

„Das verstehe ich auch nicht." Er duckte sich fast vor lauter Nervosität.

„Es ist nicht wichtig, ob du es vollkommen verstehst – willst du es glauben?"

„Okay." Er war willig, hob aber immer noch nicht den Kopf hoch.

„Glaubst du, dass er von den Toten auferstanden ist?"

„Oh ja", kam sofort die Antwort, und endlich blickte er auf.

„Wie kommt es, dass du über die Auferstehung Jesu so sicher bist und über die anderen Dinge nicht?", hakte ich neugierig nach.

„Wenn Jesus nicht von den Toten auferstanden wäre, dann würden Sie nicht hier mit mir im Gefängnis sprechen."

„Nun, möchtest du ihm nachfolgen?", fragte ich.

Er antwortete, wie viele der Gangster, wie auf eine ziemlich unwichtige Frage.

„Wenn er der wahre Gott ist – natürlich, wem sonst sollte ich denn nachfolgen?"

„Gut. Dieser Jesus wird dir Kraft geben, denn er erwartet nicht, dass du nur durch das Beachten von Regeln wie ein Christ lebst – das ist unmöglich. Er wird dir seinen Geist geben, der dir hilft", erklärte ich.

Gott gab ihm dort im Gefängnis seine neue Sprache, und er begann zu beten.

Zwei Wochen später nahm ich eine Zeitung zur Hand und las, dass seine Verhandlung eine dramatische Wendung genommen habe. Er war zum Richter gegangen und hatte gesagt: „Mein Rechtsanwalt hat mich angewiesen, auf nicht schuldig zu plädieren, aber ich muss Ihnen sagen, dass ich schuldig bin. Ich glaube jetzt an Jesus, und ich bin dieses Verbrechens schuldig." Er wurde zu neun Jahren Gefängnis verurteilt.

Als ich ihn dort besuchte, lächelte er mich an. „Ich bin so froh zu wissen, dass meine Sünden vergeben sind, Miss Puun", sagte er.

Obwohl seine Frau und sein Kind einen Monat später bei einem Brand ums Leben kamen, gab er seinen Glauben nicht auf und erzählte anderen weiter von Jesus, weil er sagte: „Es ist solch eine Freude zu wissen, dass mir vergeben ist – Jesus hat sogar so eine furchtbare Sünde wie Vergewaltigung auf sich genommen."

Er diskutierte mit mir ein Kapitel über Erlösung in der Bibel, bis es für mich Zeit wurde zu gehen. Es fällt mir schwer zu sagen, wen dieser Besuch mehr auferbaut hat.

Dies war das ganze Gegenteil von dem, was ich zwei Jahre zuvor in demselben Gefängnis erlebt hatte. Als ich Daih So besuche, Ah Keungs ältesten Bruder, durfte ich nicht einen Extraraum benutzen und sah ihn deshalb im allgemeinen Besuchszimmer. Es war öde, kalt und feucht. Die Häftlinge waren von der Öffentlichkeit durch einen Drahtkäfig mit so dichten Maschen getrennt, dass man ihr Gesicht kaum erkennen konnte. Ich musste ganz nah herantreten und genau hinsehen, weil es auch eine stark reflektierende Glasscheibe gab, die ein Bibelstudium unmöglich machte.

Daih So war erst dreißig, aber da er seit seinem vierzehnten Lebensjahr Heroin genommen hatte, sah er schon wie ein alter Mann aus. Sogar während der Beerdigung seines Vaters spuckte er ständig in einen Napf und musste mehrmals rausgehen, um Drogen zu nehmen. Er war immer schlapp, aber ich mochte ihn sehr gern wegen einer rührenden Unschuld, die ihn umgab. Einmal definierte er Sünde so deutlich, wie ich es sonst nie gehört hatte, so grundlegend einfach, dass ich ganz überrascht war. Ich dachte, er würde antworten: „Stehlen, alte Leute schlagen, Drogen nehmen", wenn ich ihn fragte: „Was ist Sünde?"

„Das ist einfach", erwiderte er jedoch. „Sünde ist, seinen eigenen Weg zu gehen."

„Es nutzt nichts, dass Sie mit mir reden, Miss Puun", sagte er an jenem Tag im Gefängnis. „Hier drin werde ich mich nicht ändern. Und sagen Sie mir nicht, dass ich während meiner Zeit hier von den Drogen loskomme, denn das ist unmöglich."

An seinen Armen sah ich mehrere Linien frischer Einstichlöcher. Als er ins Gefängnis kam, „jagte er den Drachen", aber seitdem hatte er gelernt zu spritzen, denn das war billiger und leichter zu bewerkstelligen.

„Sagen Sie nicht, ich soll beten! Nein!", beharrte Daih So. „Und wenn Sie mir eine Bibel hier lassen, werde ich sie nicht lesen." Er drehte mir den Rücken zu und kam so jedem weiteren Gespräch zuvor. Dann rief er den Wärter, um abgeführt zu werden.

Traurig blieb ich zurück. Ich ging weg und betete für ihn. Dieser arme Mann sagte, dass er im Gefängnis nicht aufhören könnte, Drogen zu nehmen – Jesus nachzufolgen würde ihn zu viel kosten.

Etwa sechs Monate später war ich in der Vermauerten Stadt, da kam ein wohlgenährter Fremder auf mich zugelaufen und sagte: „Puun Siu Je! Ich bin's, Daih So."

„Daih So! Du sitzt nicht mehr im Gefängnis! Wann bist du entlassen worden? Und wie kommt es, dass du so fit aussiehst?"

„Oh, ich bin erst vor ein paar Tagen aus dem Gefängnis gekommen und ich wollte Ihnen sagen, dass ich nicht hören wollte, als Sie damals zu Besuch kamen und mir von Jesus erzählten. Ich rief den Wärter, dass er mich abführt, und als ich an der Tür war, drehte ich mich um und sah Sie da ganz traurig sitzen. Ich hatte plötzlich ein schlechtes Gewissen und fragte den Wärter, ob er mich noch einmal zurückbringen könnte, weil ich Sie da sitzen sehen konnte, aber als ich zurückkam, war jemand anderer da. Da machte ich also, was Sie mir gesagt haben. Ich ging zurück in meine Zelle und ich betete und betete in Jesu Namen, und ich bin von den Drogen losgekommen."

Manchmal sorgten wir eher dafür, dass Leute ins Gefängnis kamen, als dass wir ihnen heraushalfen. Viele der Jungen, die zu unserem Stephanushaus kamen, um ihre Drogensucht zu überwinden, hatten Verbrechen begangen, für die sie nie festgenommen worden waren.

Wir bestanden nicht immer darauf, dass sie jeden einzelnen Vorfall aufklärten, weil sie die Vergangenheit hinter sich gelassen hatten. Aber manchmal hatten sie mit irgendetwas immer wieder Schwierigkeiten, und sie mussten es auf menschlicher Ebene in Ordnung bringen.

Ah Wah wollte zur Polizeiwache gehen und sich selbst anzeigen, weil er im August nach einer Freilassung auf Kaution nicht mehr aufgetaucht war. Es stellte sich heraus, dass er im Juli wegen Besitz gefährlicher Drogen festgenommen und gegen Kaution auf freien Fuß gesetzt worden war mit der Auflage, dass er zwei Wochen später vor Gericht zu erscheinen habe. Als Heroinsüchtiger dachte er natürlich nicht daran, wieder zurückzukommen. Wir wussten nicht, dass er seine Auflagen verletzt hatte, und als er sagte, er wolle sein Leben wirklich ändern und in Jesus ein neuer Mensch werden, nahmen wir ihn im November in den Stephanushäusern auf.

Im Lauf der Monate betete er viel im Geist und las die Schrift, und schließlich schlug ihm das Gewissen. Er bekannte die Geschichte mit dem ausstehenden Gerichtsverfahren. Jean meinte, da ich in so vielen Fällen die traurige Seite miterlebt hatte, könnte ich mich jetzt mal als schöne Abwechslung um diese Sache kümmern. Aber nach dem Gespräch mit Ah Wah hielt ich seine Chancen, freizukommen, für eher gering: Es stellte sich heraus, dass er nicht nur für den Drogenbesitz und das Nicht-wieder-Auftauchen bestraft werden müsste – sondern auch, dass er beim Begehen seiner letzten Straftat bereits auf Bewährung war. Dem Gesetz nach würde er also ins Gefängnis gehen müssen. Ich war zwar wirklich froh darüber, dass er sich selbst anzeigen wollte, aber es schien unwahrscheinlich, dass wir eine Inhaftierung vermeiden könnten. Ich sagte ihm, er solle beten, und alle Jungen in den Häusern trafen sich und beteten sehr viel.

Obwohl wir den ganzen Montagmorgen ständig in Zungen beteten, war es ziemlich schwierig, ihn festnehmen zu lassen. Das Auto der Willans ließ sich nicht starten, deshalb warteten wir auf ein Taxi – über eine Stunde lang. Endlich kamen wir an der Polizeiwache an, wo man uns freundlich bat, eine Tasse Tee zu trinken und zu warten. Immer wieder sagten wir, dass Ah Wah verhaftet werden wollte, aber sie waren gar nicht so scharf darauf, konnten die Papiere nicht finden und schickten uns deshalb zum Mittagessen weg. Als wir zurückkamen, nahmen sie ihm die Fingerabdrücke ab, um zu prüfen, ob er wirklich der aus ihren Akten war, der mit den neun Vorstrafen. Er sah so gut aus, dass die Männer, die die Fingerabdrücke nahmen, meinten, er sei gekommen, um sich als Mitarbeiter vorzustellen. Als er das verneinte, meinten sie, er sei gekommen, um einen Waffenschein zu beantragen. Endlich überzeugte er sie, dass er sich selbst wegen eines Drogendelikts anzeigte, und erzählte ihnen, wie Jesus ihn verändert hatte. Dann baten sie ihn, ihnen etwas über das Abnehmen von Fingerabdrücken beizubringen, weil sie weniger Erfahrung hatten als er.

Endlich wurden wir alle in ein Auto eingeladen und zum Gericht gefahren, und dabei beteten wir die ganze Zeit. Der Richter fragte ihn, warum er seine Auflagen verletzt habe, und er erklärte: „Ja, es stimmt, im vergangenen Juli bin ich abgehauen. Ich war drogensüchtig, und es tut mir leid, dass ich das Gericht beleidigt habe. Aber jetzt glaube ich an Jesus, deshalb weiß ich, dass das falsch war, und ich bin hier, um mich selbst anzuzeigen."

„Gratuliere. Sie haben eine sehr vernünftige Entscheidung getroffen, und ich wünsche Ihnen alles Gute für Ihr neues Leben. Sie können gehen."

Ah Wah musste nur noch eine Verpflichtung zu Wohlverhalten unterschreiben, und nie wieder legte jemand Hand an ihn. Seine Erleichterung war enorm, und in unseren Häusern herrschte große Freude, als er zurückkam. Wir hatten kein Kalb zum Schlachten, aber wir kauften zur Feier des Tages Eiskrem.

In vielerlei Hinsicht war es für die Jungen einfacher, im Gefängnis Christ zu sein als außerhalb. Sie wurden verspottet, aber sie erwarben auch Respekt.

Weil ich so viel mit Gefangenen zu tun hatte, lernte ich zwischen *hauh-fui* (bedauern) und *fui-goih* (bereuen) zu unterscheiden. Die meisten Kriminellen bedauerten, dass sie eingesperrt waren, aber nur sehr wenige bereuten wirklich, was sie getan hatten. Ohne dieser Reue aber bestand nicht die mindeste Hoffnung, dass sie draußen irgendwie anders als als Kriminelle leben konnten.

Ein solcher Gewohnheitsverbrecher war Ah Bill, der nur zehn Tage lang bei mir in der Lung-Kong-Straße geblieben war, bevor er meinte, er könne sein eigenes Leben regeln. Aber er schaffte es nicht, mit der Freiheit und ihren Möglichkeiten umzugehen. Er schrieb mir aus dem Gefängnis:

Stanley-Gefängnis

Liebste Pullinger,

lange Zeit habe ich die Leute im Haus [Stephanushaus] verlassen. Bitte grüße alle Brüder von mir. Ich grüße dich auch. Hoffe, dass Jesus dir bei allem hilft. Ich muss noch zehn Monate hierbleiben. Dann kann ich wieder mein neues Leben haben. Ich hoffe, dass ich in dieser Zeit meine letzte Buße tun kann und vom Herrn angenommen werde, damit mein Dreck reingemacht werden kann. Betest du für mich?
Als du mich letztes Mal besuchen kamst, wurde ich nach Block A verlegt, weil ich im Gefängnis etwas Schlimmes gemacht habe. Aber jetzt ist alles ganz in Ordnung. Nach dieser Strafe habe ich gelernt, wie man gehorcht. Immer wieder hast du uns besucht und dich mit uns getroffen und die Bibel erklärt und wirklich unsere Situation bedacht. Aber dennoch missachtete und brach ich die Regeln. Ich schämte mich für mich selbst.
Am Anfang, als ich ins Gefängnis kam, ging ich jeden Sonntag in die Kapelle und ich betete jeden Abend in Zungen. Manche Leute sagten einfach ein paar schlimme Dinge gegen mich. Zum Beispiel: Ha, du glaubst an Jesus, aber du musst trotzdem im Gefängnis sitzen. Du brauchst kein Essen, wenn du an Jesus glaubst, oder? Es gibt viele andere schlimme Worte. Aber ich wollte sie nicht aufschreiben. Ich glaube, du kannst einige erraten. In dem Moment war ich sehr wütend. Aber als Gottes Wunder in meine Gedanken kam, beachtete ich alle ihre Worte einfach nicht.

Ich habe schon ziemlich lang geschrieben. Jetzt folge ich Jesus nach. Als Letztes: Ich möchte mit diesen neuen Brüdern sprechen. Gott gibt uns in dieser Zeit viele Möglichkeiten. Aber nehmen wir das ernst? Versuchen wir, ihn zu empfangen? Auch wenn ich viele Schwierigkeiten habe, konnte ich ein kleines bisschen von seiner Gnade annehmen. In der Vergangenheit habe ich meine Zeit und mein Leben in schlechter Weise verschwendet.
Ich wäre sehr glücklich, wenn ich im nächsten Monat einen Brief von dir bekommen könnte. Und ich würde dir zurückschreiben, um manche Frage zur Bibel zu stellen.
Hoffe, du bist bei guter Gesundheit.

Ah Bill

Ah Bill gehörte zu denen, die es leichter fanden, innerhalb des Gefängnisses Christ zu sein. Wie auch andere Rückfällige sah er in der Haft tatsächlich erleichtert aus. Nicht, weil er das Gefängnis mochte; nein, er hasste es. Aber darin musste er wenigstens nicht all die täglichen Entscheidungen treffen, ob er aufstehen oder zur Arbeit gehen sollte oder nicht. Bei jeder Entlassung fand er sich weniger in der Lage, mit der Welt draußen klarzukommen.

Als Ah Kit in unsere Obhut entlassen wurde, erzählte er mir von einem Freund, Kwok, den er im Gefängnis getroffen hatte. Er war wirklich in Schwierigkeiten, denn er war zwar ein zwanzigjähriger Polizist, gleichzeitig aber ein Triade und hatte an einer Gang-Schlacht teilgenommen. Einer aus der gegnerischen Gang war bei dem Kampf getötet worden. Keiner wusste genau, wer ihm das Messer tatsächlich in den Leib gerammt hatte, aber fünf Jungen standen vor Gericht.

Ich fand einen stillen Jungen vom Lande vor, den Sohn eines Hühnerbauern aus den *New Territories*. Er war höflich und sah sauber aus, aber dünn und gezeichnet von den Sorgen der Untersuchungshaft. Wie bei allen Chinesen waren seine Augen dunkel, aber seine waren noch schwärzer vor lauter Verzweiflung. Als ich ihm von Jesus erzählte, der für ihn gestorben ist, konnte er das gerade eben verstehen und auch annehmen, dass auch er Gottes Kind war. Aber er sagte immer wieder traurig: „Welche Hoffnung gibt es für mich – ich meine, welche Zukunft?" Ich betete schnell und wünschte, die richtige Antwort zu geben.

„Wusstest du, dass die zwei Männer in der Bibel, die Gott mehr als jeden anderen in der Geschichte gebrauchte, Mörder waren?" Er war sehr erstaunt, und ich fuhr fort: „Einer hieß David, der andere Paulus. Paulus war auserwählt, die Botschaft von Gottes Vergebung mehr Menschen weiterzugeben als jeder andere Mann der Geschichte. Er hatte Christen umgebracht. Aber Gott zeigte die ganze Bedeutung des Evangeliums, indem er solch einen Mann gebrauchte."

Als er dies hörte, leuchtete Kwoks Gesicht auf und seine schwarzen Augen glänzten ein bisschen. „Meinst du damit", rief er aus, „dass ich nicht nur Vergebung bekommen, sondern auch für Gott etwas tun kann?" Die Vorstellung, dass er nützlich sein könnte, ermutigte Kwok so sehr, dass er betete, als würde sein Herz vor Freude zerspringen.

Zwei Tage später sah ich ihn wieder. Er strahlte übers ganze Gesicht, als er mir sagte: „Miss Puun, ich habe solch einen Frieden im Herzen. Danach habe ich mein ganzes Leben gesucht. Ich weiß, meine Vergangenheit ist vergeben und ich habe Hoffnung für meine Zukunft. Das Ergebnis meiner Verhandlung fürchte ich nicht mehr. Ob ich schuldig oder nicht schuldig befunden werde, ist mir egal. Ich habe Hoffnung." Er sprach, als ob wir uns nie wieder treffen könnten, und packte so viele Wörter in die Zeit, wie ihm nur möglich war.

Am nächsten Tag wurde er zum Tode verurteilt. Ich erinnere mich, wie ich ihn bei der Urteilsverkündung ansah. Er war ruhig. Aber der andere junge Mann, der gleichzeitig verurteilt wurde, sah entsetzt aus. Er machte sofort eine Riesenshow, und als er im Gerichtssaal an mir vorbeiging, hob er seine Hände in Handschellen an den Hals mit einer grässlichen Geste, die Hängen darstellen sollte. Er lachte.

Ich durfte Kwok zwei Jahre lang nicht sehen, während entschieden wurde, ob er hingerichtet werden sollte oder nicht. Schließlich wurde seine Todesstrafe zu lebenslänglich umgewandelt ...

Als ich ihn schließlich besuchen ging, war ich nervös, weil ich ihn nur zweimal gesehen und nur sehr wenig gesagt hatte. Er wusste, dass Jesus Gottes Sohn war und ihn liebte und für ihn gestorben war, und er hatte gebetet und die Kraft des Heiligen Geistes empfangen, und das war alles. Ich dachte: „Armer Junge, er weiß nicht sehr viel. Er hat all die Zeit keine Bibel gehabt; kein Geistlicher hat ihn besucht, und vielleicht weiß er auch gar nicht mehr so viel von Jesus. Wahrscheinlich hat er alles, was ich ihm sagte, vergessen."

Als ich in den extra für diesen Zweck zur Verfügung stehenden kleinen Raum ging, war ich mir nicht ganz sicher, was mich erwartete. Aber er kam in den Besucherraum gerannt und strahlte immer noch über das ganze Gesicht. Nie zuvor hatte ich solch reine Freude gesehen. „Oh, Puun Siu Je, es ist absolut wunderbar", japste er und nahm sich kaum Zeit zum Atmen, er war so begeistert.

„Ich habe solchen Frieden in meinem Herzen; solche Freude zu wissen, dass meine Sünden vergeben sind. Jeden Morgen und jeden Abend sitze ich in meiner Zelle und bete. Ich weiß nicht, was ich sage, denn ich spreche in der Sprache, die Gott mir gegeben hat, aber ich weiß, er versteht, was in meinem Herzen ist, und ich habe allen anderen Häftlingen von Jesus erzählt, und sechs von ihnen sind auch gläubig geworden und hier sind ihre Namen und hier sind ihre Identitätsnummern."

Er warf mir eine Liste zu, und ich besuchte sie später. Es waren alles entweder Langzeithäftlinge oder überführte Mörder, und einer von ihnen war der Witzbold, der im Gerichtssaal so getan hatte, als würde er gehängt. Sie waren wirklich gläubig. Ihr Lehrer hatte mit dem Kopf wenig, mit dem Herzen aber viel gewusst, und ich habe nie eine Gruppe von Männer getroffen, die besser verstanden hätten, was es bedeutet, dass Jesus sein Leben für sie hingegeben hat.

Ich gab Kwok eine Bibel und er hatte das Neue Testament in zwei Monaten durch. Er schrieb seine Fragen sorgfältig auf ein kleines Papierchen auf, und die Zeit reichte nie für alles, was es zu besprechen gab. Er hatte das Neue Testament schon zweimal durchgelesen, bevor er dazu kam zu fragen: „Entschuldigung, Miss Puun, aber was ist ein Heide?" Seine Bekehrten entwickelten sich auch gut, und da alle im Heiligen Geist getauft waren, nutzten sie diese Gaben reichlich. Sie hatten ihre eigenen Lieder, die der Geist ihnen während des Betens gab, und sie beteten füreinander, wenn sie krank waren.

Eines Tages besuchte ich Kwok, als ich ein bisschen müde war, und ich sorgte mich, dass ich ihn und seine Freunde vielleicht nicht mehr wiedersehen dürfte. „Machen Sie sich um uns keine Sorgen, Puun Siu Je", sagte er zu mir und lächelte ermutigend. „Uns geht es hier gut. Wir beten für Sie." Es sind die freiesten Menschen, die ich kenne.

Ich bekam mehrere Briefe von ihnen, und einige der jungen Leute in unserer Gruppe halfen mir, Antwortbriefe zu schreiben, oder schrieben sie selbst, weil mein Schriftchinesisch noch sehr schlecht war. Das Englisch war köstlich, weil sie ganze Phrasen aus dem Wörterbuch oder der Bibel übernahmen, oder aber die Studenten übersetzten das Chinesische selbst Wort für Wort. William war einer dieser Studenten.

Lieber William,

mit großer Freude höre ich von dir und Dank sei dem Herrn Jesus Christus, denn durch seinen wunderbaren Namen kennen wir einander, Preis sei Gott!
Beim Lesen deines Briefes war ich so erfreut, mit dir in Kontakt zu sein, und ich möchte dir danken, dass du mir schreibst und mir so große Ermutigung und Botschaft sendest im Verständnis der Liebe Gottes – danke! Weißt du, Jackie kommt gewöhnlich jeden Monat und besucht uns im Gefängnis, selbst am heißesten Tag, sie predigt und erklärt uns das Evangelium. Und wir finden kein Wort, das ausreicht, um dir zu sagen, wie groß ihre Freundlichkeit gegenüber uns ist! Wir fühlen uns wirklich tief beeindruckt – die wunderbare Liebe Gottes. Jedes Mal, wenn sie kommt, um uns zu besuchen, wären wir sehr glücklich und wir würden ihr viele Fragen zur Bibel stellen und sie würde uns sehr willig jede Einzelheit und jede Erklärung geben, und das ist der Grund, warum wir nie genug Zeit finden, mit ihr zusammen zu sein. Jetzt und dann glaube ich ganz fest an das, was die Bibel sagt, dass Jesus Christus wirklich für uns starb, und ich hoffe wirklich, mein Bestes für ihn zu tun.
Durch die Kraft des Heiligen Geistes schenkt Gott mir viele Gelegigkeiten, anderen hier Zeugnis zu geben, und viele von ihnen wünschen Jackie zu sehen, aber ich wagte nichts darauf zu sagen oder auch nur Jackie davon zu erzählen, denn ich spüre, dass sie dies mit Absicht fragen. Ich weiß, es gibt nichts, was ich in der Sache tun kann, und ich bete einfach, dass der Heilige Geist sie berührt und dass sie vollkommen verändert werden würden.
Jetzt muss ich meine Worte schließen, denn es ist sehr spät in der Nacht. Bitte bete für uns hier, und grüßt dich in seinem Namen.

Kwok

Als ich Ah Lung zum ersten Mal besuchte, war da noch ein anderer taiwanesischer Gefangener mit weißem Streifen, der angeklagt war, die größte Menge Heroin nach Hongkong gebracht zu haben, die je auf einem Schiff entdeckt worden war. Er war der zweite Offizier und begann seinen Fall mit mir zu diskutieren, sobald wir uns begegneten.

„Tut mir leid, ich kann mit Ihnen keine Rechtsfälle diskutieren", sagte ich. „Ich darf nur aus einem Grund hier reinkommen, nämlich um über Jesus zu reden."

„Aber ich kann kein Christ sein", sagte Go Hing. „Lassen Sie mich eine Geschichte erzählen." Er erzählte in Mandarin-Chinesisch, in das dann und wann ein Wort Englisch eingestreut war.

„Vor über zwanzig Jahren floh eine Familie von China, sie landeten als Flüchtlinge in Taiwan. Zu dieser Familie gehörte ein kleiner Junge, etwa vier Jahre alt. Eines Tages lief er mit seinem Freund von zu Hause fort und ging am Schulhaus spielen. Dort gab es ein großes Wasserbecken, und als er mit seinem Freund spielte, fiel er hinein. Der Freund des kleinen Jungen hatte solche Angst, weil er wusste, dass sie dort nicht hätten spielen dürfen, dass er weglief und niemandem etwas sagte.

Mehrere Stunden später kam der Direktor zur Schule zurück und sah zu seinem Entsetzen den Körper eines Kindes im Wasser treiben. Er fischte ihn heraus, konnte ihn aber nicht wiederbeleben. Da er das Kind erkannte, schickte er nach seinen Eltern, und die Mutter kam, völlig außer sich vor Kummer, dass dieser ihr geliebter Sohn gestorben war. Sie bestand darauf, dass man ihn ins Krankenhaus brachte. Natürlich war es zu spät, um ihn zu retten, und die Ärzte bescheinigten seinen Tod, aber sie glaubte es nicht. Deshalb brachte sie ihn zu einem anderen Krankenhaus, wo er wieder für tot erklärt wurde. Traurig nahm sie den Körper heim, wie es der chinesischen Sitte entspricht, und zog ihm seine Beerdigungskleider an. Sie wollte die ganze Nacht bei der Leiche sitzen und die Totenwache halten.

Mitten in der Nacht setzte sich der Junge auf, sah seine Mutter an und fragte: ‚Warum habe ich diese Kleider an?' Sie konnte nicht glauben, was sie sah. Sie dachte, es wäre eine Vision. Sie sagte: ‚Erinnerst du dich, dass du in das Becken gefallen bist?', und der kleine Junge sagte: ‚Ja, ich erinnere ich, und ich erinnere mich, dass ich im Wasser unterging, und ich öffnete meinen Mund, um um Hilfe zu rufen, und das Wasser floss rein und dann sah ich einen Mann kommen.'

Die Mutter unterbrach ihn und fragte: ‚Einen Mann – wer war das?'

‚Nun, er kam und er hielt mir seine Hand hin und er zog mich aus dem Wasser', sagte er.

Die Mutter nahm an, dass der Junge den Direktor gesehen hatte, deshalb fragte sie: ‚Weißt du, wie er heißt?'

‚Weißt du das nicht?', erwiderte der Junge. ‚Es ist Jesus.' Die Familie hatte nie zuvor Jesu Namen gehört. Sie hatten keinen Kontakt zu Christen, aber von da an wurden die Mutter und die ganze Familie Nachfolger Jesu."

Go Hing erzählte mir diese Geschichte sehr dramatisch und sehr emotional. Dann sah er mich an und fragte: „Wissen Sie, warum ich weiß, dass diese Geschichte wahr ist? Ich war der Junge. Ich wurde vom Tod zurückgeholt, und seitdem ist meine Familie Christ. Deshalb kann ich kein Christ sein, weil ich die Wahrheit kannte und Jesus nicht nachgefolgt bin."

„Ich habe Ihnen etwas sehr Gutes zu sagen", erzählte ich Go Hing, „Jesus erwartet nicht von uns, dass wir ihm in unserer eigenen Kraft nachfolgen. Wenn Sie also bereit sind, ihm zu sagen, dass es Ihnen leid tut und ihn um Vergebung bitten, dann wird er Ihnen vergeben. Sie können von Neuem anfangen und er wird Ihnen die Kraft geben und Ihnen helfen, ihm zu folgen. Die Kraft ist sein Heiliger Geist. Er wird Ihnen eine neue Sprache geben, damit sie besser mit ihm sprechen können, denn es wird in Ihrem Herzen so vieles geben, was Sie ihm nach dieser langen Zeit sagen wollen."

Unter den Augen des neugierigen Gefängniswärters konnte ich ihm nicht die Hände auflegen, aber als wir miteinander beteten, begann er in Zungen zu sprechen, und dann fing er an zu weinen.

Danach sah er hoch und sagte: „Das ist das erste Mal, dass ich weine, seit ich ein Junge war. Ich fühle mich so glücklich. Ich weiß, dass Jesus jetzt bei mir ist."

Ich kam ein paar Tage später zurück und sagte ihm: „Sie wissen, Sie müssen vor Gericht die Wahrheit sagen. Sie müssen die Wahrheit sagen."

„Ich habe zu viel Angst, um die Wahrheit zu sagen, ich kann das nicht."

„Sie müssen die Wahrheit sagen. Sie sind jetzt Christ."

„Ich kann nicht, denn wenn ich mit in diesem Fall schuldig bekenne, werde ich getötet. Nach dem taiwanesischen Gesetz ist es unerheblich, in welchem Land man eine Straftat begangen hat, man wird in jedem Fall in Taiwan noch einmal bestraft, selbst wenn man seine Zeit bereits abgesessen hat. In Taiwan exekutiert man einen Mann noch für Drogenhandel, bewaffneten Raub und für Mord. Ich kann also nicht schuldig plädieren."

„Ich bin nicht Ihr Rechtsanwalt, ich gebe Ihnen keine Rechtsberatung", erklärte ich. „Ich sage Ihnen nur, dass Sie nicht lügen dürfen. Sie wissen, Jesus hat Ihr Leben gerettet, und Sie können nicht halbe Sache mit ihm machen."

Er wurde schuldig befunden und zu zwölf Jahren Gefängnis verurteilt. Ich konnte ihn eine ganze Weile nicht mehr treffen, aber kurz bevor ich nach England zurückkehrte, durfte ich ihn im Stanley-Gefängnis besuchen. Als ich ihn durch die Gitterstäbe ansah, begann er zu weinen, aber er lächelte.

„Weil Sie gehen, muss ich Ihnen dies einfach erzählen", sagte er. „Man kennt mich als einen sehr harten Mann. Ich bin viele Jahre lang Seemann gewesen, und ich habe keine Angst vor dem starken Wind und ich habe keine Angst vor den großen Wellen; als mein Vater starb, weinte ich nicht; als ich festgenommen wurde und wusste, ich würde meine Frau und Kinder viele Jahre lang nicht mehr sehen, weinte ich nicht. Nur zweimal in meinem Leben habe ich geweint: einmal, als Sie vor meiner Verhandlung ins Gefängnis kamen und ich Jesus und seinen Heiligen Geist empfing, und das andere Mal ist heute. Aber heute weine ich vor Freude, weil ich weiß, dass meine Sünden vergeben sind. Ich muss Ihnen noch eins erzählen, bevor Sie gehen. Als Sie mir immer wieder und wieder sagten, ich müsse die Wahrheit sagen, hatte ich nicht vor, das zu tun, aber ich betete und machte einen Handel mit Gott. Ich sagte: ‚Okay, wenn sie mich morgen besuchen kommt, dann werde ich am Nachmittag die Wahrheit sagen.' Sie sind gekommen, also ging ich hin und eröffnete der Polizei, dass auf dem Schiff noch einmal so viel Heroin lagerte wie das, was sie gefunden hatten. Niemand freute sich darüber. Natürlich waren meine eigenen Leute wütend, weil sie ein Vermögen versteckt hatten, und die Polizei freute sich nicht, weil sie bei der Sache dumm aussah. Der Richter war über diese enorme Menge an Drogen äußerst wütend, deshalb gab er mir eine sehr schwere Strafe." Er lächelte mich an, als er zum Schluss kam. „Hier auf der Erde habe ich eine schwere Strafe, aber meine Sünden sind vergeben, und ich gehe in den Himmel. Besser als dass ich hier auf der Erde eine leichte Strafe bekomme und zur Hölle gehe."

Kapitel 15

Im Geist wandeln

Ein netter amerikanischer Matrose stellte mich einmal wegen meines Betens in Zungen zur Rede. Er meinte, dass ich auf diese Gabe viel zu viel Gewicht legte. Er hatte diese Gabe zwar auch, aber nach seiner Meinung sollte man dieses Beten im Geist nur sparsam anwenden, etwa bei geistlichen Höhepunkten und besonderen Anlässen. Ich erklärte ihm, dass gerade das Zungengebet für mich eine Möglichkeit ist, ohne Unterlass zu beten. Durch die daraus resultierende enge Verbindung mit dem Herrn werde ich brauchbarer für sein Werk. Auf meinen Wegen durch die Kolonie betete ich im Geist – im Bus, auf dem Boot, auf der Straße, ganz leise, ohne dass es jemand hörte. Gott gibt die Worte dazu. Ich bot dem Matrosen an, ihn zu einer Tagestour durch Hongkong mitzunehmen, auf der wir ohne Unterlass beten würden, falls er Zeit habe.

Schon am nächsten Tag trafen wir uns und gingen durch den Westbezirk zur Küste. Der Weg erinnerte mich an meine ersten Tage in Hongkong, als ich anfing, hinter der glänzenden Touristenfassade den Schmutz, die Armut und den Kampf, die endlose Arbeit und all das Elend zu sehen.

Auf den Stufen einer steilen Straße trafen wir einen alten Mann, der in einem Schrank von 1,50 m Höhe, 1,80 m Breite und 0,90 m Tiefe wohnte. Am Tage verkaufte er Gemüse aus seinem Schrank, und nachts kletterte er auf den Schrank und schlief dort oben; sonst hatte er kein Zuhause. Von den viereinhalb Millionen Einwohnern, die in jedem verfügbaren Quadratmeter eingepfercht leben, hausen ganze Familien in Hongkong in einem Zimmer: Dieser hatte keine Familie.

Weiter unten auf der Straße stand eine alte Frau, die uns eine Reisschale aus Plastik entgegenhielt. Niemand in Hongkong hat Geld oder Wohnraum übrig, und es gibt keine Renten. So hielt sich diese Frau durch Betteln am Leben. Es gab so wenig Altersheime, dass keinerlei Aussicht für sie bestand, jemals in eines aufgenommen zu werden.

Als wir weitergingen, sah ich ein kleines Mädchen von ungefähr fünf Jahren mit einem Baby auf den Rücken gebunden. Beide Eltern mussten viele Stunden arbeiten, um ihre Kinder ernähren zu können. Keiner kümmerte sich um diese schmutzige kleine Fünfjährige – sie aber kümmerte sich um das Baby.

Dann stießen wir auf einen Jugendlichen, der Miete für das Vorrecht bezahlte, auf einem Ladentisch von 1,20 m schlafen zu dürfen. Er hatte schon mit 13 Jahren aus den unteren Klassen der Schule abgehen müssen. Er war klug und wollte gerne weiter zur Schule gehen, aber seine Eltern schickten ihn zum Arbeiten. Als er seinen Job bekam, gab er sein ganzes Geld zu Hause ab, damit die Eltern alle jüngeren Geschwister zur Schule schicken konnten. Jedes Mal, wenn ich ihm begegnete, wollte er sich in Englisch unterhalten, um zu üben und später einmal eine bessere Arbeitsstelle bekommen zu können.

Am Ende der Straße schaute ich noch einmal zurück und hatte das Gefühl, dass ich mich in diese Straße verlieben könnte, wenn ich mein ganzes Leben hier verbrächte. Dann würde ich alle diese Leute lieben, weil ich ja sie und ihre Nöte kennen würde. Aber als wir in die nächste Straße einbogen, war diese ein Abbild der ersten, und so ging es weiter. Immer mehr Menschen ... Ich erzählte dem amerikanischen Matrosen, wie ich während der ersten Tage gebetet hatte, Gott möge mir zeigen, welchen Teil seiner Arbeit er mir zuteilen wolle. Er hatte geantwortet, indem er mich in die Vermauerte Stadt schickte, wo ich danach zwölf Jahre lang wunderbare Dinge erlebte, von denen ich mir vorher nie hätte träumen lassen.

Mein Matrose war von dieser Seite Hongkongs genauso überwältigt, wie ich es gewesen war. Aber der eigentliche Zweck unserer Tageswanderung war ja nicht, dass er Hongkong kennenlernte; ich wollte ihn ermutigen, ohne Unterlass zu beten. Als wir weitergingen, begann ich zu beten. Wir überquerten den Hafen und kamen zur Jordanstraße, die mir vertraut war, weil ich dort eine Zeitlang gewohnt hatte. Ich nahm ihn mit in ein Haus hinein, in dem sich sowohl Bordelle als auch Tanzsäle breitmachten. Es war ein Ort, wo Süchtige herumhingen, todkrank und halb verhungert. Wir gingen die Hintertreppe hoch und mussten über schlafende Menschen steigen und uns mühsam die Tritte suchen. Hier wollte ich Mau Wong besuchen, den „König der Katzen", der besser ernährt war als die andern, weil er ein „Beschützer" mehrerer Prostituierten war und eine Menge Geld verdiente.

Allerdings fanden wir ihn in einem äußerst unglücklichen Zustand vor: Er hatte schreckliche Leibschmerzen, schwitzte fürchterlich und erbrach sich. Er konnte nicht zuhören, als ich ihm von Jesus erzählte. So legten der junge Amerikaner und ich ihm die Hände auf und beteten leise für seine Heilung. Sehr schnell vergingen seine Schmerzen, und er wirkte äußerst überrascht. Er konnte kaum glauben, was mit ihm geschehen war, aber jetzt war er bereit, sich hinzusetzen und zuzuhören.

Er nahm Jesus an und wurde an Ort und Stelle mit dem Heiligen Geist erfüllt. Wir hatten kaum zu beten aufgehört, da stand er auf und rannte weg. Als er wiederkam, brachte er eine traurige Mannsgestalt mit eingefallenen Wangen mit. Mau Wong erklärte, dass dieser Mann Zahnschmerzen habe, ob wir auch für ihn beten wollten. Da nahmen wir ihn mit auf das flache, leere Dach des Hauses und beteten auch mit ihm. Er wurde sofort geheilt. Danach erzählten wir ihm, wer Jesus ist und was er für ihn getan hat. Er war bereit, Jesus anzunehmen, und vollzog seine Übergabe sofort. Dabei bekam ich eine Botschaft in meiner Gebetssprache, und Mau Kong, der „König der Katzen", war imstande, sie auszulegen. Es war eine Botschaft über Reue und Buße, die ihn außerordentlich bewegte.

Mau Wong lud mich ein, ihn öfter auf der Hintertreppe zu besuchen, damit ich ihm mehr über Jesus erzählen könnte. Als ich ihm später ein zweites Mal begegnete, gab er mir ein Messer und ein paar Heroinpfeifen und bat mich, ich solle das für ihn aufbewahren. Er erklärte, dass er jetzt als Christ seinen Lebensunterhalt ehrlich verdienen müsse: Er hatte sich ein paar Schuhbürsten gekauft und wollte Schuhputzer werden.

Der junge Amerikaner und ich setzten unsere Tour durch Hongkong fort; wir überquerten den Hafen und nahmen einen Minibus nach Kaiwan. Ich betete die ganze Zeit, aber so, dass es keiner hören konnte. Mein Matrose hatte zuerst gedacht, es sei zu viel verlangt, im Bus zu beten; aber nachdem er gesehen hatte, was durch dieses Beten in der Jordanstraße passiert war, machte er mit. Den ganzen Tag beteten wir ohne Unterlass, außer beim Essen und während wir mit denen sprachen, die wir unterwegs trafen.

In Kaiwan steuerten wir auf eine Rauschgifthöhle zu. Es war für den jungen Amerikaner ziemlich gefährlich, dorthin zu gehen. Aber sie hießen uns beide willkommen, als ob sie uns erwartet hätten, um etwas von Jesus zu hören. Wir waren tatsächlich sehnlichst erwartet worden. „Puun Siu Je, kann ich eine Bibel haben?", fragte ein Süchtiger.

„Wie kann ich ein neues Leben anfangen?", fragte ein anderer.

„Bin ich zu alt, um gerettet zu werden?", forschte ein alter Mann. „Wo kann ich etwas von Jesus und seiner Lehre hören?"

„Du brauchst nicht zu warten, bis du zu einer Versammlung gehst, um von Jesus zu hören. Ich erzähl dir gleich hier etwas von ihm", schlug ich vor. Ich setzte mich und fing an zu sprechen. Immer mehr Leute kamen und hörten zu. Der alte Mann hörte sich staunend die biblischen Geschichten an und nahm Jesus auf wie ein Kind. Er gab sein kleines Hehlernest auf und kam von da an regelmäßig zum Samstagsgottesdienst.

Als wir die Drogenhöhle verließen, folgte uns Ah Wing, ein skrupelloser Mann, der Heroin verkaufte und andere Leute wie auch seinen eigenen Körper tötete. Er kam mit uns Nudeln essen, wozu ihn keinerlei gutes Motiv trieb – er wollte einfach nur eine kostenlose Mahlzeit. Ich erzählte ihm von Jesus, und er beeilte sich, diesen Teil hinter sich zu bekommen, um endlich essen zu können.

„Bist du bereit zu glauben, dass Jesus der Sohn Gottes ist?", fragte ich ihn. „Ich bin nicht sicher", erwiderte er, „vielleicht."

Ich hielt ihn zwar nicht für ganz überzeugt, ging aber zur nächsten Frage über.

„Und glaubst du, dass er für dich gestorben ist?"

„Versteh ich nicht."

„Na egal: Willst du das glauben?"

„Okay", murmelte er.

„Willst du glauben, dass er von den Toten auferstanden ist?"

„Muss er wohl", stimmte er zu, „ich habe ja gehört, was er tut."

„Willst du ihm folgen?"

Seine Antwort klang beleidigt. „Und ob! Ich meine, natürlich nur, wenn er der wahre Gott ist."

„Ah Wing, frage Gott doch einfach, ob Jesus sein Sohn ist oder nicht. Ich bin sicher, er wird es dich wissen lassen", schlug ich vor, betete ruhig und bedeutete dem Amerikaner, sich uns anzuschließen.

Als wir dort am Nudelstand beteten, stimmte Ah Wing ruhig und vertrauensvoll ein, er betete in Zungen.

Nach ein paar Minuten hob ich den Kopf und dachte, an dieser Garküche hatten wir sogar für meinen Geschmack jetzt genug gebetet. Als ich den Drogendealer ansah, merkte ich, dass er immer noch betete, weiter und weiter und weiter. Mein Matrose hatte sich einen Platz entfernt hingesetzt und versuchte so zu tun, als gehörte er nicht zu uns, was ihm allerdings an einem Ort, wo es sonst keine Westler gab, zumindest in Bezug auf mich nicht wirklich gut gelingen konnte. Seine Einstellung änderte sich, als er aufsah und Ah Wings außergewöhnlichen Gesichtsausdruck beim Beten bemerkte. Er sah wie ein Engel aus; als er schließlich nach etwa zwanzig Minuten aufblickte, fragte ich: „Was hast du gesehen?"

„Also", sagte er, „als ich betete, sah ich etwas wie ein Bild, und ich glaube, es war Jesus. Er saß an einem Tisch, an einem langen Tisch; um ihn herum waren noch andere Männer; ich glaube, es müssen ungefähr ein Dutzend gewesen sein oder so. Sie reichten Brot herum und dann einen Weinbecher und tranken daraus."

Ich erklärte ihm die Bedeutung, dass Jesus seinen Leib und sein Blut für uns gegeben hat, und freute mich sehr darüber, dass Gott sich Ah Wing durch das Brotbrechen offenbart hatte.

Später wurden auf unserem Wege noch zwei Menschen bekehrt, und mein amerikanischer Freund brauchte keine Beweise mehr für die Wirkung des Zungengebets.

Als ich nach Hause kam und Jean und Rick von unseren Erlebnissen erzählte, stöhnten sie und sagten: „Wir freuen uns über jeden, der sich bekehrt – aber du bringst immer Süchtige an. Wo sollen wir die nun wieder unterbringen?"

Wir hatten oft keinen Platz für die, die wir zum Glauben an Christus geführt hatten. Seit dem Geschehen mit Winson und Ah Ming fühlte ich mich jedoch verantwortlich für das Wohlergehen jedes Gläubigen, bis sein Leben in Ordnung war. Aber jeder brauchte so viel Fürsorge. Die meisten hatten kein Zuhause, keine Kleidung und litten unter schweren persönlichen Problemen, unter Drogenabhängigkeit und Krankheiten.

Ich fühlte mich verpflichtet, wieder zurück nach Kaiwan zu gehen, um mich um Ah Wing, einen bekehrten Drogenhändler, zu kümmern, etwas „Nacharbeit" bei ihm zu tun. Aber ich fand ihn nicht mehr. Stattdessen traf ich einen alten Bekannten, Ah Kwan, der sich in einer Rauschgifthöhle mit einigen Drogengroßhändlern unterhielt. Sie waren alle so nett zu mir, aber ich fühlte mich gezwungen, ihnen zu sagen, dass zwar Jesus und ich sie liebten, ihr Geschäft aber ekelhaft sei. Ah Kwan, der diesen Drogenhandel mitmachte, sagte schließlich, er werde jetzt Buße tun. In der nächsten Woche wolle er Schluss machen mit dem Handel; aber erst brauche er noch für drei Tage Geld. (Er wohnte in einer Holzhütte mit einer Plastikplane als Dach, fünf Wassereimern, einer müden Ehefrau von erst 25 Jahren und vier Kindern unter sechs. Sie hatten kein Einkommen.) Ich erklärte ihm, für echte Buße könne man sich den Zeitpunkt nicht aussuchen. Wenn er nicht sofort Jesus nachfolge und mit mir komme, werde er innerhalb weniger Tage im Gefängnis landen. Vier Stunden später wurde er tatsächlich geschnappt und zu drei Monaten Haft verurteilt. Daraufhin entstand in Kaiwan das Gerücht, ich sei eine Prophetin, und die Leute wurden sehr vorsichtig, wenn sie mit mir sprachen.

Ich sah den Drogenhändler Ah Wing nie wieder und weiß nicht, was später mit ihm geschehen ist. Aber weil Gott ihn mehr liebte, als ich ihn lieben konnte, hatte ich Vertrauen, dass Gott bestimmt besser für ihn sorgen würde als ich. Der Kreis hatte sich geschlossen: Erst hatte ich geglaubt, dass Gott alle Süchtigen sofort heilen würde; dann glaubte ich, dass sie nur überleben könnten, wenn ich ihnen eine gesunde Umgebung verschaffte; und jetzt setzte ich erneut mein Vertrauen auf Gott, dass ich sie völlig sicher in seiner Obhut lassen konnte.

Der Matrose schrieb später an die Willans und fragte, ob er kommen könne, um uns in unserer Arbeit zu helfen, sobald er zwei Jahre später aus der Marine entlassen werde. Sie schrieben zurück, sie wüssten überhaupt nicht, was zu diesem Zeitpunkt sein werde. Vielleicht hätten sie fünf oder fünfzig oder gar kein Haus mehr. Wir waren alle dazu berufen, Menschen zu Jesus zu führen. Wir hatten keinen Ruf zu einer Arbeit an Süchtigen. Wir brauchten nicht unbedingt dieses Programm fortzusetzen, bis es uns schließlich zur Last wurde. Wir wollten offen sein für jeden Weg, den Gott uns führen würde, gleichgültig, ob dieser Weg nun nach China hineinführte oder ob wir noch ein Dutzend Wohnungen für Jungen aufmachen sollten …

Gokos zweiter leiblicher Bruder kam aus Kanada zurück. Er war ein hochgewachsener, zuvorkommender Mann und tadellos gekleidet. Wir lernten ihn kennen, als Johnny eine christliche Krankenschwester aus dem Krankenhaus, wo er arbeitete, heiratete. Johnny hatte die Mitglieder seiner alten Bande eingeladen. Seine Hochzeit sollte für sie ein Zeugnis sein.

„Ich ziehe den Hut vor Ihnen, Miss Pullinger", sagte Gokos Bruder in perfektem Englisch. „Ich bin mit den Jungen in der Vermauerten Stadt aufgewachsen und wollte Jura studieren, damit ich zurückkommen und ihnen helfen könnte. Jetzt bin ich wieder da und sehe, dass es für mich gar nichts mehr zu tun gibt. Sie haben alles schon erledigt. Respekt!" Schnellstens wies ich diese Ehrung zurück und sagte ihm, dass nicht ich, sondern Jesus die ganze Arbeit getan habe.

Wir gingen zusammen durch die Straßen der Vermauerten Stadt bis zum Clubraum. Sie waren jetzt leer, weil viel gesetzwidriges Gewerbe aufgehört hatte. Das war teilweise auf den Erfolg der Anti-Korruptions-Kommission zurückzuführen, teilweise aber auch auf die Tatsache, dass so viele von den 14K-Jungen Christen geworden waren. Es war hier Stadtgespräch, dass Sai Di, der zweitmächtigste Mann nach Goko, einen 14K-Vetter jenseits des Hafens angerufen und ihn gebeten habe, er möge ihm einige Brüder für einen Bandenkrieg borgen.

„Klar", erwiderte der andere Führer, der sowohl Gokos als auch Sai Dis Ansehen kannte, „aber was ist denn mit deiner eigenen Bande?"

„Ach", meinte Sai Di, „die Hälfte ist drogensüchtig und die andere Hälfte sind Christen geworden; und allesamt sind sie ganz miese Kämpfer."

Gokos kanadischer Bruder ging mit uns in den Clubraum und sah sich alles an. Abend für Abend kam er wieder zum Singen, und anschließend unterhielt er sich mit mir.

Eines Tages fragte er mich: „Wovon leben Sie eigentlich?"

Ich war ein bisschen irritiert und antwortete beiläufig: „Ach, Gott kümmert sich um uns. Wir beten dafür."

„Okay, okay – aber nun mal praktisch. Wo verdienen Sie Geld? Das kann ja nicht vom Himmel fallen."

„Warum nicht?", antwortete ich. In diesem Augenblick klopfte es an der Tür. Ein alter Mann kam herein. Ich kannte ihn. Er wohnte in der Vermauerten Stadt in einer kleinen Bude, in die er sich gerade so zum Schlafen hineinquetschen konnte. Er übergab mir einen schmuddeligen Umschlag.

„Puun Siu Je", sagte er, „ich ging hier die Straße lang, da gab mir jemand diesen Brief." Ich sah mir den Umschlag an. Die Adresse war in Englisch geschrieben: „Jackie Pullinger, Vermauerte Stadt" – weiter nichts. In der Vermauerten Stadt gab es wenige Briefkästen; Briefe zu versenden war an diesem Ort viel zu gefährlich. Auch konnte hier kein Mensch Englisch. Es war mir ein Rätsel, wie der Mann meinen Brief bekommen hatte. Ich öffnete ihn und zog 100 amerikanische Dollar heraus. Der Brief stammte von einem Mann aus Hawaii, den ich noch nie gesehen und von dem ich nie gehört hatte. Gokos jüngerer Bruder sah sich das an. Dann erhob er die Hand wie zum Schwur: „Beweisaufnahme abgeschlossen."

Er ging nach Hause, und ich setzte meinen Weg allein fort, an Prostituierten, Pornokinos, Spielbänken und Drogenhöhlen vorbei. Da war Ah Keungs Haus, wo ich mit ihm gesessen hatte in der Nacht, als sein Vater starb. Ich hatte den Toten bewacht und das Geheul der Hunde gehört, die für die Kochtöpfe geschlachtet wurden. Ich kam an der Stelle vorbei, wo ich vor einem Jahr Zeuge vom Anfang eines bösen Kampfes zwischen zwei messerschwingenden Fremden geworden war. „Halt! Nicht kämpfen!", versuchte ich einzugreifen. Mir wurde übel. Zwei Minuten später kam ein Abgesandter die Straße entlang, um mich zu beruhigen.

„Es tut uns leid, Miss Puun", hatte er beschwichtigend gesagt, „es soll nicht wieder vorkommen. Wir wussten nicht, dass Sie hier sind."

Schließlich ließ ich die Vermauerte Stadt hinter mir und kam zur Lung-Kong-Straße, wo Goko jetzt wohnte, unserem Haus gegenüber. Ich dachte an ihn. Seine Frau war ihm vor einigen Monaten weggelaufen, nachdem sie einen hohen Geldbetrag in einer seiner Spielhöllen verspielt hatte. Sie hatte zu große Angst, nach Hause zu gehen, wusste sie doch, dass er sie schlagen würde. Da entführte sie den vierjährigen Sohn seiner früheren Geliebten und versteckte sich mit dem Kind in einem Apartmenthaus. Sie rief Goko an und sagte ihm, sie werde das Kind nur unter der Bedingung zurückbringen, dass er ihr verzeihe. Goko ließ sich auf nichts ein. Er machte keinerlei Zugeständnis und setzte seine Triaden ein, alle Apartmenthäuser zu durchsuchen. Die Frau wusste genau, dass er mit dem dichten Triadennetz sehr bald auf ihre Spur kommen werde, und wartete nicht erst, bis sie gefunden wurde. Aus Angst vor ihrem Mann trank sie Gift und zwang den kleinen Jungen ebenfalls dazu. So starben sie beide.

Es lag mir daran, Goko mindestens jedes Jahr einmal zu sprechen, und als wir uns nach dem Tod seiner Frau zum Tee trafen, sprach ich ihm mein Beileid aus. Als ich seine Frau erwähnte, grinste er höhnisch; aber ich sah, dass der Verlust seines Sohnes ihn tief schmerzte. Ich merkte auch, dass er Angst hatte, später einmal völlig allein zu sein. Weil ich unbedingt sein Herz erreichen wollte, sagte ich zu ihm: „Ich weiß, dass Sie sich fürchten." Er war überrascht; aber er sehnte sich danach, sich einmal jemandem anzuvertrauen.

„Wie können Sie das wissen? Ich habe noch nie jemandem gesagt, dass ich Angst habe", gab er zu. „Ja, ich fühle mich einsam."

Ein Doppelbegräbnis und eine luxuriöse Leichenfeier waren abgehalten worden, damit er vor seinen Triad-Brüdern das Gesicht wahrte. Goko erzählte mir, dass er noch nie einem anderen Menschen seine Gefühle gezeigt habe.

Goko und Sai Di äußerten ihre Meinung über Christus mit fast den gleichen Worten:

„Ich behaupte nicht, dass es Jesus nicht gibt – ich habe lange genug die Ungläubigen beobachtet. Aber ich habe euch Christen beobachtet und festgestellt, dass die meisten von euch schlechtbezahlte Jobs haben. Ich betrüge, lüge und stehle, damit ich alle meine Gefolgsleute versorgen kann, und ich weiß, Christen tun so etwas nicht. Darum will ich kein Christ werden. Wenn ich es wollte, würde ich ein richtiger sein wollen. Ich glaube schon, dass Jesus mich versorgen kann, aber ich muss sicher sein, dass er auch meine Gefolgsleute versorgt."

Ich habe diese brüderliche Einstellung immer respektiert und für diese Triadenbosse gebetet, Gott möge ihnen die Erkenntnis schenken, dass er groß genug ist, um für alle zu sorgen. Mehr als einmal habe ich in Gesprächen Goko sagen hören: „Gut, wenn dieser Bruder Christ werden will, okay. Aber er soll Jesus ordentlich nachfolgen. Ich will nicht, dass er morgen hingeht und übermorgen zurückkommt. Wenn er schon Christ wird, soll er auch ein guter werden."

Ich ließ Gokos Haus hinter mir und eilte auf die Stephanushäuser zu, wo jene Jungen, die „im Geiste wandelten", sich zu anständigen und vertrauenswürdigen Menschen entwickelten. Die anderen, die zwar Jesus kennengelernt hatten, dann aber verfrüht wieder ihre eigenen Wege gingen, gerieten in Schwierigkeiten. Ein Süchtiger aus Kaiwan, der sich um Aufnahme in eines unserer Häuser bewarb, fasste es einmal so zusammen:

„Ich habe gehört, dass Jesus für jeden Jungen, der zu euch kommt, das gleiche Wunder der Befreiung tut. Ob der aber auf diesem Weg weitergeht oder nicht, das muss er selbst entscheiden."

Kapitel 16

Die Träume der Alten

Wir schreiben das Jahr 2000, und unten in der Südmauerstraße sitzen zwei alte Männer – ich kenne sie nicht mit Namen, aber sie rufen laut: „Puun Siu Je, Puun Siu Je", also halte ich an und sie entführen mich in die Nostalgie.

Es ist ganz deutlich, dass sie schon einiges an Bier intus haben, denn als wir uns der Garküche näherten, schlagen mir und meiner Freundin die Dämpfe entgegen. Jetzt erkenne ich sie, obwohl es zwölf Jahre her ist, dass wir uns in der Vermauerten Stadt häufig zugenickt hatten. Der mit den roten, wässrigen Augen ist sehr aufgeregt.

„Bier? Nudeln? Suchen Sie sich was aus. Ich lade Sie ein."

Ich muss annehmen, sonst gibt es einen Aufstand in der Straße. Er schwenkt die Arme herum und schreit. Der Verkehr ist zum Erliegen gekommen, und auch, wenn ich mich nach mehr als drei Jahrzehnten in Hongkong nicht mehr wie eine Ausländerin fühle, zieht der Anblick einer solchen, die mit einem durchgeknallten Ortsansässigen im dreckigen Unterhemd spricht, immer noch unweigerlich die Menschen an.

„Vielen Dank – ich habe eben erst gegessen. Nur etwas zu trinken", und ich setze mich mit ihnen auf die Straße, obwohl mein Gastgeber immer noch wild gestikuliert.

„Wir alle wollen Ihnen danken, Puun Siu Je. Wissen Sie, wissen Sie", er wendet sich an meine Begleiterin Margaret, „was in der Vermauerten Stadt geschah?"

Bevor er weiterreden kann, setze ich sie ein bisschen ins Bild. Dieser alte Mann war ein Wächter, ein *Tin-man-toi*, in der Blütezeit der Stadt, als illegales Glücksspiel, Prostitution, Drogenhöhlen und Pornofilme sie zu einem Hafen und Magneten für Kriminelle und Gangs machte. Jetzt waren die Mauern der Vermauerten Stadt abgerissen, und die Stadt selbst auch. Jetzt muss er draußen sitzen und auf den wunderschönen neuen Park sehen und in Erinnerungen an das gute alte Elend schwelgen. Jetzt ist er arbeitslos und nicht mehr vermittelbar. Heutzutage arbeiten Drogendealer mit Handys und verstecken sich in richtigen Wohnungen. Seine Zeit ist vorbei, für ihn bleibt nichts mehr. Aber er erinnert sich. Und mit rührseligem Eifer schwärmt er Margret etwas von unserer Geschichte vor.

„Sie kümmerte sich um uns, und es geschahen Wunder. Menschen, die sich nicht ändern konnten, wurden verändert. Es war dieser Jesus."

Ich bin überrascht. Ich kann mich nicht erinnern, je mit ihm über Jesus gesprochen zu haben. Er saß immer in dem *Konjieh*-Laden, wo die armen alten Männer billigstes Essen zu sich nahmen. Dort hingen die erfolglosen Gesetzesbrecher herum und konnten für einen Dollar oder so Stunden in der Vertrautheit der Dunklen Stadt totschlagen.

„Alle diese Leute, Goko, Johnny, Geui Jai, Winson, viele viele, alle wurden von Jesus verändert. Wissen Sie, eines Tages werde ich auch vielleicht gläubig. Das muss der wahre Gott sein. Kann ich Sie finden?"

Während er spricht, wischt er über seine gelben, triefenden Augen, und der andere Mann schluckt und stimmt mit ein. Dann bezieht unser potenzieller Evangelist auch den Nudelverkäufer in seine Rede ein, und plötzlich ist die ganze Straße herausgefordert, an einen Gott zu glauben, den er eine Stadt, einen Gang-Boss und viele Herzen verändern sah.

„Entschuldigen Sie", jetzt laufen mir auch die Tränen herunter, „aber darf ich ihn jetzt mit Ihnen bekannt machen?"

Es ist ein Kampf zwischen Alkohol und Geist.

„Könnte ich diese Hoffnung reservieren?", findet er endlich den Kompromiss.

Es war unfair, sehr bewegend und absolut beschämend. Ich hatte für diesen Ex-Wächter nie etwas getan. Ich hatte nie mit ihm geredet, ihm persönlich geholfen oder etwas mit seinem Leben zu tun gehabt. Seine Zehennägel waren immer noch schwarz, aber doch gab es in seinem Herzen eine undeutliche Hoffnung, die er irgendwie mir und Jesus zuschrieb. Das war das herrliche Wunder. Lange nachdem die Mauern abgerissen waren, schwelte in seinem Herzen immer noch das Verlangen nach Herrlichkeit. Ich versuchte Margaret zu sagen, dass er total übertrieb und in seiner Betrunkenheit meine Bedeutung in seinem Leben aufbauschte. Dennoch war es da.

Hier standen wir also an einem solchen Punkt in der Geschichte, wo die Vergangenheit mit lautem Fanfarenstoß in die Gegenwart drängt, und ich gehöre zu beidem. Oft erzählen Missionsteams, die zu Besuch kommen, von diesem ungerechten Phänomen. Es ist heutzutage Mode geworden, Asien, China und die Armen für ein paar Tage, Wochen oder Monate zu besuchen und das „Einsatz" zu nennen.

Über die Jahre hatten wir Hunderte von Kurzzeithelfern, die sofort alles erfassen wollten – möglichst auf Video –, damit sie es in ihrer Heimatgemeinde zeigen und einen inspirierten Abend verbringen könnten. Ich bitte sie inständig, die Menschen zu lieben und zu bleiben, so wie mich Sai Di vor dreißig Jahren gebeten hatte. Der Nachteil der Kurzzeit-Einsätze ist die falsche Perspektive, die auf dem Bedürfnis dieser Generation nach sofortigen Resultaten basiert. Viele sind bei uns geblieben und haben in unseren neuen Häusern gewohnt, die jetzt *St. Stephen's* heißen, in denen momentan über dreihundert Männer, Frauen, Teenager und Kinder über ganz Hongkong verteilt leben. Manchmal geht alles gut, und es gibt echte Bekehrungen, Heilungen und herrliche Einblicke in verändertes Leben. Die Besucher reisen wieder ab und fragen sich, warum das zu Hause nicht funktioniert. Sie fragen sich, warum in Hongkong alles so einfach erscheint. Ein andermal geht sogar hier nichts richtig. Der Mann, der gestern Abend prophezeite, schlägt am nächsten Morgen einen Helfer zusammen, oder sämtliche Hausbewohner reißen geschlossen aus. Dann fahren die Besucher desillusioniert ab.

„Es ist überhaupt nicht so, wie sie es in ihrem Buch beschrieben hat, es war eine schwere Zeit für uns."

Die bemerkenswerte Tatsache, dass nach so langer Zeit immer noch die meisten Abhängigen, die zu uns kommen, an Jesus glauben, in Zungen beten und schmerzlos durch den Drogenentzug kommen, heißt natürlich nicht, dass sie nicht ein erneuertes Denken brauchen.

So reisen die Zaungäste ab. Sie haben ihren Videoclip, aber sie haben nicht gesehen. Entweder war alles zu gut oder alles zu schlecht, und beides stimmt nicht. Wir lieben unsere Leute, ob sie sich zum Guten entwickeln oder nicht, und die Erfolge rechtfertigen unseren Dienst ebenso wenig wie die Enttäuschungen ihn ungültig machen. Es kommt darauf an, ob wir echt lieben – nicht ob wir leidenschaftlich von einer Kanzel herab predigen.

Und dann gibt es die Zeit. Wenn Gott es so eingerichtet hat, dass ein Kind achtzehn Jahre lang langsam und sicher in einer liebevollen Familie heranwächst, warum sollten wir auf die zornig sein, die sich nicht entsprechend unserer Geschwindigkeit verändern, damit es in unsere Statistiken passt, unseren Heimaturlaub und – leider manchmal – unseren finanziellen Rahmen? All das Gute, was ich gar nicht erwarten konnte, erreichte mich nach fast zwanzig Jahren. Menschen, mit denen ich vor so langer Zeit zusammen gewesen war, vergaßen nie, obwohl wir einander eine Weile aus den Augen verloren haben. Plötzlich tauchte wieder jemand aus der Vergangenheit auf und es stellte sich heraus, dass er die Erinnerung an eine Liebe nicht abgetötet hatte, die so außergewöhnlich war, dass der Liebende sich selbst hingab, bis zum Tod. Und dann sind wir die glücklichen, schluchzenden Repräsentanten des Vaters, dessen verlorener Sohn endlich nach Hause kriecht oder rennt.

Unsere Sommer-Missionare blieben nicht lang genug, um das zu erleben, obwohl wir hofften, dass sie sich irgendwie danach sehnten. Für die Party bleiben. Der freiwillige Helfer auf Stippvisite bekommt vielleicht den einen oder anderen Gang – süß oder sauer – mit, aber keiner genießt das gesamte Menü so wie ich.

„Jeder Mensch setzt zuerst den Wein vor, und wenn sie betrunken geworden sind, dann den geringeren", sagte der Speisemeister bei dem Hochzeitsmahl zum Bräutigam, „du hast den guten Wein bis jetzt aufbewahrt."

Auch Opa Chau Bat wohnte in der Südmauerstraße. Er hatte einen Verschlag, einen „Käfig", nämlich ein Drittel eines Dreifachstockbetts, das vollständig von Maschendraht umgeben war, sodass er sich selbst und alle seine Habe drinnen und Eindringlinge draußen halten konnte. Das Holzbrett war vollgestopft mit seinem Leben, so wie es war, und es war eben noch genug Platz, dass er sich dazulegen konnte. Er war der „Schauspieler", der mir Jahre zuvor im Gerichtssaal aufgefallen war. Und er hustete heftig. Für ihn waren schlimme Zeiten angebrochen, seit die Opiumhöhlen zu sehr stanken, als dass sie vor Spürhunden und Detektiven verborgen bleiben konnten. Sogar in der Vermauerten Stadt hatte die ICAC (Unabhängige Kommission gegen Korruption) in den 1970ern Einfluss genommen, und

Chau Bats Rolle als der „Schauspieler", der bei vielen angekündigten Razzien stellvertretend festgenommen wurde, war nicht mehr gefragt. Er musste auf Heroin umsteigen, das weniger gut zu entdecken, aber teurer war, und er spuckte ständig Schleim. Oft kam ich durch seine Straße, und wenn ich sah, wie er keuchte, bot ich an, für ihn zu beten.

„Nicht nötig, ich bin ein Götzenanbeter", antwortete er höflich, aber ich ließ nicht locker und segnete ihn dennoch.

Einige Zeit später ging ich durch eine Nachbarstraße am Rand der Vermauerten Stadt, und hörte, dass er nach mir suchte. Schnell lief ich zu ihm. Er wirkte verärgert. „Ich habe auf Sie gewartet. Seit Tagen warte ich auf Sie."

Dann zeigte er auf sein Bein, das offensichtlich durch austretenden Eiter vergiftet war.

„Warum sind Sie nicht zum Arzt gegangen? Das ist etwas Ernstes", fragte ich.

„Ich habe auf Sie gewartet."

Er schimpfte mich aus, als hätte ich das wissen müssen. So brachte ich ihn schnell zur Beratung zu einem Arzt, den ich kannte. Wir erfuhren, dass die Infektion einen Krankenhausaufenthalt erforderlich machte, und bereiteten diese Fahrt vor. Wieder war es ein Bruder aus der alten Vermauerten Stadt, den ich bat, uns auf der Taxifahrt ins Krankenhaus, der Oase der Hoffnung, zu begleiten. Während der Fahrt predigte ich wie üblich.

„Wenn Sie Entzugsschmerzen vom Heroin verspüren, dann rufen Sie einfach Jesus an. Er wird helfen."

„*Yau mao gautscho.* Sie machen Witze."

Er wurde mürrisch und gereizt. Er hatte Schmerzen.

„Nein, das stimmt", sagte mein Bruder. „Viele Leute wie ich haben es versucht, und wir sind ohne Schmerzen von den Drogen losgekommen."

Es sah nicht so aus, als ob das Zeugnis zu dem gequälten alten Mann durchgedrungen wäre, und wir sagten nichts weiter außer: „Nicht vergessen!" Ein paar Tage später besuchte ich ihn im Krankenhaus und fand einen strahlenden Mann mit geheiltem Bein vor.

„Wie steht es mit dem Heroin? Hat man Ihnen Medizin gegeben?"

„Nein, es geht mir gut. Ich habe es so gemacht, wie Sie mir sagten. Ich habe Jesus angerufen, und alles ging weg. Es geht mir gut. Keine Schmerzen."

Er war nicht mehr drogensüchtig. Was nun? Er hatte keine Familie in Hongkong, die lebte in der Volksrepublik China. In der Vermauerten Stadt oder der Südmauerstraße gab es für ihn keine Zukunft. Ich lud ihn ein, bei uns zu wohnen. Inzwischen waren wir überall. Die früheren Stephanushäuser hatten die Hoffnungslosen einfach eine Weile rehabilitiert, aber sie boten keine Dauerlösung für die Zukunft. Hilfreiche Mitarbeiter der Hongkonger Stadtverwaltung boten uns etliche alte Gebäude an, für die sie zur Zeit keine Verwendung hatten, wo wir aber unsere alten Männer unterbringen konnten, damit sie wachsen und sich vorbereiten konnten, anderen zu helfen, oder einfach Zeit für ihre Wiedereingliederung in die Gesellschaft bekamen.

Das *Hang Fook Camp* war ein Gebiet mit ausgedienten Blechhütten, die als vorübergehende Behausung für Menschen gedient hatten, die auf ihre staatlichen Sozialwohnungen warteten. Es gab zwölf lange Hütten, die aus etwa zehn Einheiten bestanden, und sie alle hatten ihr Haltbarkeitsdatum weit überschritten. Wir liebten sie und reparierten die vielen Zimmer voller Eifer. Winzige Räumchen hatten vorher ganzen Familien Obdach geboten, aber wir belegten sie jetzt jeweils mit mehreren Männern. Einige Hütten bauten wir zu einem großen Versammlungsort um, indem wir die Seiten abrissen und dank der britischen Armee ein großes Plastikdach darüber aufstellten. Es war wie ein Zelt mit offenen Seiten, und so kamen mehrere Tausende, um Gottesdienst zu feiern und auch, um zu gaffen.

Opa Chau Bat wurde so berühmt wie das *Hang Fook Camp*. Er bekam neue Zähne und klapperte voller Besitzerstolz mit ihnen. Er nannte mich „meine Tochter", und wir adoptierten einander. Jetzt hatte ich eine chinesische Mutter und einen chinesischen Vater.

„Hier ist meine Gabe."

Er überreichte mir den größten Teil seiner staatlichen Altersrente. Die Zeiten hatten sich geändert, und jetzt hatte er sowohl unsere Hilfe als auch Unterstützung der Lokalregierung. Mit dem Rest seines monatlichen Geldes kaufte er Hefeteilchen und Bananen für mich und meine Sekretärin. Wir gaben sie heimlich an Leute weiter, die Hefeteilchen und Bananen mochten.

„Ich muss meine Tochter in China besuchen."

Sein Bein war im Krankenhaus geheilt worden, und das Verlangen nach Liebe und Annahme durch Jesus und uns. Er war in vielerlei Hinsicht von Jesus geheilt worden. Wir halfen ihm zu beantragen, dass ihn seine

Tochter, die er seit Jahrzehnten nicht gesehen hatte, einen Monat bei uns im *Hang Fook Camp* besuchen dürfte. Sie kam und sah ihren Vater: den schrumpeligen, manchmal zahnlosen, betagten Mann; und sie sah auch ihren Herrn. Und dann wurde auch sie jemand, für den wir uns von Herzen verantwortlich fühlten. Und ebenso ihre Familie. Und ihr Dorf in China. Ebenso arm. Hunderte. Ich hatte von den Hunderten geträumt und konnte doch kaum mit den wenigen klarkommen.

So entwickelten sich die Dinge: Die Willans hatten 1970 Hongkong verlassen, es gab nur noch eines der Stephanushäuser, und die Zukunft von all dem, was in den fünfzehn Kapitel dieses Buches beschrieben ist, war ungewiss.

Eine Weile hatte ein pummeliger Mann aus Hongkong geholfen. Ich nahm ihn in die Vermauerte Stadt mit und er half auch im Haus für die neuen Jungen, das mit über zehn Bewohnern vollgestopft war. Ich glaubte ihn auszubilden, auch wenn das in Wirklichkeit nichts weiter war als die Aufforderung: „Komm mit mir." Ich schickte ihn nach Neuseeland, damit er mehr lernte. Leider – aus meiner Sicht – kam er mit neuen Ideen zurück.

„Ich fühle mich berufen, mit Kindern zu arbeiten", sagte er freundlich.

Ich war nicht beeindruckt. Ich verstand nicht.

„Ich muss gehen und mit Kindern arbeiten", beharrte er.

„Aber jeder, mit dem wir zu tun haben, beeinflusst auch Kinder. Kannst du nicht bleiben und eine Möglichkeit finden, wie du sie erreichst? Der Weg ist offen für dich", bettelte ich fast.

Aber er hatte eine gebildetere Gemeinde kennengelernt, in der man die Arbeit in verschiedene „Dienstbereiche" unterteilte. Und der Umgang mit Kindern lag ihm tatsächlich sehr. Er ging. Ich war verzweifelt.

Zufällig saß ich in dem Moment in einem kleinen Raum in unserem letzten Stephanushaus. Keine Willans. Keine ausländischen Helfer. Nur zwölf Männer, denen es so mittelmäßig ging, und Jesus, der Gutes tat. Ich begann zu weinen. Ich musste nur immer daran denken, dass es so lange gedauert hatte, einen Mann zum Helfen auszubilden, und ich jetzt wieder von vorne anfangen müsste. Allein. Wieder. Ich weinte und weinte.

Platten wurden hereingereicht (gegrilltes Schweinefleisch auf Zahnstochern). Dann Blumen, dann Taschentücher, weil ich nicht aufhörte zu trauern.

„Wir beten für dich", kam die Botschaft von meinen Mitbewohnern, „dass es dir wieder gut genug geht, dass du dich um all die Menschen in Hongkong kümmern kannst, die dich noch brauchen."
Das war nicht tröstlich, und ich heulte nur noch lauter.
„Ihr versteht nicht", versuchte ich zu sagen.
„Wir beten, dass Jesus dir Trost gibt", fuhren sie fort.
„Ich *brauche* keinen Trost", gab ich frustriert zurück. „Ihr versteht nicht. Es ist nicht nötig, dass ihr betet, dass es mir besser geht und ich weitermachen kann. Ich möchte, dass ihr das tut, was ich tue. Ich bin nur einer."

Was die Sache schwierig machte: Es sah so einfach aus. Ich hatte schon erlebt, wie Jesus Menschen erreichte, berührte, heilte und veränderte. Der Nachteil war, dass ich – ein einziger Mensch – rein physisch nur begrenzt arbeiten konnte, selbst wenn Gott mir seine Macht und Stärke gab. Sogar Jesus hat die Welt zwölf problembeladenen Männern übergeben. Wo waren meine? Zwölf problembeladene Leute hatte ich ohne Zweifel, aber sie erwarteten, dass ich alles machte. Und aus der übrigen „Gemeinde" waren so viele damit beschäftigt, ihre Begabungen herauszufinden, dass sie darüber das Geben vergaßen. Ich weinte weiter und sah im Verlauf von drei Tagen und drei Nächten viele Gesichter vor mir. Ich kannte sie alle. Sie schliefen unter Brücken und wohnten in Käfigen. Die alten Frauen sammelten sich im Park und waren leicht zu erreichen. Sie brauchten einfach nur jemanden, der Zeit hatte und sie anrührte.

Im *Hang Fook Camp* zeigten sich Auswirkungen meiner Frustration, die irgendein Engel später mal als Fürbitte bezeichnete. Aus kaputten Menschen bildeten sich Teams, die Kaputte erreichen wollten. Die Hinkenden halfen den Hinkenden. Wir hätten uns vielleicht umbenennen und Jakob statt Stephanus nennen sollen, aber wir behielten den Namen. Und so wurden weitere Hunderte angerührt, nicht durch mich, sondern durch andere, die, wie ich, kaum selbst geheilt waren. Wieder hatte ich Anteil an einer unfairen Vermehrung. Hunderte dankten Gott oder mir, obwohl ich inzwischen nur ganz entfernt mit ihrem Leben verbunden war. Ich lebte weiterhin in enger Verbindung mit den Straßen und den Süchtigen, die nach Hilfe suchten. Ich besuchte weiterhin die Gefängnisse, obwohl die meisten Fußwege von denen erledigt wurden, die selber angerührt worden waren und voller Dankbarkeit dienten. Ich sah zu, wie sie dieselben Fehler machten, die ich gemacht hatte, und mit ihnen eher besser klarkamen.

Die Träume der Alten / 253

Auch Elfrida schloss sich einem Team an. Ihr Leben war ein einziger Horror gewesen. Ihr Vater hatte zwei Frauen; ihre Mutter, die wahrscheinlich seine Geliebte gewesen war, brachte sich um, und so wuchs Elfrida bei einer Tante auf. Diese Frau war lesbisch, und Elfrida bekam alle ihre wechselvollen Beziehungen hautnah mit, eine davon mit einer der Frauen von Elfridas Vater. Im Alter von siebzehn Jahren hatte sie einen Freund, den sie heiraten wollte, aber sie wurde von zu Hause hinausgeworfen, als sich herausstellte, dass er sie verführt hatte. Sexuell verwirrt, nicht wissend, ob sie Männer liebte oder hasste, wurde Elfrida Prostituierte und betäubte ihre Sinne mit Heroin.

Jahrelang hatten wir Wohnungen angemietet, in denen Männer von Drogen frei werden konnten. Sie waren immer voll belegt, und für Frauen gab es nicht auch noch Platz. Ich hatte die Straße dieser alten Frau immer gemieden. Doch ihre traurigen, klagenden Rufe ließen mich nicht los, und so kam der Tag, an dem ich ihr nicht mehr widerstehen konnte und sie aufnahm. In einem kleinen Zimmer von nicht einmal zweieinhalb Quadratmetern bereitete sich Elfrida auf den Drogenentzug vor. Ihr Rücken war voller alter, schwarzer Striemen, und sie war so schwach und zerbrechlich, dass meine Freundin sie auf den Arm nahm und zum Bad trug. Eine Weile lag sie da im warmen Wasser und wurde dann zurückgetragen. Wir legten sie wieder auf ihre Matratze und sprachen ihr Frieden zu. In dem Moment war sie geheilt.

Als das *Hang Fook Camp* verfügbar wurde, zog sie dort ein; es wurde ihr Zuhause. Sie betete Jesus an, wusch und bügelte und schlief viel. Auch weinte sie sehr viel.

Ich sah mir das an und bewegte in Herz und Gedanken viele Fragen. Wir hatten etwas über das Beten für Menschen mit Verletzungen aus der Vergangenheit gelernt, und ich habe sowohl den Mut der Menschen gesehen, die alte Wunden, die noch mit Furcht und Gewalt infiziert waren, wieder eröffneten, als auch die Heilung, wenn das Kreuz Jesu endlich ihren Schmerz nahm und den Peinigern Vergebung anbot. Aber wie lange würde das in ihrem Fall dauern?

Ich fragte mich, ob wir sie durch jeden Alptraum einzeln würden führen müssen. Das würde so viele Jahre brauchen, wie das Elend selbst angedauert hatte. Das Kreuz müsste schneller sein. Es musste eine Lösung geben.

Elfrida schloss sich einem Team des *Hang Fook Camps* an, das die Armen, Elenden und Ungewollten besuchte, und sie sah Traurigkeit und Mangel an Liebe im Leben anderer und erkannte, wie viel ihr gegeben worden war. Eines Tages kam sie offensichtlich erbost von einem Altersheim zurück.

„Sie geben ihnen ein Bett und Gemüse, aber das ist alles. Sie beten nicht für sie, wie wir es tun", meinte sie entrüstet, als sei das Versäumnis klar ersichtlich.

Also besuchte sie dieses Altersheim immer wieder, und dabei entwickelte sich der Wunsch, weiterzugeben, was sie selbst empfangen hatte. Sie badete die Alten und betete auch für sie. Elfrida ging mit ihrem Team zu Obdachlosen und fand auch einige der alten Prostituierten, die sie früher in der Vermauerten Stadt gekannt hatte. Eine inkontinente Frau lag in ihrem Urin. Sie brauchte niemanden mehr, der sie vor zudringlichen Männern beschützte. Elfrida wusch ihren Körper und ihr verlaustes Haar und sprach über ihr neues Leben und ihren Christus.

Sie liebte viel, denn ihr war viel vergeben worden.

Diese neu gewordene Frau warf Schmerz, Bitterkeit, und solange sie anderen diente, Selbstmitleid ab. Sie schien auch Jahre abzuwerfen und wurde so attraktiv, dass sie einen Verehrer fand. Voller Freude und Überschwang plante sie ihre Hochzeit, denn von diesem Tag hatte sie die meiste Zeit ihres Lebens geträumt. Brautjungfern. Blumen. Eheversprechen. Ringe.

Und so heiratete sie mit über Siebzig in jungfräulichem Weiß und schritt anmutig zum Altar, ihrem zukünftigen Ehemann entgegen. Es war ein herrlicher Tag – ein Bild dafür, wie alle Dinge neu werden können.

Allerdings erlebten die beiden manche Probleme miteinander. In der Hochzeitseuphorie hatten sie nicht bedacht, dass sie als Verheiratete würden leben müssen. Sie verhielten sich genau wie ein junges Paar und mussten in ihr neues Leben erst hineinwachsen. Eines Tages kam sie zu meiner Hütte. Eine andere ältere Frau – Hing Je, eine Witwe – bereitete sich auch vor, wieder zu heiraten.

„Sie hat mich gefragt, ob ich ihr mein Brautkleid ausleihen würde, und ich habe es ihr zugesagt", erzählte mir Elfrida. „Aber das geht nicht. Sie kann doch nicht in Weiß heiraten – sie war doch schon einmal verheiratet!"

Soso ...

Kapitel 17

Die Visionen der Jungen

Der junge Mann wanderte einen Feldweg entlang und stieg dann auf den Berg, über den er das nächste Dorf erreichte. Er hatte keine Wechselkleidung, obwohl er zu Beginn seiner Reise ein Bündel alter Kleider bei sich getragen und auch selber schon verschiedene angehabt hatte. Er hatte sie alle in ländlichen Siedlungen zurückgelassen, die er Tag für Tag besuchte. Er besaß auch kein Fahrrad. Auch das hatte er weggegeben. In seiner Tasche befand sich eine Süßkartoffel, ein Geschenk der dankbaren Dorfbewohner, die von Süßkartoffeln lebten und nichts anderes geben konnten, nur ihren Segen.

Er wanderte über Land und erzählte den Menschen, denen er begegnete, von seinem Herrn. Sie hießen ihn, und auch seinen Jesus, willkommen. Er betete für sie und viele wurden wunderbar von Krankheiten geheilt. Dann nahm er seine Bibel und riss ein paar Seiten daraus aus, denn sie hatten keine Bibel. Er legte ihnen die Hände auf, dass sie die Kraft des Heiligen Geistes empfingen und auch für die Kranken beten konnten. Er ließ eine veränderte Gemeinschaft zurück und wanderte weiter mit dem Versprechen, nach Möglichkeit wiederzukommen.

Ein anderer junger Mann wohnte in einem über dreißig Etagen hohen städtischen Wohnblock, der auf jedem Stockwerk Menschenmassen beherbergte. Er hatte keinen Kontakt mit anderen Gläubigen, denn damals waren solche Kontakte verboten. Aber er war selbst ungewöhnlich verändert worden, als seine Heroinsucht ihn irgendwann vollends zu ruinieren drohte. Wie merkwürdig, dass ein toter Jesus, offensichtlich wieder lebendig, einen Körper physisch zur Ruhe bringen und ein Herz in Freudentaumel versetzen konnte!

Auf seinen Armen waren die Einstichmarkierungen noch zu sehen, doch sein Herz war tiefer beeindruckt – dieser Jugendliche hatte Hoffnung und einen Sinn im Leben gefunden. Nachdem er von den Drogen frei geworden war, als jemand für ihn im Namen dieses lebendigen Herrn gebetet hatte, wurde er an Leib und Seele umgewandelt.

Er sang in seiner Einzimmer-Wohnung. Er erzählte seiner älteren Nachbarin, die allein lebte und unter Schmerzen im Handgelenk litt, was geschehen war. Auch sie wurde geheilt, und dann sangen sie gemeinsam. Dann fanden sie einen Obdachlosen, der im Treppenhaus übernachtete, und rührten ihn auch an …

Dies waren meine Träume. Ich wusste nicht, was die Zukunft in politischer Hinsicht bringen würde oder welche formalen Strukturen erlaubt sein würden, und wünschte mir schon immer solch eine Einfachheit, die Organisation unnötig machte. Ein Armer erreicht einen Armen. „Liebe deinen Nächsten wie dich selbst" schien all das zusammenzufassen.

Unsere jungen Leute sind keine Drachentöter. Die meisten haben in Gesellschaft, Schule und vor ihren Eltern versagt. Aber sie haben einen unirdischen Mut. Eine Gruppe von ihnen besuchte regelmäßig eine gewisse Stadt in Asien und wurde im Laufe der Zeit auf eine Gruppe Blumenverkäufer aufmerksam. Es waren Kinder. Es waren Sklaven. Dieses waren Kinder, die gemeinsam mit anderen ihr oft mehrere Zugstunden entferntes Zuhause verlassen hatten. Manche von ihnen waren ungewollt. Einer, ein Waisenjunge, war mehrfach verkauft waren, denn es gab Familien, die einen Sohn oder einen Arbeiter haben wollten. Er wurde geschlagen und misshandelt und rannte weg, nur um wieder verkauft zu werden. Ein weiterer ging schon gekrümmt wie ein Alter, denn er hatte als kleines Kind auf seinen Rücken geschnürte Lasten tragen müssen wie die Erwachsenen.

Sie kamen in die Großstadt, weil sie hier auf Geld hofften. Sie schliefen am Bahnhof und fanden Möglichkeiten, etwas zu verdienen. Manche verkauften ihren Körper und viele zogen sich tödliche Krankheiten zu. Die ganz Kleinen verkauften Blumen an Touristen. Aber das Geld konnten sie nie behalten. Der Boss, der ihnen Blumen gab, nahm alles, was sie verdienten, und auch ihre labile Freiheit. Er kontrollierte sie.

Die Visionen der Jungen / 257

Ah Chi und ihr Team schwacher junger Leute traf die Kinder, und mit der Zeit wurden sie langsam Freunde. Sie liebten die Kinder und gingen mit ihnen Nudeln oder Hamburger essen. Der Besitzer eines Restaurants einer bekannten Kette bemerkte das und erlaubte ihnen, sich auf seinem Gelände zu treffen. Ihm war sowohl die missliche Lage der Kinder als auch die Beständigkeit der Teenager aus Hongkong aufgefallen.

Ein kleines Mädchen wartete voller Staunen auf das Team, das sie liebte, anrührte, wusch und für sie betete. Ihre Lage war nicht gut. Sie hatte zwar Jesus gefunden, lebte aber immer noch auf der Straße, gefangen unter ihrem Beherrscher. Sie hatte kein Geld und konnte nirgends hin.

Ah Chi suchte den Boss der Blumenverkäufer auf und bat ihn um die Freilassung des kleinen Mädchens. In dem Ausbeuter schien eine Bombe zu explodieren. Was ihn da erwischt hatte, wusste er nicht, aber plötzlich weinte und weinte der Mann. Er verstand nicht, warum er so bewegt war, doch als Ah Chi sprach, überflutete ihn eine Welle von Zerknirschung. Sie erzählte ihm von dem Gott, der seinen Sohn gesandt hatte, um für das Kind und auch für ihn zu sterben, damit beide wirklich frei sein könnten. Voller Freude nahm er diesen Erlöser an und ließ auch das Mädchen frei.

Einer aus dem Team kaufte Zugfahrkarten, obwohl er selbst wenig Geld hatte. Wir konnten ihn nicht finanzieren, deshalb musste er, wie wir, für Reis und Reisegeld beten. Er brachte das Kind wieder zu ihrer eigentlichen Familie, dafür gab er alles aus. Die Zugfahrt zog sich über Tage und Nächte hin, bis sie schließlich am Ziel der Reise ankamen. Diese Geschichte hört man immer und immer wieder, nur ist es jedes Mal ein anderes Kind. Oft nehmen die Familien die Jungen oder Mädchen voller Freude wieder auf und sind selber tief berührt von einer Liebe, die sie sich nie hätten vorstellen können und von der sie noch nie gehört hatten.

Auf diese Weise wurde auch Ah Leung nach Hause gebracht. Seine Mutter rannte ihm in Tränen aufgelöst entgegen. Als er klein war, hatte sie zum zweiten Mal geheiratet, und ihr neuer Mann hatte ihren Sohn abgelehnt, sodass er weggelaufen und jahrelang verschollen geblieben war.

„Ich muss dir erzählen, was mir passiert ist", sprudelte es aus ihr heraus. „Hör zu!"

Es stellte sich heraus, dass sie ein halbes Jahr zuvor irgendwie von Jesus gehört hatte und gläubig geworden war. Seitdem hatte sie nonstop gebetet.

„Ich wusste nicht, wo Ah Leung war. Ich wusste nicht, in welcher Stadt er war. Ich wusste nicht, wie ich ihn finden könnte, deshalb betete ich: ‚Bitte, Gott, wo immer mein Sohn auch ist: Bitte schicke ihm Christen über den Weg.'"

Ihr Gebet wurde erhört.

Meine Träume wurden wahr.

Ka Ming und Esther bemühten sich um eine neue Generation in Hongkong, die dieselben Probleme hatte wie die Generation vor ihr, aber in ganz anderen Umständen lebte. Eine neue Mittelklasse war entstanden, und es gab mehr soziale Sicherheit. Die neuen Jugendlichen genossen verpflichtende weiterführende Schulbildung und einen höheren Lebensstandard als ihre Eltern zu ihrer Zeit. Viele besaßen Uhren, Kreditkarten, Roller Blades – Materielles. Aber ebenso fehlte vielen von ihnen, dass ihnen zugehört wurde und dass man sich um sie kümmerte. Sie wurden in ein leistungsorientiertes Schulsystem gezwängt und versagten.

Wenn man einmal herausgefallen ist, fällt es schwer, wieder zurückzukommen. Ka Ming versuchte, ihnen Hoffnung zu geben, er traf sie auf Spielplätzen und befreundete sich mit ihnen. Viele aber waren schon in ein anderes System eingestiegen und folgten den Horden Jugendlicher, die selten heimgingen, draußen schliefen und mit Drogen und Sex experimentierten.

„Aber ich halte sie nicht für ein Problem", sagte mir Ka Ming mit leuchtenden Augen. „Wenn Gott mich verändern konnte, dann kann er auch ihnen helfen."

Er sah sie als potenzielle Drachentöter; eine Gruppe junger Männer mit neuem Herzen und göttlichen Werten, die bereit waren, ihre Leidenschaft und ihr Leben einzusetzen, um den nicht Liebenswerten und nicht Gegründeten zu dienen. Er sah die Großstädte Asiens in praktischer und wunderbarer Weise berührt durch eine Jugend, die andere Werte wählen würde als die, zu denen ihre Eltern verleitet worden waren, um zu überleben oder weiterzukommen. Er sah Teenager und junge Erwachsene, die nicht versuchen würden, in der Welt aufzusteigen, sondern bereit wären, sich niederzubeugen.

Chi Ho, an beiden Beinen von oben bis unten tätowiert, war in einer fremden Stadt. Sein Haar war noch immer zu beeindruckenden Stacheln hochgegelt, und in jenem Jahr trug er Hosen, die aussahen, als würden sie jeden Moment herunterrutschen. Sicherlich waren in seinem Leben Ketten zerrissen, aber für sein derzeitiges Outfit mussten sie unbedingt vom tief sitzenden Gürtel baumeln. Er begegnete einer alten Dame, die auf beiden Augen blind war und Schmerzen in einem Bein hatte.

„Bitte bete für ihr Augenlicht", bat ihn der Teamleiter, der in jener Stadt wohnte.

Chi Ho wagte nicht, für die Blindheit der Frau zu beten, für das schmerzende Bein aber traute er es sich zu. Er legte ihr die Hände aufs Bein und betete, wie es für ihn selbst erst ein Jahr zuvor getan worden war: „In Jesu Namen, sei geheilt."

Die Frau kreischte in ihrer Sprache und zappelte in einer großen Gefühlsaufwallung herum.

„Was ist passiert?", fragte er den Übersetzer. „Wie geht es ihrem Bein?"

„Sie sagt, sie sagt", stotterte der Übersetzer, „sie kann mit beiden Augen deutlich sehen."

Bitte beachten Sie
auch die folgenden Seiten.

Rolland & Heidi Baker
Ohne Netz und doppelten Boden
Andachten von Heidi und Rolland Baker
376 Seiten – gebunden – Best.-Nr. 147481

In Ihrer Buchhandlung oder direkt bei www.asaph.de

Selwyn Hughes
Dein persönlicher Ermutiger
Zuspruch aus der Bibel in schwierigen Zeiten
176 Seiten – gebunden – Best.-Nr. 147489

In Ihrer Buchhandlung oder direkt bei www.asaph.de

David Wilkerson
Was Gott dir versprochen hat
Mehr als 800 Verheißungen, ausgewählt von David Wilkerson
136 Seiten – gebunden – Best.-Nr. 147488

In Ihrer Buchhandlung oder direkt bei www.asaph.de